TRAUMHOTELS DER WELT

Peter von Gerdes

Traumhotels der Welt

Droemer Knaur

Für Susanne

4., aktualisierte Auflage
© Droemersche Verlagsanstalt
Th. Knaur Nachf., München 1995, 1997
Das Werk einschließlich aller seiner
Teile ist urheberrechtlich geschützt.
Jede Verwertung außerhalb der engen
Grenzen des Urheberrechtsgesetzes
ist ohne Zustimmung des Verlags unzulässig und strafbar. Das gilt insbesondere für Vervielfältigungen, Übersetzungen, Mikroverfilmungen und die
Einspeicherung und Verarbeitung in
elektronischen Systemen.

Gesamtgestaltung: Fritz Lüdtke,
Annegret Ehmke, Antonia Graschberger,
München
Lithographie: K. Dörfel GmbH
München
Satz: Typographischer Betrieb,
Walter Biering Hans Numberger,
München
Druck: Appl, Wemding
Bindung: Großbuchbinderei Sigloch,
Künzelsau
Printed in Germany
ISBN 3-426-26737-3
5 4

TRAUMHOTELS DER WELT

INHALT

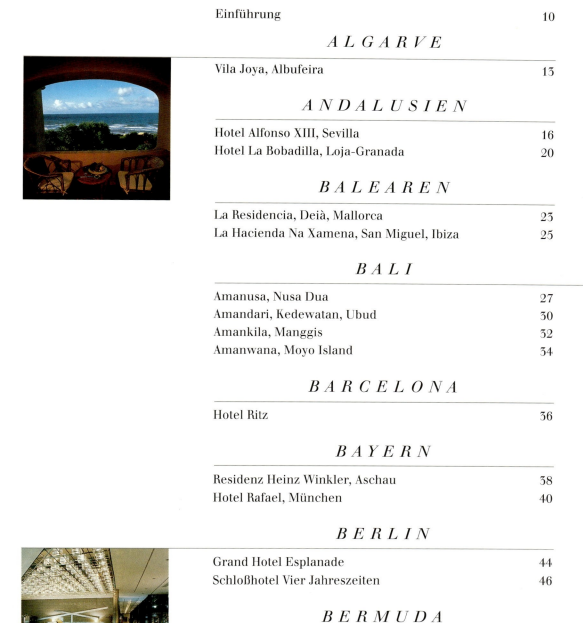

Einführung	10

ALGARVE

Vila Joya, Albufeira	13

ANDALUSIEN

Hotel Alfonso XIII, Sevilla	16
Hotel La Bobadilla, Loja-Granada	20

BALEAREN

La Residencia, Deià, Mallorca	23
La Hacienda Na Xamena, San Miguel, Ibiza	25

BALI

Amanusa, Nusa Dua	27
Amandari, Kedewatan, Ubud	30
Amankila, Manggis	32
Amanwana, Moyo Island	34

BARCELONA

Hotel Ritz	36

BAYERN

Residenz Heinz Winkler, Aschau	38
Hotel Rafael, München	40

BERLIN

Grand Hotel Esplanade	44
Schloßhotel Vier Jahreszeiten	46

BERMUDA

Horizons and Cottages, Paget	48

CALIFORNIEN NORD

The Ritz-Carlton, San Francisco	50
Auberge du Soleil, Rutherford	53
The Inn at Spanish Bay, Pebble Beach	55
Highlands Inn, Carmel	57
Ventana Inn, Big Sur	60

CALIFORNIEN SÜD

Hotel Bel-Air, Los Angeles	62
Four Seasons Hotel, Los Angeles	65
The Ritz-Carlton, Laguna Niguel	67
The Ritz-Carlton, Rancho Mirage	70
Rancho Valencia Resort, Rancho Santa Fe	72

CAPRI

Scalinatella	76

CHICAGO

Four Seasons Hotel	78

CÔTE D'AZUR

Hôtel de Paris, Monte Carlo	82
Château de la Chèvre d'Or, Eze-Village	86
Grand Hôtel du Cap Ferrat, Saint-Jean-Cap Ferrat	89
Château du Domaine Saint-Martin, Vence	91
Hôtel du Cap – Eden Roc, Cap d'Antibes	95
Le Mas Candille, Mougins	99

FLORIDA

Fisher Island Club, Fisher Island	100
The Ritz-Carlton, Naples	106

HAMBURG

Vier Jahreszeiten	110
Hotel Abtei	112

HAWAII

Mauna Kea Beach Hotel, Kamuela – Hawaii	114
Kona Village Resort, Kai Lua-Kona – Hawaii	117
The Ritz-Carlton, Kapalua Bay – Maui	119

HESSEN

Schloßhotel Kronberg, Kronberg	121

HONGKONG

Mandarin Oriental	124
The Peninsula	127

KARIBIK

Hôtel Carl Gustaf, Gustavia – Saint-Barthélemy	130
Hotel La Samanna, Marigot – Saint-Martin	132
K-Club, Barbuda (Antigua)	134

KÖLN

Hotel im Wasserturm	137

KRETA

Elounda Mare, Agios Nikolaos	140

LIGURIEN

Hotel Splendido, Portofino	142

LOMBARDEI

Villa d'Este, Cernobbio	144
Four Seasons Milano, Mailand	150
Villa Cortine, Sirmione	152

LONDON

The Durley House	154
The Pelham Hotel	156
The Dorset Square Hotel	160

MADEIRA

Reid's Hotel, Funchal	162

MADRID

Hotel Ritz	165

MAROKKO

Palais Jamai, Fez	167
La Mamounia, Marrakech	169
La Gazelle d'Or, Taroudant	172

MAURITIUS

Hotel Royal Palm, Grande Baie	175
Hotel Le Saint-Géran, Belle Mare Beach	178

NEW ENGLAND

The Charlotte Inn, St. Edgartown/Martha's Vineyard	181
The Wauwinet Inn, Nantucket	184

NEW ORLEANS

Windsor Court Hotel	186

NEW YORK

Hôtel Plaza Athénée, New York City	188
The Pierre, New York City	191
The Stanhope, New York City	192
Gurney's Inn, Montauk – Long Island	195

ÖSTERREICH

Hotel Imperial, Wien	196
Bio-Hotel Stanglwirt, Going	198
Hotel Schloß Fuschl, Hof bei Salzburg	200
Schloß Prielau, Zell am See	202

PARIS

Hôtel Ritz	205
Hôtel Lancaster	208

ROCKY MOUNTAINS

Inn of the Anasazi, Santa Fe, New Mexico	210
Tamarron, Durango, Colorado	213

ROM

Hotel Lord Byron, Rom	214
La Posta Vecchia, Palo Laziale	217

SARDINIEN

Hotel Pitrizza, Porto Cervo	219

SCHWARZWALD

Brenner's Park-Hotel & Spa, Baden-Baden	221
Parkhotel Adler, Hinterzarten	223

SCHWEIZ

Hotel Giardino, Ascona	225
Grand Hotel Victoria Jungfrau, Interlaken	228
Beau-Rivage Palace, Lausanne	232
Hôtel Le Mirador, Mont-Pèlerin	234
Dolder Grand Hotel, Zürich	236

SEYCHELLEN

Le Méridien Fisherman's Cove, Mahé Island	240

SYLT

Hotel Walter's Hof, Kampen	242
Seiler Hof, Keitum	244

THAILAND

The Oriental, Bangkok	246
Amanpuri, Pansea Beach, Phuket Island	248
Phuket Yacht Club, Nai Harn Beach, Phuket Island	250

TOSKANA

Castello di Spaltenna, Gaiole in Chianti	253
Certosa di Maggiano, Siena	256
Cala del Porto, Punta Ala	258
Hotel Regency, Florenz	260
Villa La Massa, Candeli bei Florenz	264

VENETIEN

Hotel Cipriani Venezia & Palazzo Vendramin, Venedig	268
Hotel Villa Cipriani, Asolo	271

EINFÜHRUNG

NOBLESSE OBLIGE

Seit über 25 Jahren reise ich – beruflich und privat – durch Europa, die USA, in die Karibik, nach Asien und Nordafrika.

Die Qualität des Reisens hat in diesen Jahren sehr gelitten. Der Massen- und Pauschaltourismus hat die meisten Urlaubsgebiete zerstört. Man denke nur daran, wie erholsam, unverdorben und angenehm Anfang der 60er Jahre noch die Balearen oder die Kanarischen Inseln waren. In Las Palmas beispielsweise konnte man noch am Las-Canteras-Strand wohnen, ohne unter ohrenbetäubendem Lärm und einer Wolke von Abgasen leiden zu müssen. War der Himmel einmal bedeckt, nahm man ein Taxi und fuhr auf der Landstraße nach Süden zum Leuchtturm von Maspalomas. Hier gab es bis zum Horizont nichts als menschenleeren Strand, Dünen und Wasser. Wer heute bei San Augustin die Autobahn verläßt, gelangt in eine der häßlichsten Großstädte der Welt, die sich Playa del Inglés nennt. Phantasielose Betonkästen und unzählige Frittenbuden haben die Dünenlandschaft plattgemacht.

Nach einer solchen Erfahrung fragt sich jeder, ob es nicht besser wäre, zu Hause zu bleiben. Aber dann kommen einem neue Reiseangebote und Kataloge in die Hände. Jedes Ziel ist heute mit billigen Flügen und Gruppenermäßigungen zu erreichen, auch Vietnam, das gerade erst aus seiner Lethargie erwacht ist, ja sogar die unwirtlichste Insel der Molukken. Keiner kann die Augen davor verschließen, daß der Tourismus die Infrastruktur und die Menschen verändert. Der Traum von der einsamen Insel ist ausgeträumt, Coca-Cola oder Pepsi sind immer schon da. Es heißt Abschied nehmen von der Idee, irgendwo in der Wildnis noch ein idyllisches Plätzchen entdecken zu können. Am Ende des 20. Jahrhunderts ist diese Vorstellung zur Fata Morgana geworden.

Trotzdem gibt es noch Oasen, die dem anspruchsvollen Reisenden einen angenehmen Aufenthalt garantieren. Es gilt nur, sie zu finden. Sie liegen gar nicht unbedingt am Ende der Welt. Es gibt sie in Deutschland genauso wie in Italien, mitten in Manhattan genauso wie auf Hawaii, Bali oder im größtenteils völlig überlaufenen Florida; es gibt sie auch noch an der Côte d´Azur und in Bangkok oder Hongkong.

Diese Oasen, genauer gesagt 100 besondere Hotels, aufzuspüren und zu beschreiben war das Ziel dieses Buches. Ich bin in den letzten Jahren im Bekannten- und Freundeskreis gleichsam zu einer Auskunftei für Hotels geworden und habe mich schließlich überzeugen lassen, meine Hoteltips hiermit einem interessierten Publikum zur Verfügung zu stellen.

Die Auswahl und Beurteilung der einzelnen Hotels ist selbstredend subjektiv. Doch um in meinem Urteil unabhängig zu bleiben, habe ich mich von niemandem unterstützen lassen. Ich will keinen Anspruch auf Vollständigkeit bei der Auswahl erheben, ich will nicht behaupten, daß meine Beurteilung eines Hotels die alleinseligmachende ist. Ich glaube aber, daß der aufmerksame Leser aus meinen Beschreibungen schließen kann, ob das jeweilige Ziel und Haus für ihn in Frage kommt oder nicht. Und allein darum soll es in diesem Buch gehen. Alle hier aufgenommenen Hotels habe ich in den letzten Jahren wieder besucht, um meine Erinnerung zu überprüfen und Informationen auf den neuesten Stand zu bringen.

Ich bedanke mich bei allen, die mir bei meiner Arbeit geholfen haben.

Meinen Lesern wünsche ich . . . Reisen ohne Reue.

ALGARVE

VILA JOYA

FACTS

*Vila Joya
Praia de Gale
P-8200 Albufeira
13 Doppelzimmer,
2 Junior-Suiten,
2 Royal-Suiten
Keine Kreditkarten
Buchung:
Vila Joya
Postfach 800944
81609 München
Tel. 089/6493337*

Am Atlantik, von der Sonne verwöhnt, geschmückt mit kleinen Buchten, langen, goldgelben Sandstränden, bizarren Felsen und romantischen Dörfern, liegt einer der malerischsten Küstenstriche Europas, die Algarve in Portugal. Bei wohltuend erfrischenden Atlantikbrisen im Sommer, milden Wintern und angenehmen Übergangszeiten kann man eigentlich zu jeder Jahreszeit in diesem Bade-, Golf- und Tennisparadies einen herrlichen Urlaub verbringen. Vom Frühjahr bis in den späten Herbst bieten Charterflüge von den meisten Flughäfen Mitteleuropas zahlreiche Möglichkeiten, die Algarve bequem zu erreichen. Nur 35 Autominuten vom Flughafen Faro entfernt und 6 km westlich von Albufeira, einem quirligen Urlaubsort mit 2000jähriger Geschichte, buntem Markt, Fischerhafen, Boutiquen, Restaurants und Kneipen, liegt eine Oase der Ruhe und Schönheit, die "Vila Joya".

Mit seiner einmaligen Lage, versteckt am kilometerlangen Sandstrand und unmittelbar am Atlantik, verspricht das Haus auf den ersten Blick traumhafte Urlaubstage. Ein bißchen erinnert das kleine, intime Hotel im maurischen Baustil an ein arabisches Herrenhaus, hinter dessen schmiedeeiserner Eingangstür sich die Geheimnisse des Orients verbergen. Verstärkt wird dieser Eindruck durch den Blütenzauber und die betörenden Düfte von Rosen, Bougainvilleen, Mimosen, Hibiskus und Oleander, vermischt mit der salzig-herben Würze des Atlantiks. Wenn Sie dieses Kleinod aus Luxus, Exklusivität, Ruhe und hochherrschaftlicher Behaglichkeit betreten, begrüßt Sie formvollendet der "Maître de plaisir", Senhor João Dias. Neben ihm sorgen sich 32 Angestellte engagiert um das Wohl von maximal 34 Gästen, perfekt angeleitet von der Münchnerin Claudia Jung. Frau Jung kümmert sich bereits bei der Buchung in München sehr persönlich um den handverlesenen Kreis ihrer Gäste. Über eine beeindruckend geschwungene steinerne Wendeltreppe werden Sie auf Ihr Zimmer begleitet. Die dreizehn Doppelzimmer und vier Suiten sind großzügig und von erlesenem Geschmack. Hier wird Ihnen Luxus der Extraklasse geboten. Die Liebe zum Detail erkennt man an frischen Blumen- und Obstarrangements, die Sie in Ihrem Zimmer vorfinden. Die wertvolle, farblich optimal abgestimmte Mosaikkachelung in den Bädern vermittelt, im Gegensatz zu dem vornehm dezenten Interieur der Zimmer, orientalische Pracht. Selbstverständlich haben alle Zimmer Meerblick, Telefon, Minibar, Radio, Fön, Safe und, nicht zu vergessen, viel wohlig kuscheliges, weißes Frottee.

Nachts hören Sie außer Meeresrauschen garantiert nichts. Wenn Sie sich morgens sportlich betätigen wollen, so lädt der Pool, auch im Winter, zum Bade; die Jogger drehen ihre Runden am menschenleeren Strand. Nach dem Frühstück haben Sie die schwere Wahl: Tennis oder Reiten, Surfen oder Golf? Der berühmte Golfplatz Vilamoura liegt eine halbe Stunde entfernt, sechs weitere bekannte Plätze sind in weniger als einer Stunde zu erreichen; ein neuer Golfplatz soll neben der "Vila Joya" angelegt werden.

Bei klassischer Musik, flackerndem Kerzenschein und am offenen Kamin können Sie an festlich gedeckten Tischen Ihr Abendessen einnehmen, auch in legerer Kleidung. Solange es das Wetter zuläßt, sollten Sie auf der Terrasse dinieren und hier die hervorragenden Köstlichkeiten des Küchenchefs Dieter Koschina genießen, die bereits mit einem Stern im Guide Michelin ausgezeichnet wurden. Die Kulisse bildet ein spektakulärer Sonnenuntergang. Einmal pro Woche wird ein exquisites Galadinner serviert.

Wer einmal Urlaub in der "Villa des Glücks" verbracht hat, läßt sich gern in den Kreis von Claudia Jungs Stammgästen einreihen.

ANDALUSIEN

Alfonso XIII

FACTS

Hotel Alfonso XIII
San Fernando 2
E-41004 Sevilla
Tel. 0034/95/4222850
Fax 0034/95/4216033
112 Doppelzimmer,
18 Einzelzimmer,
19 Suiten

Für die meisten Ausländer ist Sevilla der Inbegriff Andalusiens, wenn nicht sogar Spaniens. Die Stadt verbindet man mit Frömmigkeit und Lebensfreude, mit strenger Würde und überschäumender Fröhlichkeit. Die Stadt lebt in und aus ihrer Vergangenheit. Stolz zeigt sie die große Hinterlassenschaft ihrer ruhmreichen Epochen. Mit der Weltausstellung EXPO 1992 schuf man andererseits richtungweisende Elemente, die auf eine erfolgreiche und zukunftsorientierte Stadtentwicklung hindeuten.

Für Ihren Aufenthalt in Sevilla sollten Sie möglichst nicht die heißen Sommermonate Juli und August wählen. Im Frühjahr und im Frühherbst können Sie die Stadt am besten genießen. Die Wintermonate können auch in Andalusien kühl, regnerisch und ungemütlich sein, obwohl das Thermometer (fast) nie in den Gefrierbereich fällt. Via Madrid und Barcelona können Sie Sevilla mit dem Flugzeug täglich mehrfach erreichen.

Vor mehr als 75 Jahren erhielt Sevilla mit dem Bau des Hotels "Alfonso XIII" ein neues Wahrzeichen. Es wurde ein prächtiger Palast, eine gelungene Mischung aus spanischer Anmut und arabischer Baukunst, ein verwegenes Ensemble aus neomaurischen, proandalusischen und azulejosgeschmückten Elementen. Das Anwesen liegt sehr zentral am Rande der Altstadt. Es sind nur wenige Schritte, und Sie stehen vor der riesigen Kathedrale mit dem maurischen Turm Giralda oder vor dem Eingangstor des traumhaft schönen Alcázar-Palastes mit seinen riesigen, märchenhaften Parkanlagen.

Im Hotel empfängt Sie der reizvolle Charme eines Luxus, der schon ganz leicht mit etwas Patina versehen ist. Orientalisch anmutende Bögen mit schlanken Marmorsäulen, überall Fliesen, die prächtige Azulejos und romantische Gemälde bilden, viel Schmiedeeisen sowie schweres, dunkles, handgeschnitztes Mobiliar kennzeichnen das weiträumige Erdgeschoß. Ein heller, romantischer Patio mit Springbrunnen und viel Grün bildet das Zentrum der luxuriösen Hotelanlage. In dem gepflegten Park hinter dem

Hotel finden Sie den Swimmingpool und schattige Plätzchen zum Entspannen. An der Poolbar können Sie sich mit kleinen Snacks und Drinks verwöhnen lassen.

Auch bei der Ausstattung der 149 Zimmer und Suiten hat man sich streng an den eleganten maurischen Stil gehalten. Die Räume sind alle sehr großzügig und vermitteln durch die gedeckte Grundfarbe die Atmosphäre von Geborgenheit und Wohlbefinden. Beherrscht wird Ihr Reich von einem aus dunklem Holz geschnitzten Bett mit seidenbespanntem Baldachin und einem überdimensionierten Kristallüster, der dramatisch vor dem Baldachin an der antiken Kassettendecke hängt. Aus Seide sind auch die großzügig drapierten Vorhänge, die Tapeten und die Tagesdecken. Natürlich hat man sich auf die modernen Komfortansprüche der Gäste eingestellt. Die Zimmer haben Satellitenfernsehen, Telefon und eine bestens bestückte Minibar. Ein großes Bad mit zwei Waschbecken, ein Bidet und ein abgeteilter WC-Bereich sind Selbstverständlichkeiten.

Das fürstlich ausgestattete Restaurant "Comedor Real" bietet traditionelle andalusische und internationale Küche hohen Standards. Seit Bestehen des Hotels ist das Restaurant ein Treffpunkt der sevillanischen High-Society. Neben kulinarischen Spitzenleistungen erwarten Sie ein umfangreiches Weinangebot und zuvorkommender Service.

Am Nachmittag trifft man sich unter den Kolonnaden vor der Bar zu Kaffee und Kuchen. Die gemütliche Hotelbar, es überwiegt in dunklem Grün gehaltenes Leder, ist abends ein beliebter Ort, um sich die noch eventuell fehlende Bettschwere zu holen. Die Drinks sind "fast unverschämt" großzügig bemessen.

Wer mehr Wert auf zeitgenössischen Stil legt, sollte das Hotel "Los Seises" (Segovia, s/n Tercer Patio del Palacio Arzobispal – 41004 Sevilla – Tel. (95) 4229495, Fax (95) 4224334) erwägen. Es liegt absolut ruhig nahe der Kathedrale, etwas versteckt mitten in der Altstadt und bildet mit seinem postmodernen Design einen Kontrapunkt zum alten Stadtkern Sevillas.

ANDALUSIEN

LA BOBADILLA

FACTS

Hotel La Bobadilla
E-18300 Loja-Granada
Tel. 0034/58/321861
Fax 0034/58/321810
50 Zimmer, 10 Suiten

In Andalusien wie ein Landedelmann zu logieren ist doch eine durchaus reizvolle Vorstellung. Im Hotel "La Bobadilla" wird Ihnen dieses Ferienerlebnis das ganze Jahr über geboten: Landaufenthalt im gesunden mediterranen Höhenklima mit allem erdenklichen Komfort und Luxus.

Von Sevilla nehmen Sie die gut ausgebaute Straße Nr. 334 (E 902) in Richtung Granada und erreichen nach 180 Kilometern die Abfahrt Las Salinas. Die kleine Landstraße ist nach Route ausgeschildert. Auf dieser Straße sind es noch 10 Minuten Autofahrt, bis Sie das Hotel "La Bobadilla" vor sich liegen sehen. Der Hotelkomplex erhebt sich auf einem Hügel 800 Meter über dem Meeresspiegel, weitab von den bekannten Touristenrouten Andalusiens, zwischen Granada (70 km) und Malaga (60 km). Der herrschaftliche Landsitz ist von dichten Eichenwäldern, Mandel- und Olivenhainen umgeben, die in eine wildromantische unberührte Hügellandschaft übergehen.

Das Hotel selbst ist eine Mischung aus andalusischem Großgrundbesitz und maurischem Märchenschloß mit rustikalen, weißgewaschenen Mauern, Säulenhallen mit

arabischen Ziegelbögen, malerischen Höfen, schattigen Terrassen, Gärten, romantischen Teichen mit spektakulären Wasserfontänen, schmiedeeisernen Gittern, Glockenturm und Hochzeitskapelle. Auf einer neun Meter hohen Orgel mit 1595 Pfeifen werden in der Kapelle aus dem 16. Jahrhundert fast täglich Konzerte gegeben.

Das "La Bobadilla" behandelt jeden Gast mit außergewöhnlicher Aufmerksamkeit und Diskretion, auch wenn man kein berühmter spanischer Stierkämpfer ist. Der Service ist makellos.

Die 50 Gästezimmer und 10 Suiten zeichnen sich durch ihre Großzügigkeit und eine geschmackvolle andalusische Möblierung aus. Neben einer gemütlichen Sitzecke oder einem separaten Salon mit offenem Kamin (in den Suiten) verfügen alle Zimmer über Terrassen oder Gärten und schauen in den zauberhaften Wald. Die modernen Annehmlichkeiten eines Luxushotels können Sie voraussetzen, seien es Klimaanlage, Radio, Satelliten-TV oder ein privater Safe. Etwas wirklich Besonderes sind die Suiten 17 und 35 mit einmaligen Panoramabädern. Die gepflegten Einrichtungen für die aktive Erholung sind Anziehungspunkte für alle Gäste, die in ihrem Urlaub etwas für ihre Schönheit, Gesundheit und Fitneß tun wollen. Sie können wählen zwischen einem Fitneß-Club, einem Turnsaal, einem Schönheitssalon mit Massagen, zwei türkischen Dampfbädern und zwei finnischen Saunen, einem geheizten Hallenbad, einem Whirlpool und zwei Tennisplätzen. In einem außergewöhnlich großen, von Palmen und Wiesen umgebenen Swimmingpool finden auch geübte Schwimmer herrlich Platz,

um sich auszutoben. Außerdem gehören zum Hotel ein Reitstall und ein Bauernhof mit Tierhaltung und biologischem Gemüseanbau.

Die beiden Restaurants "El Cortijo" und "La Finca" und das offene Grillrestaurant am Pool verwöhnen die Gäste mit tadelloser andalusischer und internationaler Küche. In dem eleganten Terrassenrestaurant "La Finca" werden auch die höchsten Ansprüche der verwöhntesten Gourmets erfüllt. Der Küchenchef bereitet die Gerichte nicht nur hervorragend zu, er präsentiert sie auch hinreißend. Den Kritikern des Michelins war das bereits einen Stern wert.

Im "La Bobadilla" lassen absolute Ruhe und Frieden, unmittelbarer Kontakt mit der Natur und erstklassiger Service keinen Urlaubswunsch unerfüllt.

BALEAREN

LA RESIDENCIA MALLORCA

Mallorca, die größte der Balearen-Inseln, ist ganz anders, als klischeehafte Vorurteile immer wieder weismachen wollen. Zugegeben, es gibt die häßlichen Zentren des Massentourismus in Arenal, Playa de Palma, Paguera und an der Ostküste. Aber diese üblen Auswüchse des Tourismus beschränken sich gerade mal auf acht Prozent der Insel. Abseits dieser Scheußlichkeiten bestimmen malerische Fischer- und Bergdörfer, einsame Felsküsten und verträumte Badebuchten, duftende Zitronen- und Orangenhaine, Pinienwälder und subtropische Vegetation das Bild der Insel. Hoch über dem Meer in der romantischen Bergregion an der Nordwestküste liegt das malerische Künstlerdorf Deya, etwa 35 Kilometer von der Hauptstadt Palma de Mallorca entfernt. Am Rande dieses Bergortes schmiegt sich das Hotel "La Residencia" in Oliven- und Zitrushaine. Harmonisch fügt sich die Hotelanlage im Stil spanischer Herrensitze in die malerische Landschaft.

Nach dem sorgfältigen Umbau zweier echter alter Herrenhäuser aus dem 17. Jahrhundert bekam Mallorca sein schönstes Luxushotel. Vor dem rebenumrankten Haupthaus empfangen Sie in subtropische Pflanzen eingerahmte Terrassen mit schönen Ausblicken über die Berge und das Dorf. Hinter den alten Mauern gehen alte spanische Möbel mit farbenfrohen Teppichen und modernen Kunstwerken aus der Privatsammlung des ehemaligen Eigners Alex Ball eine harmonische Verbindung ein. Die 49 Gästezimmer und 15 Suiten mit den hohen Flügelfenstern sind mit ausgesuchten traditionellen Möbeln Mallorcas ausgestattet. Die meisten Zimmer verfügen über herrliche Himmelbetten und sind dementsprechend geräumig. Allerdings gibt es auch Mini-Zimmer in den Anbauten, in denen man sich kaum umdrehen kann. Um Enttäuschung und Ärger, in einem solchen Zimmer zu landen, von vornherein auszuschließen, sollten Sie bei der Reservierung genau aufpassen und lieber gleich nachhaken. Die Annehmlichkeiten des modernen Komforts sind selbstverständlich in allen Zimmern vorhanden. Dazu gehören auch bequeme Bäder

La Residencia
Finca son Canals s/n
E-07179 Deià, Mallorca
Tel. 0034/71/639011
Fax 0034/71/639370
49 Zimmer, 15 Suiten
Keine Kreditkarten

aus Marmor und heimischer Keramik. Bei offenem Fenster ist die Nachtruhe garantiert, und morgens ist das Aufwachen ein Vergnügen, wenn man schon vom Bett aus die zauberhafte Aussicht auf Berge und Bäume sowie die Farbenpracht der riesigen Bougainvilleen genießen kann.

Nach einem ausgezeichneten reichhaltigen Frühstück auf der Terrasse können Sie rund um den 32 Meter langen geheizten, mit Gebirgswasser gespeisten Swimmingpool den ganzen Tag verbringen. Die Poolbar versorgt Sie von morgens bis abends mit kühlen Drinks und verführt mittags mit gegrillten Garnelen, frischen Salaten oder anderen köstlichen kleinen Gerichten. Tennisfreunde erwartet inmitten von Olivenhainen ein Platz mit Flutlicht. Ein kleiner Shuttlebus des Hotels bringt Sie an den drei Kilometer entfernten Privatstrand Lluch-Alcari. Der Weg läßt sich – zumindest hinunter zum Meer – aber auch bequem zu Fuß bewältigen. Die Natur hat den spektakulären Felssaum der Küste so gemeißelt, daß natürliche Plateaus zum Baden und begehbare Buchten entstanden sind. Die geradezu berauschende Mischung aus klarster Meeresluft, Piniendüften und dem Blau des Mittelmeeres wird Ihnen unvergeßlich bleiben.

Die ehemalige Ölmühle des Anwesens beherbergt heute eines der besten Restaurants Spaniens: "El Olivo". Der Küchenchef verbindet heimische Produkte mit schöpferischen Kreationen spanischer und internationaler Gerichte. Das originelle Ambiente, der freundliche Service und die hervorragende Qualität der Speisen waren den Michelin-Testern einen Stern wert.

Ein Spaziergang durch die Berge oder über die Klippen zeigt Ihnen, daß noch fast unberührte Winkel auf Mallorca zu entdecken sind. Das Hotel "La Residencia" ist der ideale Ausgangspunkt zur Erforschung der romantischen, vom Tourismus unberührten Insel.

BALEAREN

La Hacienda Na Xamena
Ibiza

FACTS

La Hacienda Na Xamena
E-07815 San Miguel, Ibiza
Tel. 0034/71/333046
Fax 0034/71/333175
53 Zimmer, 10 Suiten

Es ist eine bewährte Kombination, ein paar Tage in der lebendigen, kunstsinnigen spanischen Hauptstadt mit einem kurzen Ferienaufenthalt auf der Baleareninsel Ibiza zu verbinden. Von Madrid fliegt die Iberia die "weiße" Insel täglich an. Das späte Frühjahr und der frühe Herbst sind die angenehmsten Reisezeiten, denn dann ist das Klima im Herzen Spaniens und auf Ibiza am angenehmsten.

Ibiza ist gerade in den letzten Jahren wieder zu einer Art Geheimtip geworden. Abseits der Touristenghettos in Figueretas (Vorort von Ibiza-Stadt und Einflugschneise des internationalen Flughafens), San Antonio und Santa Eulalia gibt es noch Oasen für anspruchsvolle Genießer: kleine ursprüngliche Orte, unberührte Landstriche, romantische Badebuchten und originelle, gepflegte Hotels. Zwei Luxusherbergen sind die Favoriten für eine verwöhnte internationale Klientel. Da ist zum einen das Hotel "Pike's" bei San Antonio: extravagant, exklusiv, klein und verwinkelt (der Pool ist eine größere Badewanne, und die Decken sind teilweise nur 1,60 Meter hoch), und zum anderen das Hotel "La Hacienda Na Xamena". An einer abgeschiedenen, aufregend schönen Steilküste hoch über dem Meer auf einem Naturbalkon gelegen, schmiegt sich "La Hacienda" in lichte

Pinien- und Kiefernwälder. Der nächste Ort, San Miguel, ist sechs Kilometer entfernt, nach Ibiza-Stadt sind es 30 km. In einem strahlend weißen Herrenhaus empfängt Sie lichtdurchflutetes, freundliches Ambiente. Hinter dem kleinen Empfangsbereich schaut man in offene, terrassenförmig angelegte Salons mit gemütlichen Sitzecken. Große verglaste Verandatüren lenken den Blick weiter in einen buntgefliesten Innenhof mit Springbrunnen und üppigen tropischen Pflanzen.

Ein Clou ist das Hallenbad. Wenn Sie in eines der 53 Gästezimmer oder eine der zehn Suiten geführt werden, schillert unter Ihnen in einem überdachten Atrium das Wasser des Pools wie ein blauer Edelstein in einem terracottaumfliesten Becken. Aus kleinen Fenstern fallen üppige grüne Ranken hinunter zu dem arkadenumsäumten Hof und vermitteln den Eindruck, das Ganze sei im Freien angelegt.

Alle Zimmer zeichnen sich durch Großzügigkeit und Bequemlichkeit aus. Die Einrichtung ist eine harmonische Mischung aus rustikaler spanischer Möblierung und modernstem Komfort. Selbstverständlich sind alle Räume klimatisiert und verfügen über Balkons oder Terrassen mit Meerblick. Besonders die 33 Superior-Zimmer mit Whirlpools sind zu empfehlen. Da sitzen Sie, auf das wohligste umbraust, 200 Meter über dem Mittelmeer und haben den freien Ausblick auf die atemberaubende Schönheit der Na-Xamena-Bucht.

Spektakulär thronen Dachterrassen rund um einen riesigen und einen kleineren Freiluft-Swimmingpool über dem Trakt mit den Gästezimmern, der sich dreigeschossig am Felsen hinabzieht. Hier finden Sie Sonne pur, viel Platz, tadellosen Service und den schönsten Meerblick Ibizas. Mittags sucht man sich unter dem Bambusdach des Poolrestaurants einen schattigen Platz und bedient sich von einem reichhaltigen Buffet. Von der Pool-Snackbar werden Sonnenanbeter versorgt, die nur eine Kleinigkeit essen wollen. Diese exklusive Abgeschiedenheit verlassen eigentlich nur Gäste, die es zu nahen Badestränden zieht, um dort zu segeln, Wasserski zu laufen, zu tauchen oder im Meer zu schwimmen.

Am Abend ist das Hotel-Restaurant ein sportlich-eleganter Rahmen, um bei sehr guter internationaler Küche den Tag ausklingen zu lassen. Fischgerichte vom Grill sind die Spezialität des Hauses und werden Ihnen nirgends auf Ibiza besser geboten.

BALI

Amanusa

Bali. Schon der Name evoziert Vorstellungen von Exotischem, von Schönheit und Geheimnis. "Insel der Götter" wird das kleine Eiland östlich von Java im Indischen Ozean von seinen Einwohnern genannt. Die ersten europäischen Entdecker bezeichneten Bali als "Himmel auf Erden". Es ist eine fremde faszinierende Welt, die bis heute vom tief verwurzelten, lebensfrohen Glauben der Balinesen geprägt wird. Altüberlieferte Riten, Dorfzeremonien, Reverenzen an die Götter, Beerdigungskulte und spirituelle Tänze bestimmen den Alltag.

Auch wenn das Paradies durch den modernen Massentourismus einige Flecken bekommen hat, werden es die Fremden nicht schaffen, die Götter von der Insel zu vertreiben. Und solange die Götter noch in jedem Winkel Balis

F A C T S

Amanusa
Nusa Dua
Bali, Indonesien
Tel. 0062/361/72333
Fax 0062/361/72335
35 Suiten

gegenwärtig sind, solange wird sich auch Bali als eine Art Gegenwelt zum materialistischen Westen halten. Machen Sie am besten einen großen Bogen um die häßlichen Touristenghettos in Kuta, Sanur und am Strand von Nusa Dua. Wenn Sie dann noch die Hauptstadt Denpasar meiden, können Sie Bali unverfälscht und ursprünglich erleben. Für Mitteleuropäer ist das tropisch warme Klima zwischen Mai und September sehr gut zu ertragen (Durchschnittstemperaturen 26 Grad und relativ trocken). Von Oktober bis April leiden empfindliche Naturen unter fast täglichen Regengüssen, extremer Luftfeuchtigkeit und Temperaturen, welche die 30-Grad-Grenze überschreiten.

Das Beste, was die Hotellerie auf Bali zu bieten hat, sind die drei Schmuckstücke der Aman Resorts: das "Amanusa", das "Amandari" und das "Amankila". Jedes Hotel hat seinen eigenen individuellen Charme und seinen einzigartigen Charakter. Drei renommierte Architekten haben hier den Auftrag, drei kleine Luxushotels zu gestalten, ganz verschieden gelöst. Gemeinsam ist allen drei Anlagen, daß sie an spektakulären Aussichtspunkten der Insel liegen, daß sie maximal 70 Gäste aufnehmen können und daß sie alle kunstvoll in die Landschaft integriert sind.

Das Wort "Amanusa" bedeutet "friedvolle Insel", und das Hotel könnte keinen passenderen Namen tragen. Es liegt nicht weit von der Küste im Süden der Insel, am Rande des "Bali Golf & Country Club" mit Blick über den Golfplatz und das Meer. Der Nusa Dua Beach mit seinen Bettenburgen ist ausreichend entfernt und wird tagsüber mit einem hoteleigenen Shuttlejeep bedient. Abseits des Rummels hat das Hotel hier ein paar Liegestühle und Sonnenschirme plaziert, und ein Angestellter versorgt Sie mit Handtüchern und Erfrischungen. Das Meer lockt hier nicht gerade zum Baden; denn im Wasser liegen spitzkantige Steinbrocken, und bei Ebbe zieht sich das Wasser weit zurück und läßt einen mit Algen übersäten Strand zurück. Dagegen sind Wanderungen an dem langen, feinen Sandstrand ein erholsames Vergnügen.

Auch wenn ab und zu Flugzeuglärm die "friedvolle Insel" stört und die nähere Umgebung künstlich gestaltete Landschaft ist, kann man das "Amanusa" als Glanzstück der Aman Resorts auf Bali bezeichnen. Der General Manager Steven Scott begrüßt jeden Gast persönlich und macht ihn mit den Einrichtungen seines Reiches vertraut. Mr. Scott hat seine Angestellten auch vortrefflich auf seine verwöhnte internationale Klientel eingestellt.

Die offene, lichtdurchflutete Lobby ist ein Traum aus glänzendem Marmorboden, Holz, einem gewaltigen Strohdach und dem betörenden "Duft von Bali", den riesige Sträuße von gelbweißen Tjempakablumen verströmen. Gleich dahinter finden Sie eine exquisite Boutique und eine reichsortierte Bibliothek, in der Sie auch Musik-CDs und -kassetten ausleihen können.

Zu den 35 uneinsehbaren Gästebungalows führen breite, bequeme Steintreppen. Palmen strecken ihre Wipfel

über Ihr Refugium, das sich hinter Mauern verkriecht. Durch ein holzgeschnitztes Hoftor betreten Sie Ihre schattige, gemütlich möblierte Vorterrasse und kommen dann in Ihr klimatisiertes Häuschen. Ein über 80 Quadratmeter großer Raum überwältigt mit seiner raffinierten Architektur und perfekten Einrichtung. Geschickt trennt eine halbhohe weißgetünchte Mauer, nur die Mitte des Raumes einnehmend, den Wohn-Schlafbereich von den Ankleide- und Baderäumen ab. Herrlich große, bequeme Himmelbetten sind genauso einladend wie dickgepolsterte Sofas und Sessel. Hinter holzgeschnitzter Handarbeit versteckt sich modernster technischer Komfort (kein Fernseher!).

Das Bad ist der Gipfel des Luxus. Einer in den Boden eingelassenen Badewanne ist ein kleiner Teich mit Seerosen, Goldfischen und grünen Wasserpflanzen vorgelagert. Auf gleicher Höhe mit dem Wasserspiegel des Teiches aalen Sie sich hinter deckenhohen Glasscheiben in wohlriechenden Düften. Danach kann man sich in der Innendusche abbrausen oder im Freien auf einer kleinen separaten Terrasse die Dusche benutzen.

Auf einer weiteren Terrasse warten dicke Matratzen in einem offenen Pavillon auf den Entspannung suchenden Gast. Vollkommen ungestört und mit dem Ausblick über den dschungelartigen Garten und den Golfplatz kann man hier stundenlang seine Seele baumeln und sich von dem Konzert der Zikaden unterhalten lassen.

Unterhalb des U-förmigen tempelartigen Hauptgebäudes hat der Architekt einen Swimmingpool mit fast olympischen Abmessungen geschaffen. Auf der Gartenseite des Pools bieten massive Holzliegen unter weißen Sonnenschirmen viel Platz und ungestörte Erholung. Auf der gegenüberliegenden Seite des Pools plätschert aus fünf riesigen Amphoren Wasser in den Pool und bietet eine höchst entspannende Geräuschkulisse. Zwei Tennisplätze mit Flutlicht liegen auf dem Hotelgelände nahe der Einfahrt, und Golfer können sich vom Hotel in weniger als drei Minuten zum 1. Abschlag fahren lassen und ihrem Sport auf einem 18-Loch-Platz nachgehen.

Von morgens bis zum späten Abend ist das auf thailändische Gerichte spezialisierte Restaurant "The Terrace" ein beliebter Treffpunkt der Gäste. Bei schönster Aussicht aufs Meer können Sie sich hier bei exquisiter Küche von einem perfekten und lautlosen Service verwöhnen lassen. Wem die südostasiatische Küche zu stark gewürzt erscheint, der kann einen Stock tiefer neben dem Pool in hochelegantem Ambiente norditalienische Spezialitäten probieren. Zu beiden Restaurants schallt abends leise balinesische Gamelanmusik vom Pool herüber.

BALI

AMANDARI

FACTS

Amandari
Kedewatan, Ubud
Bali, Indonesien
Tel. 0062/361/95333
Fax 0062/361/95335
29 Suiten

Nicht weit entfernt von dem quirligen Künstlerort Ubud liegt das "Amandari" in Zentralbali. Wie ein balinesisches Dorf gebaut, überschaut das Hotel eine steilabfallende Schlucht mit Reisterrassen, Palmendschungel, exotischer Blumenpracht und dem Ayung River. Hier fühlen Sie sich am ehesten mit dem ursprünglichen Bali verbunden.

Auch hier luft- und lichtdurchflutetes balinesisches Ambiente im Lobbybereich mit Bar, Bibliothek, Boutique und zweigeschossigem Restaurant (mit indonesischer und internationaler Küche).

Henry und Char Gray leiten das Hotel mit großem Engagement, und man hat das Gefühl, sie seien ständig und überall anwesend, um sich um das Wohl ihrer Gäste zu kümmern, obwohl sie von Scharen reizend bemühter Balinesen unterstützt werden.

Die nur 29 Gästebungalows verfügen über jeweils mindestens 100 Quadratmeter Platz und sind mit betont schlichtem Luxus ausgestattet. Riesige Fenster geben atemberaubende Ausblicke auf die faszinierende Landschaft frei. Das Meer vermißt man keineswegs. Ein besonderer Gag sind auch hier die uneinsehbaren Terrassen mit abgesenkten Badewannen. Allerdings zieht man abends wegen des Ungeziefers doch die Innenduschen vor. Sechs der Suiten bieten einen privaten Swimmingpool.

Aber auch der allgemeine, 15 Meter lange Swimmingpool unterhalb der Lobby und des Restaurants ist an Schönheit kaum zu überbieten. Man hat den Eindruck, die spiegelglatte grüne Wasseroberfläche laufe in die Reisfelder über und sei ein Teil der saftig grünen Umgebung. Mit den Armen auf den Rand des Beckens abgestützt, kann man stundenlang im Wasser baumeln und die beeindruckende Erhabenheit der Landschaft in sich aufnehmen.

Eine Perle des Hauses ist Mr. Anom, der Sie auf großartigen Trekkingtouren in die nähere Umgebung von Ubud begleitet. Außerdem sollten Sie unbedingt mit dem britischen Gentleman Victor Mason auf eine "Bird-Watching-Tour" gehen. Very british vom Scheitel bis zur bar-

füßigen Sohle bringt er Ihnen die Vogelwelt, die Flora und übrige Fauna Balis näher. Nach fünf Stunden Marsch durch abgelegene, schier endlose Reisfelder, kleine Dörfchen, romantische Flußtäler und dichten Dschungel erwartet Sie in Ubud wieder das klimatisierte Auto des Hotels.

Vom "Amandari" aus sollten Sie Zentral- und Ost-Bali erkunden. Entweder mieten Sie sich einen Jeep für einen oder mehrere Tage (Achtung: Linksverkehr und oft schlechte Straßen) oder Sie leisten sich einen Hoteljeep mit Fahrer, der gleichzeitig als Tourguide fungiert und Ihnen auch sagen kann, wo gerade welches Fest stattfindet und in welchem Dorf gerade Markttag ist.

BALI

AMANKILA

FACTS

Amankila
Manggis
Bali, Indonesien
Tel. 0062/366/21993
Fax 0062/366/21995
34 Suiten

Es scheint, als liege das "Amankila" ("friedvoller Hügel") am Ende der Welt. Dabei liegt es in der Mitte der Ostküste Balis nahe den Dörfern Candi Dasa und Padang Bai. Umgeben von dichtem Palmendschungel und oberhalb einer kleinen, mit dunklem Lavastrand bedeckten Bucht thront die außergewöhnliche Anlage des Hotels über dem Ozean.

Sicher ist es eine architektonische Glanzleistung, das terrassenförmige zweigeschossige Zentralgebäude auf dem hügeligen Gelände mit verstreut am Hang liegenden Bungalows zu verbinden, aber ob bei den endlosen Treppen an ältere Gäste gedacht wurde, scheint fraglich. Inmitten üppiger grüner Natur sind diese Betonschneisen auch kein schöner Anblick.

Ansonsten finden Sie auch hier die üblichen luxuriösen Standards der Aman Resorts, obwohl die 34 Bungalows in ihrer Ausstattung und Großzügigkeit nicht mit denen des "Amanusa" oder des "Amandari" mithalten können. Hinzu kommt noch, daß Ihr Reich hier einsehbar ist und daß die meisten Häuschen keinen Meerblick haben. Unzumutbar wird es, wenn Sie oberhalb der privaten Anfahrtsstraße oder des Parkplatzes wohnen.

Das australische Manager-Ehepaar Alistair und Anna Anderson tritt selten oder gar nicht in Erscheinung. Meistens sieht man sie nur stolz mit kleinem Nachwuchs und Kindermädchen die Annehmlichkeiten des Hotels "als Gäste" genießen. Das wirkt sich natürlich auf den Service im gesamten Hotel aus.

Aber gemach! Das "Amankila" wird nicht ohne Grund als Traumhotel ausgewiesen: Die Poolanlage beim Hauptgebäude ist eine architektonische Sensation. Drei sehr große terrassenförmig angelegte, ineinander überlaufende Swimmingpools sind von kleinen offenen Pavillons mit dickgepolsterten Matratzen umgeben. Daneben stehen die herrlich bequemen Holzliegen, die in allen Aman Resorts zu finden sind, für Sonnenanbeter bereit. Ständig sind vier Boys damit beschäftigt, die Gäste mit neuen Handtüchern, Trinkwasser, Drinks und Speisen zu versorgen. Am Nachmittag findet auf der Terrasse an den Pools die beliebte Teezeremonie statt. Bezaubernde Balinesinnen servieren zum Tee mit Honig und Ingwer frisch zubereitete süße Spezialitäten.

159 Stufen führen hinab zum Beach Club mit eigenem Restaurant und einem 45 Meter langen Swimmingpool (wer nicht gehen kann oder mag, kann sich jederzeit mit dem Jeep hinunterfahren bzw. wieder abholen lassen). Unter schattigen Palmwedeln können Sie sich hier bis zum Sonnenuntergang verwöhnen lassen. Zum privaten Strand sind es nur ein paar Schritte, und ein Sprung in die Fluten des Ozeans ist hier ein wahrer Genuß.

Im offenen eleganten Hotelrestaurant werden von dem dänischen Küchenchef abends köstliche Kreationen aus einheimischer und internationaler Küche zubereitet. Unter Ihnen schlagen die Wellen des Meeres an den Strand, vom Pool klingt balinesische Musik herauf, Sie sitzen bequem an einem geschmackvoll gedeckten Tisch und lassen sich ein indonesisches Satay servieren. Schöner kann es nicht werden.

BALI

AMANWANA

FACTS

Amanwana
Sumbawa Regency
Moyo Island, Indonesien
Tel. 0062/372/22233
Fax 0062/371/22288
20 Zimmer

Ein besonderes Erlebnis für Naturfreunde, die Wert auf totale Abgeschiedenheit und exklusiven Luxus legen, ist das Camp "Amanwana" auf Moyo Island, einer winzig kleinen privaten Insel östlich von Bali bei Sumbawa. Am geschicktesten lassen Sie den einstündigen Flug von Denpasar nach Sumbawa und von hier die einstündige Schiffsfahrt mit dem Amancruiser nach Moyo im "Amanusa" arrangieren; denn Sie dürfen in die kleinen Maschinen nach Sumbawa nur 15 Kilogramm Gepäck mitnehmen. Ihr Restgepäck können Sie im "Amanusa" deponieren. Voraussetzung für diesen Abstecher nach Moyo mit seinem faszinierenden, fast unberührten Regenwald ist allerdings unbedingt eine Malaria-Prophylaxe.

"Amanwana" – "friedvoller Wald" – ist ein Camp mit 20 klimatisierten Luxuszelten unmittelbar an einem weißen privaten Sandstrand. Die Anlage verkriecht sich geradezu unter dichtes Laubgewölbe des Dschungels.

Vom Zentralbereich mit der Rezeption auf einer schattigen Veranda, dem offenen Restaurant, der Bar und der Lounge führen Sandwege zu den Gästeunterkünften. Was wie gewaltige Zelte aussieht, sind eigentlich komfortable, großräumige Bungalows auf festem Fundament mit kostbaren Teakböden und spitz zulaufenden Segeltuchdächern. Die Außenterrassen sind behaglich möbliert und bilden unter dem weit heruntergezogenen Zeltdach herrlich schattige Oasen. Große Fensterflächen mit Insektengittern nehmen drei Seiten der Zelte ein. King-size-Betten, mit eleganten Moskitonetzen abgeschirmt, bilden den Mittelpunkt der Räume. Eine Sitzecke mit zwei ausladenden Diwans gehört ebenso zum Komfort wie ein separater Bereich mit Ankleide, Toilette, Dusche und zwei Waschtischen.

Das warme kristallklare Wasser des Meeres ist ein Traum für alle Wassersportfans, sei es zum Schwimmen, Tauchen, Schnorcheln oder Windsurfen. Eingehüllt von der Dunkelheit einer Tropennacht, wird ein Strandbummel zu einem unvergeßlichen Erlebnis. Täglich lädt das Hotel Sie auf den italienischen Montefino-Cruiser "Aman XI" zu einer Sonnenuntergangsfahrt ein.

Auf keinen Fall sollten Sie eine Wanderung in das Innere der Insel versäumen. Erfahrene Führer des "Amanwana" begleiten Sie durch unberührten wildromantischen Urwald mit spektakulären Wasserfällen, versteckten Seen, offenen savanneartigen Wiesen und Hügeln mit freiem Ausblick auf die umliegenden Inseln.

BARCELONA

HOTEL RITZ

FACTS

*Hotel Ritz
Gran Via
Cortes Catalanas 668
E-08010 Barcelona
Tel. 0034/3/3185200;
Reservierung: 3184837
Fax 0034/3/3180148;
Reservierung: 3173640
156 Zimmer, 5 Suiten,
1 Royal Suite*

Irgendwann habe ich aufgehört zu zählen, wie oft ich Palmsonntag in Barcelona, dieser quirligen katalanischen Metropole, zugebracht habe. Neben der weltoffenen Atmosphäre beeindrucken mich immer wieder die eigenwilligen Meisterwerke des katalanischen Architekten Antonio Gaudí im verrücktesten Jugendstil Europas, das Picasso-Museum mit seiner Fülle an Frühwerken des Malers und die Kathedrale im katalanisch-gotischen Stil am Rande der gut erhaltenen Altstadt. Ein Bummel über die Ramblas, Barcelonas Flaniermeile, führt an der Plaza de Catalunya hinunter zum Kolumbusdenkmal am Hafen und ist ein absolutes Muß. Nur ein paar Schritte von den Ramblas entfernt, öffnet sich einer der schönsten Plätze Barcelonas, die Plaza Reial mit wunderschönen Arkaden und einladenden Cafés. In wenigen Minuten erreichen Sie von hier aus die Altstadt mit dem gotischen Viertel. Im Zentrum, nahe dem gotischen Viertel und den Ramblas, bildet das Hotel "Ritz" eine friedliche, luxuriöse Oase. In dem palastartigen Gebäude aus dem Jahre 1919 hat man den Eindruck, hier sei die Zeit stehengeblieben und irgendwo in der Pracht müsse man noch berühmte Gäste wie Picasso, Dalí, Rubinstein, Hemingway oder den Aga Khan entdecken.

Von dem gigantischen Empfangsbereich mit den anschließenden riesigen Salons, alles mit Marmor und Blattgold überreich dekoriert, wird der nichtsahnende Gast geradezu erschlagen. Wohin das Auge reicht, überall verschwenderische Großzügigkeit und Eleganz. Die Möblierung ist eine bestechende Kombination aus Antiquitäten (echte Stücke aus den Epochen Louis XIV und Louis XVI) und authentischen Nachbildungen von spanischen Möbeln. Die kürzlich renovierten und selbstverständlich ebenfalls palastartigen 156 Gästezimmer, fünf Suiten und eine Royal Suite haben (selbstredend) auch palastartige römische Bäder. Die modernste technische Ausstattung ist perfekt in die Eleganz der Jahrhundertwende integriert. Alle Zimmer sind in hellen Pastelltönen gehalten und mit einer Mischung aus Antiquitäten und zeitlosem Interieur ausgestattet. Selbst-

verständlich sind eine tadellos funktionierende Klimaanlage, Satelliten-TV, Minibar und ein Privatsafe. Das Prädikat "Gran Lujo", das in Barcelona wirklich nur das "Ritz" verdient, wird auch durch die Raffinesse jedes kleinsten Details in den Zimmern und durch den aufmerksamen Service gerechtfertigt.

Zu einem Aufenthalt im "Ritz" gehört unbedingt ein Besuch in der legendären Hotelbar "Parrilla". In dem holzgetäfelten Raum mit rustikaler Kassettendecke haben schon zahlreiche Berühmtheiten gezecht und sich auf den nächtemordenden Takt dieser Stadt eingestimmt. Das elegante Hotelrestaurant "Diana" ist Sinnenfreude pur für Liebhaber der Belle Époque und ambitionierter, ausgezeichneter katalanisch inspirierter Küche. Für verwöhnte Gourmets hat Barcelona allerdings noch Besseres zu bieten.

BAYERN

Residenz Heinz Winkler

FACTS

Residenz Heinz Winkler
Kirchplatz 1
83229 Aschau
Tel. 08052/17990
Fax 08052/179966
32 Zimmer, 13 Suiten

Zwischen München und Salzburg, mitten im Chiemgau, liegt der Luftkurort und Wintersportplatz Aschau. Der Ort schmiegt sich nur fünf Kilometer südlich des Chiemsees am Fuße der Kampenwand in das Tal der Prien. Bunte Wiesen, schattige Wälder, sanfte Höhen und der romantisch sich durchs Tal schlängelnde Flußlauf zeigen den Chiemgau von seiner Bilderbuchseite. Inmitten der dörflichen Idylle Aschaus schuf der berühmte Dreisternekoch Heinz Winkler aus einem historischen Anwesen die "Residenz Heinz Winkler". Die "Alte Post", ein prachtvoller Bau aus dem 15. Jahrhundert, ist heute eine Luxusresidenz. Nähert sich der Gast dem Hotel, strahlen ihm die unzähligen rot-weißen Fensterläden an einem leuchtend gelben Gemäuer entgegen. Das oberste Prinzip bei der Renovierung, den Charme des jahrhundertealten ländlichen Gebäudes nicht zu zerstören, ist gewahrt worden. Geschichtsträchtiges Interieur verteilt sich über das ganze Haus, sei es in dem großen, hellen Empfangsbereich, den historischen Gewölbegängen, den Restaurants oder den 32 Zimmern und 13 Suiten. Das Exterieur wurde in bunte, italienisch anmutende Terrassen und Innengärtchen verwandelt. Entlang der Hauswände klettern Blumen- und Weinranken in die Höhe, und mächtige Wälle umgeben das Anwesen; sie verwehren Neugierigen den Blick und schaffen himmlische Ruhe in kultivierter Abgeschiedenheit.

Seit der Eröffnung 1991 haben Gäste aus europäischem Hochadel, Politikerprominenz aus der ganzen Welt und berühmte Größen aus Kultur, Wirtschaft und Sport Heinz Winklers "Residenz" ihre Reverenz erwiesen. Wie diese Herrschaften werden auch Sie von der Behaglichkeit, dem hohen Komfort und der vornehmen Zurückhaltung der 32 Zimmer und 13 Suiten begeistert sein. Sie sind geräumig, ohne Pomp und Plüsch, echte Antiquitäten harmonieren mit klassischen Möbeln der Neuzeit in einem Ambiente aus italienischer Leichtigkeit. Daß der Luxus im Detail liegt, macht sich bei den edlen Dekorationsstoffen, den bequemen, breiten Betten und liebevoll bereitgestellten Blumen- und Obst-

arrangements bemerkbar. Die Bäder erfüllen jeden Standard, den Sie in einer Edelherberge voraussetzen können. Mit einer privaten Terrasse und Garten oder mit einem Balkon und Bergblick werden Sie schwerlich ein schöneres Domizil in Bayern finden. Auch für Abwechslung ist gesorgt: Das ganze Jahr über bietet Heinz Winkler seinen Gästen interessante Programme, seien es Wiener-Walzer-Abende, Jazzabende, Rossini-Festivals oder Gourmet-Kochkurse. Konzerte können Sie auch in der Barockkirche von Aschau und im Schloß Herrenchiemsee besuchen, oder Sie machen einen Ausflug nach München oder Salzburg. Im Winter ist die Umgebung von Aschau ein wahres Skiparadies; im Sommer lockt das nahe "bayerische Meer", der Chiemsee, Wasser- und Sportenthusiasten. Golfer finden in der näheren Umgebung sieben Golfplätze. Unter seidig weiß-blauem Föhnhimmel können Sie mit einem Heißluftballon über die Landschaft gleiten oder mit dem Rad die nähere Umgebung erforschen. Nach sportlicher Betätigung erholen sich die Gäste der "Residenz" in dem neuesten und modernsten "Skincare Center" Europas von Estée Lauder. "In sich gehen" lassen Sie Massagen, Dampfsauna und außergewöhnliche Haut- und Körperpflege.

Exklusives Wohnen und Entspannung, Kultur- und Naturerleben sowie sportliche Aktivitäten werden gekrönt von den Gaumenfreuden, die Gourmets aus aller Welt in die "Residenz" zu Heinz Winkler pilgern lassen. Nach kurzer Lehrzeit beim unumschränkten Meister der Kochzunft, Paul Bocuse, erkochte sich Winkler ab 1978 eine sternenträchtige Popularität im Münchner Restaurant "Tantris". Kaum hatte er seinen Kochherd in der "Residenz" angeworfen, wurde das Haus vom französischen Restaurantführer "Traditions & Qualité" in den erlauchten Kreis der 85 weltbesten Restaurants aufgenommen. Seit 1993 leuchten der "Residenz" auch im Michelin drei Sterne. Es ist egal, ob Sie im festlichen "Venezianischen Restaurant", im hellen, freundlichen "Gartensalon" oder in dem historischen "Mozartgewölbe" essen, besser kann Ihnen große "Gastro-Oper" nicht dargeboten werden. Das echte Bayern mit seinen regionalen Produkten finden Sie in der gemütlichen "Poststube". Schon 1405 wurde hier Spanferkel serviert. "Cuisine Vitale", Kochkunst der Vollendung und das luxuriöse Ambiente in diesem Kleinod Oberbayerns werden Ihnen den Aufenthalt in der "Residenz" unvergeßlich machen.

BAYERN

RAFAEL

FACTS

Hotel Rafael
Neuturmstr. 1
80031 München
Tel. 089/290980
Fax 089/222539
54 Zimmer,
19 Appartements

Die bayrische Metropole ist trotz vieler Neider immer noch die Königin unter den deutschen Städten. Da es jetzt eine "richtige" Hauptstadt gibt, verzichtet München gerne auf das Adjektiv "heimlich". Offen genießt man, daß es sich in dem Millionendorf halt etwas leichter, teurer, relaxter, genußfreudiger, eleganter, toleranter, exhibitionistischer und ein wenig südlich g'schlamperter leben läßt.

Da die Stadt eine bedeutende wirtschaftliche Stellung hat und Gastgeber vieler internationaler Messen ist, sollte man sich, bevor man den Besuch in München plant, nach Veranstaltungsterminen erkundigen. Freunde des Oktoberfestes kümmern sich bereits sehr früh um eine Reservierung für die letzten zwei Septemberwochen. Ansonsten kann man München zu jeder Jahreszeit nach Herzenslust genießen.

Dort, wo München am schönsten ist, von Tradition und Eleganz eingerahmt, steht das Palais aus der Neu-Renaissance, heute das beste Hotel der Stadt, das "Rafael". Es liegt im Herzen der Altstadt, zwischen dem weltberühmten Hofbräuhaus und der eleganten Maximilianstraße. Der herrlich münchnerische Viktualienmarkt, der Marienplatz mit dem beeindruckenden Rathaus, der zwiebelbeturmte Dom, die Staatsoper, die Theater und die Museen, alles in nächster Umgebung und bequem zu Fuß zu erreichen. Als Ballhaus für große gesellschaftliche Ereignisse gehörte das Haus schon 1880 zu den ersten Adressen der Stadt. Seine historische Fassade wurde bei der vollständigen Renovierung

1990 genau restauriert und durch einen weißen, strahlenden Anstrich schön zur Geltung gebracht.

Die Maxime des "Rafael": "Hier sind Sie zu Hause – auch fern von zu Hause", wird jeder anspruchsvolle Gast bestätigen können: Das ganze Haus besticht durch Großzügigkeit und Luxus. Schon die Halle, mit Antiquitäten, Gemälden, unendlich vielen Blumen und hochherrschaftlichen Freitreppen, getaucht in ein wahres Lichtermeer, vermittelt dem Gast die große Vergangenheit aus der Belle Époque. Das Design des gesamten Interieurs zeugt von viel Geschmack und sicherem Gespür für unvergängliche Eleganz.

Alle Zimmer wurden mit Biedermeier-Möbeln ausgestattet. Die supermoderne Technik (mindestens drei Telefone, PC- und Telefaxanschlüsse, Privattresor, Satelliten-TV und Videorecorder) ist unauffällig in die Einrichtung integriert. Die Bäder sind ein wahrer Traum an Komfort. Ein beheizter Marmorboden, eine separate Duschkabine, liebevoll ausgewählte Accessoires und viel, viel Frottee stellen nur eine kleine Auswahl der Annehmlichkeiten dar. Versuchen Sie, eines der 54 Zimmer in den oberen Stockwerken zu bekommen. Die Ausblicke auf Kirchtürme, Kastaniengärten oder, bei bayrischem Königswetter, auf die Alpenkette, sind hinreißend schön. In den 19 Suiten ist der Panoramablick selbstverständlich. Auf der Dachterrasse finden Sie den Swimmingpool mit einem Sonnendeck. Der einmalige Eindruck von München wird hier zu einem aufregenden und unvergeßlichen Erlebnis.

Service gibt's rund um die Uhr. Von dem ausgesprochen freundlichen Personal werden Sie mit Ihrem Namen angesprochen und wirklich noch als "König Gast" behandelt.

Das exklusive Restaurant "Mark's" liegt spektakulär auf der Beletage und bildet mit offenem Blick auf die Eingangshalle eine passende Ergänzung zum stilvollen Ensemble des Hauses. Die Küche serviert beste internationale Kreationen und gehört zu den kulinarischen Highlights in München. Leider ist der interessante fernöstliche Einschlag wieder verschwunden, als der Küchenchef Frank Heppner das Haus verlassen hat.

Zu einem ausgezeichneten Frühstück, bei dem Sie unter mehr als einem Dutzend offener Tees auswählen können, erhalten Sie ab dem zweiten Morgen unaufgefordert Ihre Lieblings-Tageszeitung. Andere Edelherbergen unter dem weiß-blauen Himmel der Landeshauptstadt müssen sich also schon sehr anstrengen, um dem "Rafael" Paroli zu bieten.

Eine Alternative ist vielleicht das im vornehmen Stadtteil Bogenhausen gelegene Hotel "Palace" München (Trogerstr. 21, Tel. 089/4705091, Fax 089/4705090). Ein ehemaliges Adelsdomizil, das durch Möblierung im Stil Ludwigs XIV., durch alte Stiche und Gemälde und durch die Régence-Boiserie in der Kaminbar besonderes Ambiente und elegantes Flair bietet. Das Hotel gilt noch als Geheimtip. Wegen der nahen verkehrsreichen Prinzregentenstraße sollten Sie nur ein Zimmer zur Rückseite akzeptieren. Ein kleiner Nachteil: Sie sind in diesem Hotel auf Ihr Auto oder ein Taxi angewiesen.

BERLIN

GRAND HOTEL ESPLANADE

FACTS

Grand Hotel Esplanade
Lützowufer 15
10785 Berlin
Tel. 030/261011
Fax 030/2651171
402 Zimmer, 33 Suiten

Berlin, wieder Hauptstadt Deutschlands, ist sicher nicht die schönste, dafür aber die spannendste Stadt in der vereinten Republik. Das "Grand Hotel Esplanade", ein Glanzpunkt der Berliner Hotellerie, liegt am Lützowufer zwischen Kurfürstendamm und Berlins Kulturmeile mit Nationalmuseum, Philharmonie und Staatsbibliothek.

Bei der Planung des Hotels räumte der Architekt Jürgen Sawade der Kunst einen ganz wesentlichen Stellenwert ein. Denn es war die Absicht, nicht nur ein Luxushotel, sondern gleichzeitig eine Art Museum für die Berliner Neuen Wilden zu bauen. So wurde die Kunst ein bestimmender Teil des Ganzen. Die gelungene Kombination aus moderner Kunst und Luxus machen das Hotel zu etwas Besonderem.

In den 402 Zimmern und den 33 Suiten setzen Siebdrucke der Neuen Wilden farbenfrohe und leuchtende Akzente. Die Einrichtung der normalen Zimmer (alle je 29 Quadratmeter) entsprechen dem Komfort, den Sie in einem Luxushotel erwarten können. Neben bequemen Betten mit feinsten Daunen sind Radio, Kabel-TV, Video, Minibar, Telefon und ein funktionales Bad selbstverständlich. Eine optimale Schallisolierung und eine perfekt programmierte Klimaanlage machen die Räume zu wohligen Oasen der Ruhe.

Fitneßbewußte Hotelgäste können zwischen zahlreichen sportlichen Aktivitäten wählen. Ein Gym-Raum, ausgestattet mit den modernsten Gerätschaften, und ein Swimmingpool unter Palmen mit Poolbar genügen höchsten Ansprüchen.

Das Restaurant "Harlekin" erhielt seinen Namen nach einer Skulptur von Markus Lüpertz. Es bietet ausgezeichnete Küche und guten Service, leidet allerdings etwas darunter, daß direkt daneben (und unüberhörbar) "Harry's New York Bar" residiert: ein Treffpunkt für die Berliner Schickeria. Gemütlich und berlinerisch geht es dagegen in der "Eck-Kneipe" zu, wo Sie bei Molle und Korn Berliner Spezialitäten probieren können.

BERLIN

SCHLOSSHOTEL VIER JAHRESZEITEN

FACTS

*Schloßhotel
Vier Jahreszeiten Berlin
Brahmsstraße 6–10
14193 Berlin
Tel. 030/895840
Fax 030/89584800
44 De-Luxe-Zimmer,
10 Suiten*

Das "Schloßhotel Vier Jahreszeiten Berlin" ist seit dem 1. September 1994 "die Adresse" für anspruchsvolle und verwöhnte Klientel in der deutschen Hauptstadt. Das Hotel liegt inmitten des hochherrschaftlichen ruhigen Villenviertels Grunewald und ist trotzdem mit dem Auto von der Stadtmitte schnell erreichbar. Aus dem alten Adelspalais derer von Pannwitz schuf der Modezar Karl Lagerfeld ein Refugium der absoluten Spitzenklasse. Die Renovierung dauerte fast drei Jahre. Über 30 Millionen Mark wurden investiert, damit Karl Lagerfeld seinen persönlichen Stil bei der Inneneinrichtung und bei der Gestaltung des Schloßparks voll entfalten konnte. Die neuen Eigentümer, eine Gruppe privater Investoren aus Berlin, achteten dabei streng darauf, daß das Palais in seiner prachtvollen Eleganz wiederhergestellt wurde. Nach dem Stil der Inneneinrichtung gefragt, antwortet Karl Lagerfeld: "In der Tradition der Berliner Luxushotels vor dem Ersten Weltkrieg – aber mit allen technischen Finessen der Gegenwart." Sämtliche Details, jedes Möbelstück, jede Vorhangfarbe zeugen vom Schöpfergeist des Modedesigners, nicht zu vergessen das etwas verspielte Hotelsignet, der Schriftzug auf den Briefköpfen, das Geschirrdekor, die Schlüsselanhänger und sogar die Mitarbeiteruniformen.

Vom Eingangsbereich, in den die Rezeption dezent integriert wurde, schaut man in die überwältigende Halle im Stil der italienischen Renaissance. Die Lobby, über zwei Stockwerke hoch, wird von einer eindrucksvollen Kassettendecke bekrönt; die Wände sind mit edlen Stoffen bespannt, die im Licht der originalen Kronleuchter changieren. So eingestimmt, werden Sie in eines der betont individuell gestalteten 44 Zimmer oder eine der 10 Suiten geführt. Dickpolstrige Sitzmöbel, üppig drapierte Himmelbetten und jeder nur denkbare Komfort einer Luxusherberge laden zum Verweilen ein. Wenn Sie auf viel Platz Wert legen, weisen Sie am besten schon bei Ihrer Reservierung darauf hin, damit man nicht eines der kleinen, aber nicht minder eleganten Zimmer für Sie auswählt. Inmitten des edlen Mobiliars und kostbarer Stoffe finden Sie minde-

stens drei Telefone, ein eigenes Faxgerät, PC-Anschluß, Video, Stereoanlage, Minibar, Kabel-TV und Safe. Ein Traum aus Marmor, Kirschholz und flauschigem Frottee sind die allerhöchsten Ansprüchen genügenden Bäder. Für seine schöpferischen Dienste erbat sich Karl Lagerfeld das Wohnrecht auf Lebenszeit. Weilt er nicht in Berlin, stellt er "seine Suite" zur Vermietung zur Verfügung. In der "Karl-Lagerfeld-Suite" logieren Sie dann in dem kostbaren persönlichen Mobiliar des Meisters.

Im Untergeschoß des Hotels warten ein 500 Quadratmeter großer Pool und ein Fitneß-Bereich mit drei Saunen, Whirlpool und Gym-Raum auf die Gäste. Das römische Ambiente mit Wandfresken und Springbrunnen bietet einen einmaligen Rahmen, um etwas für die Gesundheit zu tun.

Das exquisite Restaurant "Vivaldi" unter der Leitung von Küchenchef Detlev Hohl hat sich in kürzester Zeit zu einem Treff der Berliner Gourmets entwickelt. Schwerlich werden Sie in der großen Stadt einen prunkvolleren Rahmen für kulinarische Sternstunden finden. Im Wintergarten-Restaurant "Le Jardin" wird den Hotelgästen das Frühstück à la carte serviert. Auch bei schlechtem Wetter sitzt man mitten im 4000 Quadratmeter großen Hotelpark und blickt durch riesige französische Panoramafenster und eine Glaskuppel ins Grüne.

BERMUDA

HORIZONS AND COTTAGES

FACTS

Horizons and Cottages
PO Box PG 198
Paget PGBX Bermuda
Tel. 001/809/2360048
Fax 001/809/2361981
50 Zimmer, 3 Suiten

Die älteste britische Kronkolonie, heute in Selbstverwaltung, wirbt mit dem Slogan: "Bermuda – Der Siebte Himmel auf Erden". Nicht ganz zu Unrecht, denn hier herrscht eine Lebensqualität, die man andernorts oft vergeblich sucht. In dem Hauptstädtchen Hamilton trägt sogar der distinguierte Banker die weltberühmten Bermudashorts zu seinem britischen Blazer. Die Farben Bermudas werden auch in der Erinnerung nicht so schnell verblassen. Es sind die pinkfarbenen, einsamen Strände vor türkis schimmerndem Meer und die pastellfarbenen Häuser in gepflegten Park- und Gartenlandschaften mit bunten Tupfern subtropischer Vegetation, die im Gedächtnis haften bleiben. Der Golfstrom sorgt hier in den Randtropen dafür, daß Urlauber aus Europa immer ein behagliches Klima vorfinden und dabei sehr viel Sonne genießen können.

Das Hotel "Horizons and Cottages" vermittelt am ehesten den unvergleichlichen Charme der Inseln. Eine der ältesten Herrschaftsvillen wurde von Alfred Blackburn Smith 1928 durch elf Cottages ergänzt und zu einem geschmackvollen Hotel umgestaltet. Dabei stattete man das Hotel immer wieder mit dem neuesten Komfort aus, ohne seine architektonische Unverfälschtheit anzutasten.

Auf einem Hügel gelegen, überschaut das Hotel inmitten eines terrassenförmig angelegten Parks mit Golfplatz die romantische Insel, den Coral Beach und den weiten Atlantik.

Seit vielen Jahren leitet der Österreicher Wilhelm Sack das "Horizons and Cottages". Seine herzliche Gastfreundschaft bestimmt den Charakter des Hauses und überträgt sich auch auf seine Angestellten. Jedes Jahr werden Sie mit Weihnachtsgrüßen an das kleine Paradies erinnert: Sie erhalten eine Karte, die Herrn Sack als Weihnachtsmann in Bermudashorts zeigt.

Sollten Sie lärmempfindlich sein, meiden Sie die Zimmer im Hauptgebäude. Eine Hauptstraße führt zwar weiträumig um die Anlage herum, aber leider dringt der Verkehrslärm in die exponierten Lagen dieser Räume her-

Ein Highlight der Hotellerie in San Francisco ist "The Ritz-Carlton". Nur wenige Schritte vom Geschäftszentrum, von Chinatown und Union Square entfernt liegt das denkmalgeschützte Gebäude auf dem Nob Hill inmitten eines ruhigen und vornehmen Wohngebietes.

Die neoklassizistische Fassade, geschmückt mit 17 mächtigen ionischen Säulen, macht eher den Eindruck eines Tempels als eines Hotels. Der Bau stammt aus dem Jahre 1909 und wurde im Zuge der Umwandlung in ein Hotel in den Jahren 1990/91 stilgerecht restauriert. Über zwei Blocks schließen sich zwei Seitenflügel an, die dem Gebäude terrassenförmig den Hügel hinunter seine U-Form geben.

Der Empfangsbereich mit der anschließenden Lounge beeindruckt durch seine Großzügigkeit, italienischen Marmor, hohe Fenster mit üppigen Vorhängen, Seidentapeten, Kristalleuchter, persische Teppiche, wertvolle Ölgemälde und Antiquitäten. Den Gast umgibt das typische Ambiente des Ritz-Carlton-Stils: Südstaaten-Eleganz aus der guten alten Zeit ...

Dem freundlichen, mehrsprachigen Personal merkt man an, daß es ständig geschult wird, um der internationalen Klientel gerecht zu werden. An der Rezeption begrüßt man Sie mit Ihrem Namen, und Sie werden selten einen Concierge-Service finden, der Sie so zuvorkommend und umfassend bedient.

Die 336 Zimmer und 44 Suiten entsprechen dem Standard eines internationalen Luxushotels und sind bequem und gemütlich eingerichtet. Selbstverständlich sind King-size-Betten, Schreibtisch, Sessel, Barfach mit Kühlschrank, Zimmersafe, Radio und Fernseher und Telefone (auch im Bad). Die mit italienischem Marmor gefliesten Bäder verfügen über Doppelwaschbecken und separate WCs. Die Zimmermädchen bringen Ihr Reich zweimal täglich in Ordnung, den Roomservice können Sie 24 Stunden in Anspruch nehmen. Morgens finden Sie vor Ihrer Tür die neueste Ausgabe der Tageszeitung.

Etwas ganz Besonderes bieten die Zimmer des "Ritz-Carlton-Clubs", und sie sollten möglichst diese Kategorie buchen. Die "Club"-Zimmer liegen im siebten und achten Stock. Im achten Stock haben diese Zimmer eine private Lounge, die wie ein großes Wohnzimmer mit Sitzgruppen und Antiquitäten eingerichtet ist. Hier können Sie – ohne Aufpreis – ein Continental Breakfast bekommen, mittags Snacks, nachmittags Kaffee und Gebäck und ab 17.00 Uhr Drinks. Der Clou aber ist der wirklich perfekte Concierge-Service in dieser Lounge. Wenn Sie auch nur nach einem Restaurant, einer Aufstellung oder einem bestimmten Ausflug fragen, werden Sie aufs beste beraten; daß Ihnen jede Art von Reservierung oder Buchung abgenommen wird, ist selbstverständlich.

Wenn Sie sportliche Abwechslung im Hotel suchen, ziehen Sie Ihre Bahnen in einer großen Schwimmhalle. In einem Fitneßraum stehen modernste Geräte, und gleich daneben können Sie sich massieren lassen, in die Sauna gehen oder den Whirlpool nutzen.

Im Innenhof des Hotels befindet sich ein sehr gutes Restaurant im Freien. Hier werden Ihnen unter großen Sonnenschirmen Frühstück, Mittag- und Abendessen serviert. Der "Dining Room" ist nur abends geöffnet und bietet hauptsächlich Spezialitäten aus der französischen Küche. In der kulinarischen Hochburg San Francisco mit über 3000 Restaurants sollte man jedoch auch unbedingt außerhalb des Hotels essen. Wenige Schritte oder nur eine kurze Taxifahrt entfernt finden Sie ein wahres Schlaraffenland, in dem Sie allerdings immer Ihren Tisch im voraus reservieren sollten. Der Name "Ritz-Carlton" wirkt Wunder, deshalb ist es am bequemsten und sichersten, die Reservierung vom Concierge vornehmen zu lassen.

San Francisco mit seinen unausschöpflichen Attraktionen übertrifft alle romantischen und glorifizierten Vorstellungen von einer multikulturellen, aber friedlichen, von einer überschaubaren, aber doch kosmopolitischen Stadt. Ist man dann noch Gast im "Ritz-Carlton", kann man "The City" in vollen Zügen genießen.

auf. Außerdem wohnen Sie in den Zimmern der Cottages viel intimer. Die Einrichtung ist überall bequem und gemütlich. Sie finden neben einer Klimaanlage und einem tadellos ausgestatteten Bad alles, was Ihren Aufenthalt angenehm macht. Erwarten Sie kein luxuriöses Ambiente; denn man legt mehr Wert auf den "Bermudian" Stil mit seinem Charme, der aber nicht mit großem Luxus gleichzusetzen ist. In den Cottages sind meistens vier Gästezimmer untergebracht, die alle eine große private Terrasse mit atemberaubendem Ausblick über den Golfplatz auf das Meer haben. Das Zentrum der Häuschen bildet eine Lounge mit offenem Kamin und abgeteilter Küche. Hier trifft man sich mit seinen Nachbarn zu einem Plausch oder reserviert sich den Raum, um in privater Atmosphäre Freunde zu empfangen.

Vor dem Haupthaus liegt umsäumt von Palmen der heizbare Swimmingpool mit großer Liegeterrasse. Das freundliche Personal sorgt sich hier von morgens bis abends um Ihr Wohlbefinden. Drei Tennisplätze stehen den Freunden des weißen Sports zur Verfügung, und Golfer bereiten sich an einem 18-Loch Putting Green auf ihre Runden auf dem hoteleigenen 9-Loch-Platz vor. Daneben können Sie dem Bermuda-Sport Nummer eins auf vielen ausgezeichneten und weltberühmten 18-Loch-Golfplätzen nachgehen.

Nach einem kleinen Spaziergang erreicht man den privaten Strand des "Coral Beach Clubs", der mit seinen Einrichtungen von den Gästen des "Horizons" kostenlos mitbenutzt werden darf. Man versorgt Sie mit Sonnenschirmen, Liegestühlen und Handtüchern. Mittags können Sie in dem Restaurant oberhalb des Strandes sehr gut essen oder sich mit Getränken für den Strand versorgen. Der rosafarben schimmernde Sand lädt zu ausgedehnten Spaziergängen ein, und das erfrischend kühle Wasser lockt zum Schwimmen. Gern werden vom Hotel für Sie Segeltouren oder Hochseefischexpeditionen arrangiert.

Am Nachmittag treffen sich die Gäste auf der Terrasse vor dem Haupthaus. Man bedient sich nach Herzenslust an einem Buffet mit frischem Kuchen, kleinen Snacks, Kaffee und Tee. Abends pflegt man englische Tradition und geht mit Jackett und Schlips ins "Horizons Restaurant". Es ist aber nur die Kleidung der Gäste und die Einrichtung des intimen, gemütlichen Restaurants, die an die vornehme britische Vergangenheit erinnern; denn die hervorragende Küche ist französisch orientiert. Vorzüglicher können Sie auf den Bermudas nicht schlemmen. Mit dezenten Klängen begleitet ein Harfenist Ihr ausgezeichnetes Mahl. Auch als Gast des Hotels sollten Sie sich einen Tisch reservieren lassen; denn die Qualität lockt viele Gourmets von auswärts ins "Horizons".

CALIFORNIEN NORD

The Ritz-Carlton

FACTS

The Ritz-Carlton
600 Stockton at California Street
San Francisco,
CA. 94108-2305 USA
Tel. 001/415/296-7465
Fax 001/415/296-8559
336 Zimmer, 44 Suiten

Nordkalifornien ist ein ideales Reiseland. Für einen ersten Überblick sollte man sich mindestens zwei Wochen Zeit nehmen. Dem Charme San Franciscos kann sich niemand entziehen. Die Lage der Stadt auf sieben Hügeln am Pazifischen Ozean, der San Francisco Bay und dem Meeresarm des Golden Gate ist nur ein Attribut, das die Stadt so unwiderstehlich macht.

Die besten Reisezeiten sind Frühjahr und Herbst, dann erleben Sie die Stadt meist ohne den berühmt-berüchtigten Nebel, und die Temperaturen sind am angenehmsten. Vergessen Sie aber nicht, warme Pullover und bequeme Schuhe mitzunehmen, denn San Francisco und Umgebung sind zwar durch ein mildes Klima das ganze Jahr über begünstigt, doch kann es durchaus auch kühl werden. Es wäre schade, wenn Sie ausgerechnet die fußgängerfreundlichste Stadt der USA mit dem Bus oder Taxi erkunden müßten.

CALIFORNIEN NORD

Auberge du Soleil

Wenn Sie von San Francisco aus Richtung Norden ins Napa Valley fahren, lohnt sich ein kleiner Abstecher in den Künstlerort Sausalito und zu den größten Mammutbäumen der Welt im "Muir Woods National Monument". In Vallejo dann biegt die Straße ins Napa Valley ab. Die Fahrt führt vorbei an Weingärten und inzwischen weltberühmten Kellereien, und nach gut einer Stunde erreichen Sie das Dorf Rutherford mit dem Hotel "Auberge du Soleil". In einem uralten Olivenwäldchen versteckt sich die Anlage des Hotels mit herrlichen Ausblicken über die umliegenden Weinfelder an leicht ansteigenden Hügeln. Der Besitzer Claude Rouas schuf hier ein friedvolles und luxuriöses Refugium für anspruchsvolle Gäste. Das Hotel ist eine Reminiszenz an elegante südfranzösische Landsitze, paßt sich gleichzeitig aber auch in den Stil des kalifornischen Weinlandes ein.

Das "Inn of the Sun" steht unter der Leitung des Deutschen George A. Goeggel. Seine Aussage, "dies ist *der* Platz im Napa Valley. Ein Treffpunkt für Einheimische und

FACTS

Auberge du Soleil
180 Rutherford Hill Road
Rutherford, CA. 94573 USA
Tel. 001/707/963-1211
Fax 001/707/963-8764
11 Cottages mit
48 Zimmern und Suiten

Besucher aus aller Welt, die das Leben voll genießen", müssen auch Skeptiker voll bestätigen. Das Haupthaus in mediterranem Baustil thront über dem Hotelgelände und überschaut das ganze Tal. Sie werden am schönsten auf das kleine Paradies eingestimmt, wenn Sie nach dem Empfang auf der Terrasse vor der Bar ein Gläschen Chardonnay schlürfen und dabei den Ausblick auf das malerische Napa Valley bewundern. Ein Sonnenuntergang auf dieser Terrasse bleibt ein unvergeßliches Erlebnis. Kleine Wege führen zwischen Olivenbäumen hinunter zu den 48 Gästezimmern und Suiten, die sich auf elf sonnen- und erdfarbene Landhäuschen verteilen. Alle Zimmer haben einen separaten Eingang und eine große Terrasse mit Blick in das Tal. Die ausgesucht geschmackvolle Einrichtung und die Großzügigkeit der Räume überzeugen auch den verwöhntesten Gast. Sie sind in warmen Pfirsich-, Beige-, Terracotta- und Erdtönen gehalten. Frische Blumensträuße und ein großer Fruchtkorb sind selbstverständliche Annehmlichkeiten. Ein offener Kamin, Ledergarnituren und unzählige Lichtquellen unterstreichen die Behaglichkeit. Der Kühlschrank ist natürlich mit Champagner, Weinen und Fruchtsäften gefüllt. Wenn Sie auf neueste Nachrichten oder musikalische Unterhaltung Wert legen, können Sie das Kabelfernsehen, das Radio oder den Videorecorder anstellen. Doch bereits morgens werden Sie mit den aktuellen Tageszeitungen versorgt, wenn auf Servierwagen das exquisite Frühstück mit warmem Brot und Gebäck auf Ihre Terrasse rollt.

Im Restaurant der "Auberge du Soleil" verwöhnt Sie der Küchenchef David V. Hale mit gekonnten Kreationen aus der französischen und kalifornischen Küche. Das Ambiente ist sympathisch altmodisch, ruhig und intim. Ein Raum, der für kulinarische Höhepunkte geschaffen wurde und diese auch bietet. Probieren Sie Gänseleber mit Himbeer-Muskatsoße, gegrillten Seebarsch oder Tortellini mit Shrimps. Die ausgezeichneten kalifornischen Weine lassen sich perfekt mit dem Speiseangebot kombinieren.

Haben Sie einen Tisch auf der vorgelagerten Terrasse und erleben hier den Sonnenuntergang, wird das Essen zu einem ganz besonderen Genuß.

Der aktive Gast findet unzählige Möglichkeiten, sich zu betätigen. Im Garten wartet ein Swimmingpool mit olympischen Abmessungen auf Sie, und das Holzdeck rundherum lockt mit bequemen Liegestühlen die Sonnenanbeter. Im Fitneßraum kann man sich an modernsten Geräten ertüchtigen. Drei Tennisplätze stehen zur Verfügung. Der Golfplatz des "Chardonnay Club" und ein Reitstall sind in unmittelbarer Nähe. Mit Fahrrädern oder zu Fuß können Sie das Napa Valley erforschen; oder wie wäre es, mit einem Ballon über das Weinland zu schweben? Außerdem arrangiert das Hotel Weinproben bei den umliegenden Weingütern, sei es "Domaine Chandon", "Mumm", "Domaine Carneros" oder "Mondavi". In Rutherford und in den kleinen Weinorten des Napa Valley laden Kunstgalerien, Boutiquen und Lädchen zum Einkaufsbummel ein.

Es trifft schon zu, was der Besitzer Claude Rouas zum Abschied sagt: "Das Hotel 'Auberge du Soleil' versucht seinen Gästen das zu geben, was sie wünschen, um ihre Alltagssorgen zu vergessen: exzellentes Essen, gemütliches, luxuriöses Ambiente und tadellosen Service in einer heilen, natürlichen Umwelt."

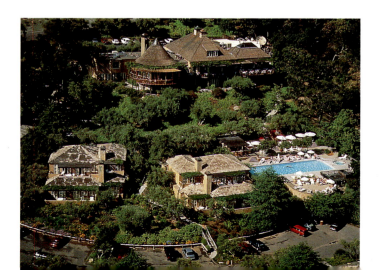

CALIFORNIEN NORD

THE INN AT SPANISH BAY

An Kaliforniens Pazifikküste führt eine der Traumstraßen Amerikas entlang, der Highway No. 1. Ob es sich lohnt, in Monterey mit seiner Cannery Row, John Steinbecks "Straße der Ölsardinen", haltzumachen, ist eine Frage des Geschmacks. Eigentlich ist der Cannery Row heute nur noch der literarische Ruhm und billiger Touristennepp geblieben. Am Ortsende verläßt man den Highway No. 1 und biegt auf den "17-Mile-Drive" ab.

Der "17-Mile-Drive" ist eine malerische Rundstrecke auf der Monterey-Halbinsel mit beeindruckender Flora und Fauna. Kein Wunder, daß sich hier viele der Superreichen ihre Refugien gebaut haben. 28 Kilometer fahren Sie durch dichte Waldgebiete und passieren neben riesigen Golfanlagen auch den weltberühmten "Pebble Beach"-Golfplatz und das gleichnamige Nobelhotel. Viele Strände an dramatisch zerklüfteten Felsküsten mit windzerzausten Zypressen laden zur Rast ein. Schließlich kommen Sie zur sogenannten Spanish Bay und "The Inn at Spanish Bay".

Etwas abseits vom "17-Mile-Drive" überblickt das neue Hotel, die jüngste Schwester der "Lodge at Pebble Beach", seinen 18-Loch-Golfplatz, der sich durch die Dünen

FACTS

The Inn at Spanish Bay
2700, 17-Mile-Drive
Pebble Beach, CA. 93953
USA
Tel. 001/408/647-7500
Fax 001/408/624-6357
270 Zimmer

bis an den Pazifik erstreckt: "The Inn at Spanish Bay" ist ein Dorado für Golfer, denn Hotelgäste haben freien Zutritt zu drei der vier legendären Golfplätze auf der Halbinsel. Tennisspielern stehen neun Plätze (teilweise mit Flutlicht) zur Verfügung. Der Swimmingpool und der Fitneßraum mit modernster Ausstattung befinden sich beim Golf-Club-Haus.

Ozean, Sand, Felsen und Pinien inspirierten die Farben des "Inn". Gleichzeitig weisen Ziegeldächer, Säulen, Balkone und Patios auf das alte Monterey und die spanische Vergangenheit Kaliforniens hin. In der Lobby mischen sich die Farben des Sandes mit Grüntönen, effektvoll harmonierend mit dem Schiefergrau des Bodens und dem Walnußbraun der Wände. Von der anschließenden Lobby Lounge mit hellen, dickgepolsterten Couchgarnituren und einem riesigen offenen Kamin schaut man durch einen Wintergarten auf den Dünengolfplatz und das Meer. Über zwei und drei Stockwerke verteilen sich die 270 Zimmer, 145 mit Meerblick und 125 mit Blick auf die Pinien des Del-Monte-Wäldchens. Jede Wohneinheit ist mindestens 40 Quadratmeter groß und hat einen offenen Kamin. Die Einrichtung ist modern und luxuriös. Üppige Sofas und Sessel bilden einen gemütlichen Wohnbereich, und bequeme Queen-size-Betten sorgen für angenehmste Nachtruhe. Ankleidezimmer leiten in großzügige Bäder, gefliest in italienischem Marmor. Die Farbskala reicht auch hier von sanftem Beige über ein zartes Blau bis zu einem matten Grün.

Selbstverständlich verfügt jedes Zimmer über einen Balkon oder Patio. Vier Restaurants – von formell bis leger – bieten moderne kalifornische und italienische Küche auf sehr hohem Niveau.

Mag auch die "Lodge at Pebble Beach" die berühmtere der beiden Herbergen auf der Halbinsel Monterey sein, das "Inn at Spanish Bay" bietet mit seiner einmaligen Dünenlage und den wirklich exquisiten Zimmern das überzeugendere Konzept.

CALIFORNIEN NORD

Highlands Inn

FACTS

Highlands Inn
Highway One
Carmel, CA. 93921 USA
Tel. 001/408/624-3801
Fax 001/408/626-1574
40 Zimmer, 102 Suiten

Carmel ist ein Ort wie aus einem Märchenbuch, der bis heute seinen Boheme-Charakter aus den zwanziger Jahren erhalten hat. Keine Hochhäuser, breite Straßen oder Ampeln stören die gefällige Architektur des beschaulichen Gartenstädtchens. Carmel mit seiner unvergleichlichen Lage am Pazifischen Ozean ist Sommerfrische, Badeplatz und Künstlerkolonie in einem. Schon Jack London und John Steinbeck wußten die Vorzüge Carmels zu schätzen, und auch der heutige Bürgermeister Clint Eastwood (Hollywoods berühmtester Haudegen) lebt glücklich und zufrieden in "seinem" Carmel. Etwa acht Kilometer außerhalb von Carmel und gut abgeschirmt vom Lärm des Highway No. 1 erhebt sich das Hotel "Highlands Inn", von dichtem Pinienwald umgeben, auf den vorgelagerten Felsen an der Küste des Pazifischen Ozeans.

Bereits 1916 hieß das "Highlands Inn" seine ersten Gäste willkommen. Nach einer aufwendigen Renovierung im Jahre 1985 präsentiert sich das Hotel immer noch als eines der romantischsten und malerischsten Plätzchen der Welt, allerdings ohne den ehemaligen schottischen "Highland-Plüsch", der speziell "Honeymooner" anlockte.

Das Haupthaus wurde aus dem goldfarbenen Granit der heimischen Steinbrüche errichtet und hebt sich kaum von der zerklüfteten Küstenlandschaft ab. Die große Empfangshalle gibt den spektakulären Ausblick auf den Ozean frei. Vor einem mit Granitsteinen eingefaßten Kamin stehen dickgepolsterte Sessel mit lichtgrauem, butterweichem Leder bezogen. Hell gebeiztes Eichenmobiliar, dickflorige Teppiche, Messing und polierter Granit kreieren ein verschwenderisches und großzügiges Ambiente. Überall geben Panoramafenster den Ausblick auf die wildromantische Küste frei.

Die 142 Gästezimmer und Suiten sind in Bungalows untergebracht, die direkt am Swimmingpool oder versteckt zwischen den Pinien liegen. Jedes Zimmer reflektiert die Farben und Materialien der Landschaft und ist mit dem neuesten Komfort eines Luxushotels ausgestattet. Alle Einheiten verfügen über einen offenen Kamin und eine separate und komplett eingerichtete Küche. Die meisten Patios oder Terrassen haben Meerblick, und auf diesem sollten Sie schon bestehen, wenn Sie Ihr Zimmer buchen.

Ein unvergeßlicher Höhepunkt ist ein Abendessen in dem Restaurant "Pacific's Edge". Es ist nicht nur die exquisite Küche, die weit über die Grenzen Carmels hinaus berühmt ist, es ist vor allem das Design des Raumes. Zum Pazifik hin bestehen die Wände nur aus Glas, so daß man den Eindruck hat, man schwebe über dem Ozean. 70 Meter unter Ihnen schlagen die Wellen auf die Felsküste. Vor dem dramatischen Sonnenuntergang spielen Seeottern auf rotglühenden Felsen, oder Herden von Walen tauchen aus dem endlosen Blau des Pazifiks auf. Auch wenn Sie kein Zimmer mehr im "Highlands Inn" bekommen haben, sollten Sie sich dieses außergewöhnliche Restaurant nicht entgehen lassen.

Das "Highlands Inn" ist der ideale Standort für Leute, die Carmel und Umgebung genießen wollen. Im Umkreis von ca. 20 Autominuten finden Sie mehrere Golfplätze, Sie können die Gegend mit Fahrrädern erkunden, oder Sie machen ausgedehnte Spaziergänge direkt vom Hotel aus. Dabei ist das Naturreservat "Point Lobos" ein Muß. Auf nur wenigen Quadratkilometern wird Ihnen hier die ganze noch unverfälschte Vielfalt der Flora und Fauna der kalifornischen Pazifikküste dargeboten.

CALIFORNIEN NORD

VENTANA INN

Ventana Inn
Big Sur, CA. 93290 USA
Tel. 001/408/667-2331
Fax 001/408/667-2287
56 Zimmer, 3 Suiten

Nur 50 Kilometer südlich von Carmel verbrachte Henry Miller weit weg von den "stillen Tagen in Clichy" die späten Jahre seines Lebens. In seinem Roman "Big Sur" setzte er diesem Flecken Erde ein Denkmal: "Big Sur ist wie das Antlitz der Erde. Der Schöpfer muß gewollt haben, daß seine Erde so aussieht." Und wahrhaftig, Big Sur ist eine Einheit von Meer, Felsen und Wäldern. Überall neue dramatische Schauspiele: vom Meer umtobte bizarre Felsen mit einsamen, windzerzausten Pinien, kleine versteckte Buchten mit winzigen Stränden, an denen Seehunde das Treiben der kreischenden Seemöwen beobachten. Dazwischen taucht man in dunkle, geheimnisvolle Waldalleen ein oder schwebt über Kliffs auf kühnen Brückenkonstruktionen. Wären die Straßen und Autos nicht, man hätte den Eindruck, der Schöpfung beizuwohnen. Falls Sie die einmalige Naturkulisse von Big Sur noch nicht genug beeindruckt hat, haben Sie hoffentlich schon weit im voraus ein Zimmer im Hotel "Ventana Inn" gebucht. Zwei Kilometer oberhalb des Ozeans schmiegt sich die Hotelanlage, umgeben von dichten Wäldern, an einen Berghang. Das "Ventana Inn" bietet Ihnen Ausblicke in eine der schönsten Landschaften Amerikas und absolute Erholung in legerer Atmosphäre.

Hier treffen Sie gesundheits- und naturbewußte Gäste, die dem Alltagsstreß entfliehen wollen. Für Sportler und Familien mit kleinen Kindern ist dieses Hotel nicht geeignet. Denn die oberste Maxime des "Ventana Inn" ist es, streßgeplagte Großstädter in absoluter Ruhe und inmitten einer grandiosen Natur zu sich selbst zurückzuführen. Sie sollen sich in erster Linie entspannen und erholen, Spaziergänge machen, in einem der beiden Pools schwimmen, vor dem Kamin lesen, essen und schlafen.

Die 56 Zimmer und drei Suiten verteilen sich auf zwölf verstreut liegende ein- und zweigeschossige Holzbungalows. Falls Sie von Mitbewohnern nicht gestört werden wollen, vermeiden Sie die Zimmer in den Erdgeschossen; denn Holz ist naturbedingt ein lärmleitendes Baumaterial. Die Wohneinheiten sind mit King-size-Betten, offenem

Kamin (abends wird es auch im Sommer recht kühl), komfortablen Möbeln schlicht, aber ansprechend ausgestattet. Die hohen Wände und Decken sind ganz aus Zedernholz gefertigt, auf dem Boden liegen handgewebte farbenfrohe Teppiche, und Fensterläden schirmen Sie gegen die Außenwelt ab. Großen Luxus suchen Sie hier vergeblich. Aber trotzdem sind die Zimmer sehr gemütlich und durchaus komfortabel. Obwohl Sie in den normalen Doppelzimmern nicht viel Platz haben, werden Sie schnell merken, wie durchdacht und praktisch die Ausstattung ist. Dasselbe gilt für die Bäder, die auf den ersten Blick bescheiden wirken, aber beim Benutzen aufs angenehmste überzeugen.

Ein kleiner Spaziergang führt Sie zu dem etwas abseits gelegenen "Ventana-Restaurant". Vergessen Sie nicht zu reservieren, um auch hier den spektakulären Blick auf den Pazifik bewundern zu können. Das Restaurant ist eine bekannte Adresse für ernährungsbewußte Feinschmecker. Die Küche ist auf kalifornische Gerichte spezialisiert und bietet eine ausgezeichnete, frische Fischauswahl. Sind Sie ein Frischluftfan, kann das Abendessen auf der Terrasse ein unvergeßliches Erlebnis werden.

CALIFORNIEN SÜD

Bel-Air

FACTS

Hotel Bel-Air
701 Stone Canyon
Los Angeles, CA. 90077 USA
Tel. 001/310/472-1211
Fax 001/310/476-5890
91 Zimmer, 39 Suiten

Ein Urlaubsziel in Süd-Kalifornien oder auf Hawaii ist von Europa aus am bequemsten über Los Angeles zu erreichen. Ob das Negativ-Image der zweitgrößten und flächenmäßig größten Stadt der USA stimmt? Man sollte sich selbst überzeugen, um mitreden zu können.

Schon vom Flugzeug aus sehen Sie ein nicht enden wollendes ödes Häusermeer, das nur von breiten, schnurgeraden Straßen und einigen Wolkenkratzern unterbrochen wird. Vom Flughafen schleichen Sie dann als Teil einer achtspurigen Schlange Ihrem Ziel in L.A. (wird als Abkürzung auch von Amerikanern akzeptiert) entgegen. Überdeutlich wird Ihnen klargemacht, daß in der "Stadt der Engel" ohne Auto gar nichts geht. Erst, wenn Sie den Hügel mit den riesigen Buchstaben HOLLYWOOD vor sich haben und den Freeway bei der Ausfahrt Beverly Hills verlassen, zeigt sich der Moloch von seiner angenehmeren Seite. Vorbei an manikürten parkähnlichen Gartenanlagen, hinter denen sich palastartige Villen verstecken, erreichen Sie das Hotel "Four Seasons" (s. Seite 65) in Beverly Hills. Das Hotel "Bel-Air"

besonders angenehme Überraschung ist die herzliche Gastfreundschaft des Personals, das nicht einmal Deutsch als etwas total Exotisches abtut.

Die 91 Zimmer und 39 Suiten verteilen sich auf kleine, mediterran anmutende Bungalows in dem idyllischen Park. Auch sie vermitteln dem Gast den Eindruck, nicht in einem Hotel zu logieren, sondern im luxuriösen Heim eines guten Freundes. Die intime Atmosphäre Ihres Reiches wird durch private Patios unterstrichen. Jedes Zimmer hat sein eigenes Ambiente und trägt die Handschrift der berühmten Innenarchitekten Louis Cataffo und Betty Garber. Ein offener Kamin (nicht in den 14 "Average rooms"), dickgepolsterte Sitzecken vor raumhohen Erkerfenstern und dekorative Deckenlüster geben den Räumen ihren gemütlichen Charakter. Inmitten von Ruhe, Frieden und Schönheit der Parklandschaft ist Ihr Refugium wie ein kleines Paradies. Modernster Komfort eines Spitzenhotels ist genauso selbstverständlich wie große marmorgeflieste Bäder mit separatem Telefon.

Das Restaurant "Bel-Air" liegt am Ende der großartigen Arkaden des Hauptgebäudes. Hier treffen sich die Hotelgäste und auch berühmte Nachbarn zum Frühstück, Mittag- oder Abendessen. Dekoriert in sanften Pfirsich-, Beige- und Grüntönen, fügt sich das Reich des Küchenchefs Gary Chauson in den aufwendigen, aber nicht aufgesetzten Luxus des Hotelkonzeptes ein. Die kalifornische Küche wird nur mit frischesten Zutaten serviert und kunstvoll den Jahreszeiten angepaßt. Gäste, die im Freien essen wollen, setzen sich auf die mit Bougainvilleen umsäumte Terrasse mit Fußbodenheizung und genießen die Kulisse mit Park und Schwanenteich.

Der ovale Swimmingpool ist das ganze Jahr über geheizt und bietet auch für den geübten Schwimmer ausreichend Platz. Vorbei an sprühenden Fontänen und Schwänen, die majestätisch über einen verträumten Teich gleiten, laden Wege durch den Park zu erholsamen Spaziergängen ein. Auf den gepflegten Straßen Bel-Airs frönen Jogger ihrem Sport, und auch für Golfer und Tennisfreaks organisiert das Hotel Arrangements auf nahegelegenen Plätzen.

Die Strände des Pazifischen Ozeans bei Malibu oder Santa Monica erreichen Sie über den Sunset Boulevard in 20 Minuten Autofahrt. Ein Eldorado für Shopping ist der Rodeo Drive in Beverly Hills. Alles, was einen weltberühmten Designernamen trägt, ist hier vertreten. Einen Besuch lohnt das "J. Paul Getty Museum" in Malibu. Vergessen Sie nicht, bereits zu Hause eine Reservierung vornehmen zu lassen; denn es sind, auch wenn die Sammlung dem europäischen Besucher teilweise sehr amerikanisch vorkommen muß, vor allem die Parkplätze, die Monate im voraus ausgebucht sind.

liegt etwa 1,6 Kilometer nordwestlich davon, in dem Nobelvorort gleichen Namens. Bel-Air wurde erst in den zwanziger Jahren als exklusiver Wohnpark im eigentlichen Sinne nördlich des Sunset Boulevard angelegt und ist auch heute noch die Top-Adresse der Stadt.

Das Haupthaus des legendären Hotels "Bel-Air" ist dem spanischen Missionsstil nachempfunden und paßt sich seiner vornehmen Villennachbarschaft ausgezeichnet an. Schattige Arkaden umgeben das zart pinkfarbene Haus, das sich diskret hinter Palmen und riesigen Blumensträuchern versteckt. Hinter dem Hauptgebäude breitet sich ein großer, romantischer Hotelpark aus. In der Lobby mit anschließenden Salons empfängt Sie pastellfarbene Eleganz und der Charme eines südfranzösischen Landhauses mit offenem Kamin. Der Gast fühlt sich sofort zu Hause wie in einem eleganten Clubhaus im Süden. Von amerikanischem Pseudo-Luxus à la Hyatt oder Marriott ist hier nichts zu spüren. Eine

CALIFORNIEN SÜD

Four Seasons Hotel

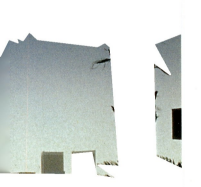

Nicht ganz so paradiesisch wie das "Bel-Air" liegt an einem palmengesäumten breiten Boulevard dort, wo Beverly Hills beginnt, das zwölfgeschossige "Four Seasons Hotel". Es ist eine durchaus akzeptable Alternative, wenn die 91 Zimmer im "Bel-Air" ausgebucht sind. Innerhalb von nur sechs Jahren etablierte sich das "Four Seasons" und gehört jetzt zu den Spitzenhotels in L.A. Das Ambiente eines großen europäischen Herrenhauses mit wertvollen Antiquitäten umgibt Sie im Empfangsbereich und der anschließenden Lobby-Lounge. Große Terrassentüren geben den Blick in eine üppige, tropische Gartenlandschaft frei. Weißer Jasmin, Bougainvilleen, Orchideen, Magnolienbäume und Palmen stimmen den Gast auf einen erholsamen Aufenthalt ein. Das ausgezeichnet ausgebildete Personal ist inzwischen berühmt für außergewöhnlichen und individuellen Service und begrüßt auch seine deutschen Gäste in ihrer Muttersprache.

Jedes der 179 Zimmer ist großzügig und bequem eingerichtet und hat einen Balkon. Wenn Sie zur Gartenseite wohnen, und das sollten Sie, haben Sie einen weiten Blick über die Stadt bis hinüber zum Pazifik. Durch die großen Balkontüren wirken die Zimmer besonders hell und freundlich. Alle Einrichtungen, auch im Bad, sind auf dem modernsten Stand und garantieren einen angenehmen Aufenthalt. In den 106 Suiten fallen besonders die hohen, von Seidenvorhängen eingehüllten Himmelbetten auf. Rund um die Uhr serviert Ihnen der Room-Service ein volles Menü, und auch Ihre Garderobe wird jederzeit perfekt aufgebügelt.

Im Garten lockt ein großer Swimmingpool die aktiven Gäste. Wer Entspannung sucht, macht es sich auf den Liegen auf der Poolterrasse bequem und genießt den Panoramablick auf die Stadt. Kleine Snacks und erfrischende Drinks werden Ihnen hier bis zum Sonnenuntergang serviert. In eleganter Umgebung bietet man Ihnen im Hauptrestaurant "Gardens" ein exquisites Frühstück, Mittag- und Abendessen an. Ziehen Sie informelle Umgebung vor, liefern Ihnen die Restaurants "Windows" und

FACTS

Four Seasons Hotel
300 South Doheny Drive
Los Angeles, CA. 90048 USA
Tel. 001/310/273-2222
Fax 001/310/859-3824
179 Zimmer, 106 Suiten

"The Cafe" den richtigen Rahmen. Am schönsten sitzt man unter großen, weißen Schirmen auf der Terrasse, die den Restaurants vorgelagert ist und von den buntblühenden Pflanzen des Gartens begrenzt wird.

Warten Sie nicht vergeblich auf Hollywoodgrößen, wenn Sie eines der "In"-Lokale in L. A. aufsuchen. Die Weltstars haben L. A. längst den Rücken gekehrt und überlassen es denen, die es nötig haben, zu sehen und gesehen zu werden.

CALIFORNIEN SÜD

RITZ-CARLTON LAGUNA NIGUEL

Auf halbem Weg zwischen Los Angeles und San Diego liegt in dem kleinen Ort Laguna Niguel unweit von Dana Point das Flaggschiff der Ritz-Carlton-Gruppe. 50 Meter über dem Meer, auf einem Felsvorsprung gebaut, überblicken die ein- und zweigeschossigen Gebäude einen langen weißen Sandstrand und die Weiten des Pazifischen Ozeans.

Die Fassade des "Ritz-Carlton – Laguna Niguel" nimmt Elemente des in Südkalifornien traditionellen Missionsstils auf, innen aber kommt der berühmte üppige Ritz-Carlton-Stil voll zum Zug: Stuck, Marmor, dicke Teppiche, verschwenderische Vorhänge und riesige Kristallüster sorgen dafür, daß der Gast den Alltag schnell vergißt. Von seinem Vorgänger übernahm der General Manager John Dravinski 1993 das Motto: "Wir sind Ladies und Gentlemen und bedienen Ladies und Gentlemen." Auch seine über 800 Mitarbeiter passen sich dieser Devise perfekt an und kümmern sich diskret, aber unablässig um Ihr Wohlbefinden.

Die luxuriösen 362 Zimmer und 31 Suiten haben alle Balkons und bieten jeglichen Komfort. Der hohe Ritz-Carlton-Standard zeigt sich hier von seiner besten Seite: großzügige Grundrisse, eine bis ins Detail durchdachte Ausstattung, warme Farben und eine geschickte Lichtregie verbinden sich zu dem typischen Ritz-Carlton-Stil, der in den Gesellschaftsräumen zwischen pompös und elegant schwankt, sich in den Gästezimmern aber immer durch höchsten Komfort und Gemütlichkeit auszeichnet.

Im Garten finden Sie zwei große, sonnige Badebereiche mit malerisch gestalteten, geheizten Swimmingpools und Jacuzzis. Ein Poolservice verwöhnt Sie hier bis zum Sonnenuntergang. Leider hat das Paradies einen kleinen Makel; denn Plastikliegestühle stören hier genauso wie Flugzeuge, die den nahen "John Wayne Airport" (23 km) oder den "Long Beach Airport" (40 km) ansteuern. Auf ausgedehnten Spaziergängen am Strand übertönt aber die Brandung den Lärm, und Sie können ungestört die Schönheiten der Natur genießen.

FACTS

The Ritz-Carlton
33533 Ritz-Carlton Drive
Dana Point, CA. 92629 USA
Tel. 001/714/240-2000
Fax 001/714/240-0829
362 Zimmer, 31 Suiten

Auf die aktiven Urlauber warten vier Tennisplätze und ein großes Fitneß-Studio. Unter der Leitung von Rick Adams weist Sie seine Mannschaft in das Programm "Personal Best" ein und verspricht, Ihr Leben mit diesem Kurs um Jahre zu verlängern! Der Gast unterstützt dieses Versprechen tunlichst mit Massagen, Dampfbädern und Saunagängen. Jogging- und Radelfreunde finden herrliche Wege in der nächsten Umgebung. Nur ein paar Schritte vom Hotel entfernt und mitten in den Dünen liegt der berühmte 18-Loch-Golfplatz "The Links of Monarch Beach". Haben Sie Lust auf einen Einkaufsbummel, so erreichen Sie mit dem Auto in fünf Minuten Laguna Beach oder Newport Fashion Island.

CALIFORNIEN SÜD

Ritz-Carlton Rancho Mirage

FACTS

*The Ritz-Carlton
Rancho Mirage
68-900 Frank Sinatra Drive
Rancho Mirage,
CA. 92264 USA
Tel. 001/619/321-8282
Fax 001/619/321-6928
240 Zimmer, 19 Suiten*

Zu einem Urlaub in Südkalifornien gehört ein Abstecher in die typische Wüstenlandschaft. Natürlich will ein Connaisseur auch dabei nicht auf Luxus und Bequemlichkeit verzichten. "The Ritz-Carlton" in Rancho Mirage, einem Nachbarstädtchen von Palm Springs, ist genau das Richtige. In den zwanziger Jahren entdeckte Hollywood den kleinen verschlafenen Wüstenort Palm Springs, etwa 200 Kilometer östlich von Los Angeles. Heiße Quellen, klare trockene Luft und ein ewig strahlend blauer Himmel machten aus Palm Springs, Rancho Mirage und Palm Desert schnell Zufluchtsorte für die oberen Zehntausend. Umgeben von weiter Wüstenlandschaft und wildzerklüfteten, über 2600 Meter hohen Berggipfeln, sind die Orte heute immergrüne Palmenoasen mit unzähligen Golfplätzen und palastartigen Villen.

Seiner reichen Nachbarschaft paßt sich das "Ritz-Carlton" sehr eindrucksvoll an. Ein monumentartiger Springbrunnen an der Hauptstraße weist den Gast darauf hin, daß er hier in die Privatstraße zum Reich des "Ritz-Carlton" abbiegen muß. Am Rande eines großen Tierschutzgebietes auf einem 300 Meter hohen Plateau gelegen, bietet das Hotel sagenhafte Ausblicke in das Coachella-Tal und auf die Berge von San Gabriel.

Weltoffene Atmosphäre und luxuriöses Ambiente umgibt den Gast im Empfangsbereich und in der anschließenden Lobbylounge. Der bekannte Ritz-Carlton-Stil wird mit Riesenflächen italienischen Marmors, persischen Teppichen, wertvollen Antiquitäten und riesigen Kronleuchtern rekreiert. Nicht zu vergessen das perfekt geschulte Personal, das den Gast wirklich noch wie einen König bedient.

Die U-förmige, nur dreistöckige Hotelanlage beherbergt 240 Zimmer und 19 Suiten. Alle sind in zarten Pastellfarben gehalten und haben einen Balkon oder eine Terrasse mit Blick auf die Berge. Die Einrichtung ist zeitlos elegant und sehr komfortabel. Zwischen Zimmer und Bad sind geräumige Ankleiden untergebracht, hinter den mit allem Luxus ausgestatteten Bädern liegen die separaten WCs. Alle Wohneinheiten haben großzügige Grundrisse, so daß man sich auch bei einem längeren Aufenthalt wohl fühlen kann. Gut angelegt ist auch in diesem "Ritz-Carlton" der Aufpreis für ein Zimmer im "Ritz-Carlton-Club" im obersten Stock. Zum einen haben diese Zimmer den schöneren Ausblick, zum anderen ist die private Club-Lounge in diesem Hotel besonders luxuriös und exzellent geführt.

Hat man kein Zimmer im "Club", trifft man sich morgens zum Frühstück auf der Terrasse des Restaurants "The Café". In legerem Stil wird hier auch mittags und abends amerikanische Küche geboten. Formeller geht es im "Dining Room" zu, hier trägt der Herr Jackett und Krawatte. Dieses französische Restaurant ist eines der besten in der ganzen Gegend. Allerdings haben Sie in unmittelbarer Nähe ebenfalls eine unerschöpfliche Auswahl an erstklassigen Restaurants, die einen Besuch lohnen.

Ein großer Swimmingpool dominiert den Gartenbereich. Daneben stehen den Gästen ein modernes Fitneß-Center mit Beauty-Salon, Saunen und eine Massageabteilung zur Verfügung. Auf zehn Tennisplätzen finden Freunde des weißen Sports ihr Betätigungsfeld, und in dem nahen "Rancho Mirage Country Club" sind Golfspieler aus dem Hotel herzlich willkommen. Zum Joggen und zu ausgedehnten Spaziergängen laden Wege über die Hügel rund um das Hotel ein. Ein Erlebnis ist ein Shoppingbummel über den El Paseo in Palm Desert. Ein Designer-Shop neben dem anderen, dazwischen Galerien, Antiquitätenlädchen, Restaurants und Cafés – diese Pracht, mitten in der Wüste, ist schon reichlich unnatürlich.

CALIFORNIEN SÜD

Rancho Valencia

Rancho Valencia Resort
5921 Valencia Circle
Rancho Santa Fe,
CA. 92067 USA
Tel. 001/619/756-1123
Fax 001/619/756-0165
21 "Casitas", 43 Suiten

Ziehen Sie Abgeschiedenheit und Individualität vor, sei ein Kleinod der Luxushotellerie im Hügelland von San Diego empfohlen. Etwa 12 Kilometer vom malerischen Künstlerort Del Mar am Pazifischen Ozean entfernt und etwa 35 Kilometer nördlich von San Diego liegt auf einem Plateau das Hotel "Rancho Valencia" kurz vor dem Villenort Rancho Santa Fe.

Die Auffahrt schlängelt sich durch Eukalyptusbäume und an 18 Tennisplätzen vorbei hinauf zum atemberaubenden offenen Eingangsbereich: Durch eine riesige Pergola aus 16 steinernen Pfeilern und mit einer kühnen aufgelegten Holzkonstruktion und vorbei an unzähligen Terrakotten mit üppigen Bepflanzungen gelangen Sie zur Rezeption, dem Restaurant, den Salons und Terrassen. Der Baustil ist eine Mischung aus mexikanischen und mediterranen Elementen, die sich zu einer ländlich-eleganten Einheit verbinden. Unterkunft finden Sie in 21 "Casitas", die sich großzügig über die umliegenden Hügel verteilen. Diese eingeschossigen Häuser mit 43 Appartements sind den frühen kalifornischen Haciendas nachempfunden und überzeugen auch den verwöhntesten Gast mit spanischer Architektur, edlem, aber lässigem Interieur und großen Terrassen. Was manchmal als ganzes Hotelzimmer angeboten wird, ist hier nur der Eingangsbereich. Über eine kleine Steinmauer schauen Sie hinab in den Wohnbereich mit weißgrau gestrichenen Holzsäulen, die kraftvoll die hohen Holzdecken abstützen. Terrassentüren und Fenster geben den Blick auf blühende Gärten frei. Ein überdimensioniertes Sofa, mit Kissen übersät, lädt zum Ausruhen ein, während neben dem offenen Kamin gemütliche Sessel stehen. Große tropische Zimmerpflanzen und Blumenarrangements unterstreichen den großzügigen Charakter Ihres Refugiums. In einer komplett eingerichteten Küchenzeile kann man sich selbst eine kleine Mahlzeit zubereiten. Der Schlaftrakt mit einer mehr als großzügigen Ankleide, dem sehr geräumigen Bad ganz in hellem Sandton und zwei separaten WCs liegt drei Stufen höher auf der Ebene des Eingangs. Durch die Ankleide hindurch gelangt man ins Schlafzimmer mit großer Terrassen-

tür und einem weiteren Fenster. Die private Terrasse ist mit einem Eßtisch, zwei Sonnenliegen und zwei Sonnenschirmen so bequem ausgestattet, daß der Gast praktisch über einen weiteren Wohnbereich verfügt. Eine kleine Mauer und blühende Sträucher schützen vor neugierigen Nachbarn.

Nur ein paar Schritte, und Sie sind am zentral gelegenen Swimmingpool, den Sie meistens allein genießen können. Zum Hotel gehören 18 Tennisplätze, ein Croquet-Court und ein Fitneß-Raum. In nächster Umgebung können Golfer und Reiter ihrem Sport frönen. Wunderschöne Strände und die quirligen Küstenorte Del Mar oder La Jolla sind mit dem Auto in wenigen Minuten zu erreichen.

Schade, daß man aus dem französisch inspirierten Restaurant "La Tapenade" ein kalifornisches "Rancho Valencia Restaurant" gemacht hat. Sicher eine Geste an die sportlichen Gäste, die lieber etwas gesünder essen. Aber ganz in der Nähe finden Sie exquisite Restaurants in Rancho Santa Fe, Del Mar oder La Jolla.

Wenn Sie abends den weiten Blick über die welligen Hügel und die himmlische Ruhe in Ihrer Luxusoase genießen, werden Sie bestätigen: "Dies ist California *at its best*."

CAPRI

SCALINATELLA

FACTS

Scalinatella
Via Tragara 8
I-80073 Capri
Tel. 0039/81/8370633
Fax 0039/81/8378291
28 Zimmer

Capri ist auch heute noch eine Insel für Individualisten. Der Massentourismus hat von der Insel nicht Besitz ergreifen können. Das liegt zum einen schlichtweg daran, daß große Massenherbergen fehlen, zum anderen sicher auch am Preisniveau. Die Zeit hat der malerischen Felseninsel in den letzten 20 Jahren wenig anhaben können: Noch immer gibt es im Ort Capri (und nur der ist zu empfehlen!) keine Autos, alles wird auf Elektrokarren durch die engen Gassen transportiert. Noch immer ist das "Quisisana" mit ca. 150 Zimmern das einzige größere Hotel am Platz, und es sieht nicht so aus, als würde es Gesellschaft bekommen. Die meisten Läden, Osterien und Cafés sind an derselben Stelle wie vor 20 Jahren, und sehr oft bedienen einen sogar dieselben Kellner bzw. Verkäufer. Wer einmal auf Capri Urlaub gemacht hat, wird bei seiner Rückkehr wie ein Stammgast und Freund begrüßt.

Die beste Reisezeit, um das wunderbar milde Klima zu genießen, ist Mitte Mai bis Ende Juni und von Anfang September bis Mitte Oktober. Im Juli und August gehört die Insel den Italienern. Die Anreise nach Capri ist heute keine große Affäre mehr. Von allen großen europäischen Flughäfen gibt es mehrmals wöchentlich Nonstopflüge nach Neapel. Nehmen Sie dort ein Taxi und lassen Sie sich zu den Anlegestellen der Aliscafi (Tragflügelboote) bringen. Dort müssen Sie nur noch darauf achten, daß Sie und Ihr Gepäck auf dem richtigen Aliscafo nach Capri ausgeschifft werden.

Dann können Sie sich entspannen; denn bei Ankunft in Marina Grande auf Capri empfangen Sie in weißen Uniformen die Dienstmänner der Hotels. Jetzt müssen Sie nur noch Ihr Gepäck identifizieren, und ungefähr 30 Minuten nach Ihrer Ankunft im Hotel werden Ihnen Ihre Koffer ins Zimmer gestellt. Sie selbst können unbeschwert mit der Funicolare (Zahnradbahn) in den Ort Capri hinauffahren und durch die Gassen zu Ihrem Hotel schlendern.

Natürlich bietet Capri eine große Auswahl an Übernachtungsmöglichkeiten, mit dem "Scalinatella" haben Sie jedoch die beste Entscheidung getroffen. Das Hotel liegt

ruhig und ca. zehn Minuten von der Piazzetta entfernt, Richtung Punta Tragara.

Schon von außen ist man beeindruckt von der strahlend weißen Fassade, den orientalisch anmutenden Bögen und Dekorationselementen. Viel Glas bietet Einblick in eine Harmonie von kühler Schönheit und erlesenem Geschmack.

Meist begrüßt Sie einer der beiden Hausherren, die Söhne der Familie Morgano, persönlich. Ihre herzliche Freundlichkeit nimmt den Gast sofort für das Hotel ein. Dieser individuelle Stil hat sich auch auf die Angestellten übertragen, so daß sich der Gast immer bestens aufgehoben fühlt.

Die Zimmer sind selbstverständlich alle mit Klimaanlage ausgerüstet, großzügig und lichtdurchflutet und teilweise mit echten Antiquitäten und extravagantem Mobiliar ausgestattet. Wunderschön gefliese Marmorböden, dazu passende Dekorationsstoffe mit großen, hellen Mustern unterstreichen das Traumambiente. In den Badezimmern wird dem anspruchsvollen Gast alles geboten, was gut und teuer ist. Es entspannt sich halt besser in einer "bewhirlten" Wanne.

Ein weiteres Highlight sind die den Zimmern vorgelagerten Terrassen mit ihren dickgepolsterten Liegestühlen, Caféhausstühlchen und -tischchen. Gegen die Sonne schützen große, bogenförmige Markisen. Alles ist in einem effektvollen Weiß-Blau gehalten. Der Blick auf die grandiose Landschaft und das Meer direkt zu Ihren Füßen ist einzigartig und überwältigend.

Morgens verwöhnt man Sie hier mit einem reichhaltigen Frühstück. Neben Ihrer Tageszeitung werden Ihnen auf einem Silbertablett die herrlichsten Köstlichkeiten serviert. Schöner kann ein Tag nicht beginnen.

Wenn Sie zum Baden nicht an einen der Felsstrände gehen wollen, entspannen Sie sich rund um den Swimmingpool. Seit Jahren werden die Gäste von dem stets zuvorkommenden Bademeister Antonio betreut. Mittags sollten Sie dann am Pool bleiben. Unter Bäumen serviert man Ihnen wundervolle kleine Gerichte. In einer winzigen Kombüse (das "Scalinatella" hat kein Restaurant) zaubert der Koch Bestes aus der Tradition capresischer Küche. "Spaghetti alle vongole" werden Ihnen nirgends köstlicher zubereitet.

Es ist die unnachahmlich lässige, elegante Atmosphäre, die das "Scalinatella" auszeichnet. Seit Jahren hat das Hotel ein treues, exklusives Stammpublikum. Deswegen und auch wegen der begrenzten Zimmeranzahl kann es mit der Reservierung schwierig werden!

CHICAGO

FOUR SEASONS HOTEL

FACTS

*Four Seasons Hotel
120 E Delaware Place
Chicago, IL. 60611 USA
Tel. 001/312/280-8800
Fax 001/312/280-1748
343 Zimmer, 46 Suiten,
121 Junior-Suiten*

Mit über drei Millionen Einwohnern breitet sich vor dem kobaltblauen Wasser des Michigansees die drittgrößte Stadt der USA aus: Chicago. Heute wird Chicago als größte Kleinstadt Amerikas bezeichnet, und das sagt schon viel mehr über den Lebensrhythmus der Stadt aus. Obwohl Chicago ein bedeutendes Handels- und Wirtschaftszentrum ist, überwiegt hier lockere Lebensart und offenes kosmopolitisches Flair. Jazz und Blues geben den Ton an.

Zu allen Jahreszeiten ist das "Four Seasons Hotel" Chicago eine Klasse für sich und das Beste, was die Weltstadt an Hotels zu bieten hat. Es liegt ideal an der North Michigan Avenue in unmittelbarer Nähe des Geschäfts- und Finanzzentrums. Das Hotel ist ein vitaler Teil eines postmodernen Turmkomplexes mit 66 Stockwerken. In den ersten acht Etagen finden Sie in einem eleganten Shopping-Center neben unzähligen Geschäften, Boutiquen und Restaurants die Kaufhäuser "Bloomingdale's" und "Henri Bendel".

Mit separaten Fahrstühlen erreichen Sie dann die spektakuläre Lobby des "Four Season Hotel" mit Rezeption, Empfangssalon, Restaurant und Gesellschaftsräumen im neunten Stock. Es empfängt Sie eine kultivierte Großräumigkeit aus glänzendem Marmor, alten englischen Möbeln, dezenten Farben mit warmem Licht und üppigen Pflanzen- und Blumenarrangements. Sofort werden Sie von freundlichen Angestellten umsorgt und auf eines der 343 Zimmer zwischen dem 22. und 41. Stockwerk geleitet.

Von jedem der großen Zimmer aus haben Sie einen atemberaubenden Ausblick, sei es auf den Michigansee mit seinen ständig wechselnden Farben und Stimmungen oder auf die ausgedehnte und interessante Stadtlandschaft. Dickgepolsterte Sessel und englisches Mobiliar auf handgewebten Teppichen wecken Erinnerungen an einen englischen Club. Selbstverständlich sind drei Telefone, ein Kabelfarbfernseher und eine reichlich gefüllte Bar. Die Klimaanlage kann individuell eingestellt werden, und sogar die Fenster lassen sich öffnen, um frische Luft hereinzulassen. Die Bäder sind alle in hellem Marmor und mit Fön, Make-up-Spiegel, viel Frottee und Licht ausgestattet. Zweimal täglich kommen die Zimmermädchen, und den Roomservice kann man 24 Stunden in Anspruch nehmen. Ihre Schuhe werden auf Hochglanz poliert, und Ihre Kleidung wird über Nacht gereinigt oder gebügelt. Die Tageszeitung bringt man Ihnen morgens mit einem Kaffee aufs Zimmer.

Zum Cocktail trifft man sich in der privaten Clubatmosphäre der "Bar" oder in der luftigen, eleganten "Lobby-Lounge" mit dem Blick auf die lebendige Michigan Avenue. Ob Sie formell oder zwanglos essen wollen, die Restaurants des "Four Seasons" bieten den richtigen Rahmen. Die Küche ist spezialisiert auf leichte Fisch- und Geflügelgerichte mit frischen Gemüsen.

Für Sportfans ist die türkisfarbene Schwimmhalle ein absolutes Muß. Unter verglasten Kuppeln und vor einer Wand aus riesigen Fenstern schwimmt man in einem römischen Bädern nachempfundenen Ambiente fast wie unter freiem Himmel. Gleich daneben ist der Gym-Raum mit High-Tech-Equipment, das mit kleinen Bildschirmen ausgerüstet ist, auf denen Sie Ihre Übungen kontrollieren können. Außerdem gibt es hier Whirlpools, Saunen und eine Massageabteilung.

CÔTE D'AZUR

HÔTEL DE PARIS

FACTS

Hôtel de Paris
Place du Casino
98000 Monte Carlo
Principauté de Monaco
Tel. 0033/493/163000
Fax 0033/493/255917
157 Zimmer, 40 Suiten

Die Côte d'Azur von Monte Carlo bis Saint-Tropez ist immer noch eine der schönsten Urlaubslandschaften Europas. An der Küste wird es allerdings immer schwieriger, sich dem Massenrummel zu entziehen, der sich dort gerade in den letzten Jahren ausgebreitet hat. Nur wenige Kilometer von den Scheußlichkeiten in den bekannten Badeorten Saint-Tropez, Cannes oder Nizza entfernt, gibt es aber immer noch paradiesische Plätze, an denen auch anspruchsvolle Urlauber voll auf ihre Kosten kommen. Zur Auswahl hat man einmal das mondäne, abgeschirmte Monte Carlo, dann die der Küste vorgelagerten Caps mit schroffen Felsenküsten, weitläufigen Parks, prächtigen Villen und luxuriösen Hotels oder romantische mittelalterliche Orte, die sich in den Hügeln des Hinterlandes verstecken. Gerade hier im Hinterland leuchtet noch das verschwenderische Licht, das so viele weltberühmte Maler inspirierte und begeisterte. Die Côte ist das ganze Jahr hindurch eine Reise wert. Sogar im Winter sorgt ein mildes Klima für durchaus angenehme Temperaturen. In den Sommermonaten sollte man jedoch unbedingt einen großen Bogen um die Rummelplätze an der Küste machen.

Monte Carlo, in dem Operetten-Fürstentum Monaco als der Luxusort schlechthin bekannt, lohnt allein schon einen Aufenthalt, wenn Sie im "Hôtel de Paris" absteigen. Der stolze Hotelpalast umgibt sich mit dem in der ganzen Welt bekannten "Casino", dem ebenso berühmten "Café de Paris" und breiten, harmonisch angelegten Garten- und Terrassenanlagen. Das "Hôtel de Paris", die *grande dame* der Luxushotels dieser Welt, präsentiert sich seit über hundert Jahren in dem stets behutsam aufgefrischten Glanz der Belle Époque als Herberge für die Großen unseres Jahrhunderts und für betuchte Normalbürger.

Hinter Michel, dem livrierten Hoteldiener (falls Sie mit dem Auto ankommen: Michel nimmt den Autoschlüssel und versorgt Ihren fahrbaren Untersatz), entfaltet sich die ganze Pracht neoklassizistischer Architektur. Die Lobby ist eine riesige Halle mit bunter gläserner Kuppel, hohen gewölbten Decken, mächtigen Marmorsäulen, Balkonen, Fres-

ken, in dunklem Holz gerahmten Glastüren und Fenstern, Kandelabern und Kronleuchtern. Die Großzügigkeit dieser einmaligen Hotelhalle wird durch die sparsame, aber kostbare antike Möblierung unterstrichen. Vergessen Sie auf Ihrem Weg durch die Halle zur Rezeption nicht, das bronzene Knie des Pferdes der Louis-XIV-Statue zu berühren, es soll Glück bringen.

Erstaunlich ist, daß jeder Gast mit der gleichen herzlichen Gastfreundschaft bedient wird. Die Angestellten sind freundlich, höflich und zuvorkommend, auch wenn Sie keinen berühmten Namen tragen. Sie sind auch ganz auf diese zuvorkommende Bedienung angewiesen; denn es gibt keinerlei Informationsbroschüren, die Ihnen Fragen nach dem Was, Wann, Wo oder Wie beantworten. Ein "Sesam, öffne dich" für Monaco ist die "Carte d'Or", die Sie bei Ihrer

Ankunft erhalten. Mit dieser goldenen Karte stehen Ihnen alle Einrichtungen der S. B. M. (Société des Bains de Mer) zur Verfügung. Überall, wo die drei Buchstaben S.B.M. auf den Besitz der bedeutendsten monegassischen Kapitalgesellschaft hinweisen, legen Sie nur die Karte vor, und automatisch wird die Verrechnung mit dem "Hôtel de Paris" vorgenommen. Sei es, daß Sie Ihr Geld im "Casino" verspielen oder das "Café de Paris", das "Cabaret" oder die "Opéra" besuchen wollen, sei es, daß Sie im "Monte Carlo Sporting Club" Tennis oder Squash spielen, eine Runde Golf auf dem Monte Carlo Golfplatz einlegen oder am "Monte Carlo Beach" dem Strandleben frönen wollen. In der herrlichen Schwimmhalle mit beheiztem Meerwasserpool im Untergeschoß des Hotels sollen bis zum Sommer 1995 die Renovierungsarbeiten abgeschlossen sein. Danach wird diese pastellfarbene Muschel wieder in dem Glanz erstrahlen, den Botticelli für seine Venus erschaffen haben könnte.

Die 157 Gästezimmer und 40 Suiten bieten neben dem modernsten Komfort eines Luxushotels viel Platz und absolute Ruhe. Das Interieur ist eine geschmackssichere Mischung aus Alt und Neu. Helle, großzügige Eleganz schafft die Atmosphäre zum Wohlfühlen und Genießen, und das wird noch mit einem stets prall gefüllten Obstkorb, herrlichen Blumengestecken und einer Flasche Champagner unterstrichen. Die Bäder sind opulente Prunkräume aus Marmor, Spiegeln und glitzernden Armaturen. Bei den Pflegeartikeln steht Ihnen ein reichhaltiges Angebot des Hauses "Hermès" zur Verfügung.

Das Hotelrestaurant "Le Louis XV" hat mit Abstand die beste Küche des Fürstentums. Überwältigendes Dekor in mattem Gelb verschönt jeden Abend die kulinarischen Sensationen des jungen Küchenchefs Alain Ducasse. Schon nach kurzer Zeit wurden seine Kreationen vom Michelin mit drei Sternen ausgezeichnet, und auch die Kritiker des Guide Gault Millau bedachten die Küche mit 19 von 20 erreichbaren Punkten. Empfehlenswert ist auch das Penthouse-Restaurant "Le Grill" mit seiner Dachterrasse. Hier müssen Sie sich nicht ins kleine Schwarze werfen, um sich mit erstklassigem gegrilltem Fisch oder Fleisch verwöhnen zu lassen. Der Ausblick über den Yachthafen und Monaco wird Ihnen dabei unvergeßlich bleiben. Das Restaurant "The Empire Hall" auf der erhöhten Terrasse über der Place de Casino ist ebenfalls ein beliebter Treffpunkt im "Hôtel de Paris". Von hier aus kann man unmittelbar und doch diskret versteckt an dem Auftrieb vor dem Casino teilnehmen.

CÔTE D'AZUR

Château de la Chèvre d'Or

FACTS

Château de la Chèvre d'Or
Moyenne Corniche
F-06360 Eze-Village
Tel. 0033/493/411212
Fax 0033/493/410672
29 Zimmer

Hinter dicken Festungsmauern duckt sich der mittelalterliche Ort Eze-Village. Mehr als 400 Meter über dem Azurblau des Mittelmeers liegt das Städtchen hoch über dem schönsten Teil der Riviera, nur zehn Kilometer östlich der Stadtgrenze Nizzas. Hier fand Nietzsche einst die Eingebung für sein Werk "Also sprach Zarathustra", und George Sand liebte diesen Ort wegen seiner labyrinthartigen überwölbten Gäßchen, seiner zahllosen Treppen und kleinen verträumten alten Häuschen. Für das Auto ist bereits vor den Mauern des Örtchens Endstation. Wachpersonal vor dem Stadttor kümmert sich sofort um Ihr Gefährt und das Gepäck. Befreit vom Reiseballast schlendert man durch das enge "Hauptgäßchen", vorbei an kleinen Galerien und Kunstgewerbelädchen. Schon nach ein paar Minuten erreichen Sie den ersten übermauerten Durchgang, an dem goldene Buchstaben auf den Eingang des "Château de la Chèvre d'Or" hinweisen.

Es war einmal ... so könnte man mit der Beschreibung des Hotels "Château de la Chèvre d'Or" beginnen. Vor mehr als tausend Jahren stand in Eze ein Märchenschloß, von dessen stolzer Geschichte in unserem Jahr-

hundert nur noch die Ruinen erzählen. Da kam Anfang der 50er Jahre ein Prinz und zauberte aus den Resten dieses einst prächtigen Feudalsitzes ein Hotel für Romantiker und anspruchsvolle Genießer.

Im Einklang mit seiner Umgebung ist der Empfangssalon schönstes Mittelalter pur. Unverputzte hohe Steinwände, massive Dachbalken, ein mächtiger offener Kamin, antikes Mobiliar und kostbare alte Gemälde stimmen den Gast auf eine Atmosphäre ein, die von der Unruhe unserer Zeit weltenweit entfernt zu sein scheint.

Von dem jungen, charmanten Direktor Thierry Naidu wird jeder Gast persönlich begrüßt, und auch von seinem Personal werden Sie sehr aufmerksam und diskret betreut und sofort mit Ihrem Namen angesprochen. Nichts erinnert an ein Hotel, wenn Sie eines der 14 Gästezimmer oder eines der sechs Appartements betreten. Kleine, mittelalterliche Bürgerhäuser, die sich an das Hotel reihen, beherbergen die noblen Räume für die Gäste. Alle Zimmer sind individuell gestaltet und überzeugen durch geschmackvolles Interieur, Panoramaterrassen und modernsten Komfort. Ein Traum aus Blau und Weiß ist das Zimmer Nr. 5: wie geschaffen für "Honeymooners". Im Zimmer Nr. 19 können Sie vor einem offenen Kamin in antiker Einrichtung schwelgen, allein die hohe alte Standuhr würde jedem Museum zur Ehre gereichen.

Überall in dem verwunschenen Schloßgarten laden malerische Terrassen zum Entspannen ein und bieten einen grandiosen Ausblick auf die Riviera. Sonnenanbeter bevorzugen die offenen Terrassen um die beiden Swimmingpools. Wer schattige Plätzchen vorzieht, macht es sich unter Dächern aus Weinreben bequem.

Morgens läßt man sich auf der Veranda vor dem Pool mit einem opulenten Frühstück verwöhnen. Das Brot kommt täglich frisch aus der eigenen Bäckerei, und für die köstlichsten süßen Leckereien sorgt eine eigene Patisserie. Mittags und abends bieten vier Restaurants für jeden Geschmack ein reichhaltiges exzellentes Angebot. Wer es formell mag, wählt das Hauptrestaurant "La Chèvre d'Or". Der Küchenchef Elie Mazot überzeugt mit seiner Kochkunst nicht nur die Hotelgäste, auch weit über die Grenzen von Eze ist sein Name ein Garant für kulinarische Spitzenleistungen. In ungezwungener Atmosphäre bietet das offene, laubüberdachte Restaurant "Le Café du Jardin" kleine schmackhafte Spezialitäten. Im "Le Grill du Château" werden leichte Grillgerichte, vor allem Fisch und Schalentiere, serviert. Freunde der typisch provenzalischen Küche finden eine urige Umgebung im hoteleigenen Restaurant "Le Provençal", das wenige Gehminuten entfernt kurz vor dem Stadttor liegt.

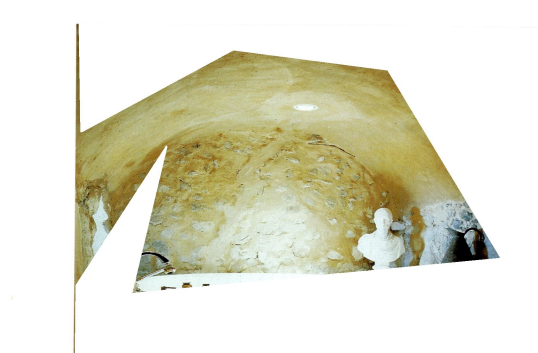

CÔTE D'AZUR

Grand Hôtel du Cap Ferrat

FACTS

Grand Hôtel du Cap Ferrat
F-06230 Saint-Jean-
Cap Ferrat
Tel. 0033/93/765050
Fax 0033/93/760452
47 Zimmer, 12 Suiten

Es ist 1908. Im Zentrum einer der exklusivsten und idyllischsten Lagen der Côte d'Azur öffnet das "Grand Hôtel du Cap Ferrat" seine Tore. Ein unvergleichlicher Palast im schönsten Belle-Époque-Stil wird in Windeseile zu einer Legende als eines der bekanntesten und schönsten "Rendezvous" der Welt. Das Hotel ist heute eine perfekte Verbindung von grandioser Vergangenheit und modernstem Komfort. Majestätisch und dominant steht der weiße Palast in der Mitte eines natürlichen Pinienwaldes an der Spitze des Cap Ferrat und schaut auf das azurblaue Meer. Obwohl nur ein paar Kilometer vom turbulenten Badeort Beaulieu (bis Nizza sieben Kilometer) und der lauten Küstenstraße entfernt, finden Sie auf dem Cap Ferrat eine vornehme, exklusive Abgeschiedenheit, die sich durch prächtige Villen, riesige Parks und ruhige Anliegersträßchen auszeichnet.

Nach einer umfassenden Renovierung im Jahre 1993 erstrahlt das Hotel wieder in geschmackvollen Pastelltönen. Kostbares antikes Interieur, deckenhohe Säulen, Kronleuchter und üppige tropische Pflanzen spiegeln sich in glänzendem Marmor und schaffen ein Ambiente von kühler Schönheit. Diese hochherrschaftliche Atmosphäre setzt sich bis auf die malerischen Gartenterrassen fort.

In den 59 Gästezimmern und Suiten sind Antiquitäten sorgfältig und geschmackvoll in moderne Annehmlichkeiten integriert. Alle Zimmer sind großzügig geschnitten und mit dem Komfort eines Luxushotels ausgestattet. Alle Gästequartiere bieten Blick auf das glitzernde Meer oder über verführerisch duftende Blumensträucher und Pinien. Auch bei weit geöffneten Fenstern hören Sie nichts außer dem leisen Rascheln des Windes in den Zweigen der Bäume.

Hinter dem Hotel und unterhalb der Gartenterrassen führt ein breiter Weg durch den Park in einen malerischen abgegrenzten Garten. Von hier bringt Sie eine private Gondelbahn hinab zum "Club Dauphin", der direkt am Meer in die Klippen gebaut wurde. Zuerst erwartet Sie eine optische Täuschung: Wie ein blanker Spiegel scheint das geheizte Meerwasser des riesigen Swimmingpools in das Blau des Meeres überzugehen. Erst beim zweiten Hinschauen bemerkt man, daß der Pool von einer Terrasse mit schmiedeeisernem Gitter, weißen Sonnenliegen und -schirmen von den Klippen begrenzt wird. In dem offenen Poolrestaurant inmitten eines weißen Traumambientes wird man mittags mit köstlichen kleinen Gerichten verwöhnt, und bis zur Dämmerung lockt eine Bar mit erfrischenden Drinks.

Auf das Abendessen im exzellenten Restaurant "Le Cap" bereitet man sich am schönsten auf der Hotelterrasse unter den ausladenden Dächern der Pinien vor, wenn die Sonne die letzten Strahlen über das Grün des Parks und die farbenprächtigen Blumenbeete schickt und dann langsam im Azurblau der Riviera versinkt. Der Küchenchef erhebt die kulinarische Kunst in große Höhen und wurde dafür schon mit vielen bedeutenden Auszeichnungen bedacht. Er kombiniert subtil klassische heimische Gerichte mit italienischen Spezialitäten. Seine Antipasti und seine Fischgerichte sind einfach hinreißend.

CÔTE D'AZUR

Château du Domaine Saint-Martin

FACTS

*Château du Domaine
St.-Martin
Avenue des Templiers
F-06140 Vence
Tel. 0033/493/580202
Fax 0033/493/240891
14 Zimmer, 10 Suiten*

An der Küstenstraße zwischen Nizza und Antibes biegt die D 36 in Cagnes nach Vence ab.

Schon nach 10 Kilometern durch das liebliche Hinterland der Côte erreichen Sie zuerst Befestigungsmauern aus dem Mittelalter und dann den antiken römischen Kern von Vence. Von einer der schönsten Altstädte Frankreichs ließen sich schon berühmte Künstler wie Modigliani, Matisse, Chagall und Max Ernst inspirieren. Am Ausgang der Stadt liegt die von Henri Matisse entworfene und ausgebaute "Chapelle du Rosaire".

Von Vence schlängelt sich eine kleine Straße die Hügel hinauf zum Hotel "Château du Domaine Saint-Martin". Die außergewöhnliche Lage des Gutes Saint-Martin, das die Stadt Vence und die ganze Landschaft bis zum Meer hinunter beherrscht, ließ hier schon die Römer eine Festung bauen. Vom Bischof von Tours, Sankt Martin, der im Jahre 350 nach Vence kam, erhielt das Gut seinen Namen. Noch heute erinnert eine eindrucksvolle Zugbrücke an die Tempelritter, die hier 1195 aus der römischen Festung eine Komturei errichteten. Erst im Jahre 1936 wurde das heutige Schloßhotel im Stil eines mittelalterlichen Hofgutes fertiggestellt.

Eine große lichtdurchflutete Einheit bilden im Hauptgebäude eine hohe Kuppelhalle, die Empfangslounge, die Salons und das Restaurant. Das Ganze verbindet sich zu einem hellen, großzügigen und luxuriösen Ambiente, das mit wertvollen persischen und flämischen Teppichen dekoriert ist. Über die Räume verteilt, bilden wunderschöne französische und italienische Antiquitäten eine Harmonie von nachgerade lässiger Selbstverständlichkeit.

In geräumiger Eleganz und modernstem Komfort schwelgt der Gast in den individuell gestalteten 14 Gästezimmern und 10 Appartements. Sei es im Hauptgebäude, den drei Villen gleich daneben oder in den fünf typischen Provence-Landhäusern, die sich auf einem gegenüberliegenden Hügel im dichten Pinienwald verstecken. Wer die Einsamkeit bevorzugt und trotzdem nicht auf den Service eines Spitzenhotels verzichten will, entscheidet sich für ein Appartement in einem Landhaus.

Auf der Terrasse, die einen großen Swimmingpool umgibt, erholen sich die Gäste von ausgiebigen Spaziergängen durch den 13 Hektar großen Schloßpark. Für die Freunde des weißen Sports steht ein Tennisplatz zur Verfügung; der Golfplatz von Valbonne ist nur eine kurze Autofahrt entfernt.

Wenn Sie zurückkehren von Ihren Ausflügen in die Umgebung, können Sie sich auf das Abendessen im Schloßrestaurant freuen. Der Chefkoch, Monsieur Perrière, leitet eine der bekanntesten Küchen der Riviera.

Das Hotel "Château du Domaine Saint-Martin" liegt in 500 Meter Höhe am Südhang eines Berges, der es gegen Nordwinde schützt. Die Luft ist hier außerordentlich leicht und rein. Absolute Ruhe, kühle Sommernächte und strahlende Sonnentage in idealer Höhenlage faszinierten schon große Persönlichkeiten unseres Jahrhunderts, darunter Präsident Truman und Bundeskanzler Adenauer. "Dies ist das Vorzimmer zum Paradies", sagte Adenauer über das Hotel, und das trifft auch heute noch zu. Das Schloß bietet den größtmöglichen Komfort und verbindet eindrucksvoll modernes Raffinement mit der Faszination großer Güter aus früheren Zeiten. 1994 ging das Hotel in den Besitz des deutschen Puddingkönigs August Oetker über, der seinem Imperium damit ein weiteres Kleinod an der Côte hinzufügte (neben dem "Eden Roc", s. Seite 95).

CÔTE D'AZUR

HÔTEL DU CAP EDEN ROC

Traumhaft, grandios, einzigartig sind keine Übertreibungen, wenn man über das "Hôtel du Cap – Eden Roc" spricht. Eher sagen sie noch zu wenig aus. Für die anspruchsvollsten Genießer ist das "Cap" immer noch die Adresse, mit der man sich zwischen April und Oktober schmücken muß. Sechs Monate stehen die Großen der Welt Schlange, um hier zu nächtigen. Normal Sterbliche müssen mindestens ein Jahr im voraus reserviert haben.

Die unvergleichliche Lage an der Spitze des exklusiven Cap d'Antibes macht das "Cap" zu etwas Einmaligem. Hier verströmt die Gegenwart noch überall den betörenden Duft einer legendären Vergangenheit. Allein die Gästeliste zeigt Namen wie Picasso, Chagall, Bernard Shaw, Somerset Maugham, Königin Elisabeth II., König Baudouin, J. F. Kennedy, Henry Kissinger, Marlene Dietrich, Sophia Loren und viele andere.

Alte Gemälde zeigen das Anwesen in seiner Pracht und feudalen Umgebung bei der Eröffnung als "Villa Soleil" im Jahre 1870. Bis zum heutigen Tag ist das Ambiente fast unverändert geblieben, obwohl das Hotel jetzt aus drei verschiedenen Gebäudekomplexen besteht: Strahlend weiß dominiert im schönsten Stil der Belle Époque der Originalpalast. Davor thront die im selben Stil gehaltene Villa "Les Deux-Fontaines", und direkt an der Küste ist der "Pavillon Eden Roc" ein Domizil für Gäste, die das Meer in unmittelbarer Nähe haben wollen.

Meistens begrüßt der Direktor Jean-Claude Irondelle die Gäste persönlich und gibt Ihnen sofort das Gefühl, in den Armen "seiner Familie" herzlich willkommen zu sein. Durch große Fenster und Glastüren flutet Sonnenlicht in den Empfang und die anschließenden Salons. Ausladende Sessel und Sofas verteilen sich, in sommerfrischem Weiß und Gelb bezogen, über glänzenden Marmor und gewaltige Perserteppiche. An einer Wand sind historische Landschaftsbilder ein effektvoller Blickfang inmitten eines pastellfarbenen Ambientes, das durch die absolute Stille und den Frieden überrascht. Da dringt kein lauter Ton von der

F A C T S

Hôtel du Cap – Eden Roc
Boulevard Kennedy
Boîte Postale 1202
F-06602 Antibes
Tel. 0033/493/613901
Fax 0033/493/677604
92 Zimmer, 8 Suiten
Keine Kreditkarten

Rezeption oder dem Concierge an Ihr Ohr. Sogar überschwengliche Amerikaner, die zum erstenmal hier einchecken, bemühen sich, an ihrem "how lovely" nicht jeden teilhaben zu lassen, und fügen sich ohne großes Lamento dem "No credit cards accepted".

Über die Hälfte der 100 Gästezimmer sind Luxussuiten oder große De-Luxe-Räume mit separaten Wohnbereichen. Alle Zimmer sind im Empire-Stil mit geschmackvollen Möbeln ausgestattet, seien es Eigenentwürfe oder Neuauflagen von Altbewährtem. In italienischen Werkstätten läßt sich das Hotel seine Möbel noch heute von Hand anfertigen. Selbstverständlich sind nicht nur modernster Komfort mit Klimaanlagen, sondern auch fürstliche Bäder mit abgeteilten Duschen und WCs. Wer den Badebetrieb lieber aus der Distanz beobachtet, wählt ein Zimmer im Hauptgebäude oder im "Les Deux-Fontaines". Im "Pavillon Eden Roc" verfügt jedes Appartement über eine private Terrasse. Wie über dem Meer schwebend, nehmen Sie unmittelbar am Strandleben teil und genießen den direkten Ausblick auf das Meer und die kleinen Lérins-Inseln.

Auf der Südseite des Hauptgebäudes führt eine imposante Freitreppe in den Park, wo sie in eine breite Allee zum Meer übergeht und zu malerischen Wegen in den dichten Pinienwald des Hotelparks führt. Stundenlang kann man hier spazierengehen, ohne einer Menschenseele zu begegnen. Eventuell passieren Sie dabei den in einen romantischen Rosengarten eingebetteten kleinen Pavillon mit Fitneß-Club, Saunen und Massageabteilung, oder Sie entdecken die fünf Tennisplätze, die sich hinter alten Bäumen und großen Sträuchern verstecken.

Eine Welt für sich sind die Einrichtungen an der Steilküste zum Meer. Vor und neben dem "Pavillon Eden Roc" finden Wassersport- und Sonnenfreunde ihr Paradies. Gäste, die hier mit ihrer Hochseeyacht ankommen, finden einen privaten Anlegesteg. Unterhalb der Sonnenterrasse scheint das geheizte Seewasser des großen Swimmingpools direkt vom Felsen in das Meer überzulaufen. Auf einem Felsvorsprung ragt ein überdimensionierter Galgen mit Kletterseilen, Schaukeln und Ringen weit ins Meer hinaus. Dahinter verstecken sich Cabanas, die man tageweise mieten kann. Die Mieter dieser zeltartigen Bungalows haben ihren eigenen Service, der sie von morgens bis abends versorgt. Jede Cabana hat eigene Sonnendecks, Liegestühle, Sitzecken, Schränke, Borde und Telefone. Daß diese exklusive Abgeschiedenheit ihren Preis hat, ist selbstredend und weist Gäste, die auf der betonierten großen Sonnenterrasse liegen, nicht gerade vornehm auf Zweitklassigkeit hin.

Jawohl, hier hat der Garten Eden einen Makel. Die unbequemen Liegematten direkt auf dem Beton der Sonnenterrasse sind genauso eine Zumutung wie die Enge, die hier herrscht. Hinzu kommt die anschließende Poolbar, die den Charme einer italienischen Eisdiele hat. Weiße Plastikmöbel aus Massenproduktion verderben einem hier den Aufenthalt. Monsieur Irondelle sollte da einmal ein ernstes Wort mit Herrn August Oetker sprechen.

Gleich über der "Eisdiele" kehrt man in das sonst so makellose Ambiente des "Cap" zurück und läßt sich mittags von den Spezialitäten des kalten Buffets verführen. Auf der Terrasse vor dem Hauptrestaurant genießt man die köstlichen kleinen Gerichte und vergißt Zeit und Raum bei dem einmaligen Ausblick auf die Côte. Am Abend sollte man sich hier unbedingt seinen Tisch reservieren lassen; denn das international bekannte Restaurant ist ein Treffpunkt für Gourmets aus der ganzen Umgebung, und die Plätze auf der Terrasse sind besonders begehrt.

CÔTE D'AZUR

LE MAS CANDILLE

Wollen Sie den Ort kennenlernen, wo Picasso seine letzten Lebensjahre von 1958 bis 1973 verbrachte? Es ist Mougins an der Straße von Cannes nach Grasse, das sich wie eine Schnecke rund um seinen Glockenturm rollt. Vom Massentourismus noch einigermaßen verschont und doch nur knapp 10 Kilometer vom Rummel der "Croisette" in Cannes entfernt, finden Sie hier noch eine malerische, abgeschiedene Bilderbuch-Provence.

Eingebettet in die Hügel der Provence, versteckt sich das Hotel "Le Mas Candille" in seinem fünf Hektar großen Park am Rande von Mougins. Das im 18. Jahrhundert gebaute Gutsherrenhaus, beschattet von alten Zypressen, vermittelt von den Luxushotels an der Côte noch am ehesten eine landestypische Atmosphäre. Um das ockerfarbene einstöckige Gebäude schmiegen sich malerische Terrassen, die über den dichten Wäldern des unberührten Voralpenlandes zu schweben scheinen. Alles wirkt sympathisch verschlafen, und Welten scheinen diesen Ort von der Hektik unserer Zeit zu trennen.

Im Inneren umgibt den Gast in kleinen niedrigen Räumen das unverfälschte Ambiente eines gepflegten und gemütlichen provenzalischen Landgasthofes. Von der Rezeption geben offene Bogendurchgänge den Blick in die kleine gemütliche Bibliothek und die rustikal eingerichtete Bar frei, wo viel dunkelgebeiztes Holz und ein mächtiger Steinkamin dominieren. Auf den Tischen stehen Terracottagefäße, in denen blühende Topfpflanzen den ländlichen Charme unterstreichen.

Die 21 Gästezimmer und zwei Suiten sind alle tadellos eingerichtet und verfügen über ausreichend Platz. Antiquitäten sind geschmackssicher mit den Annehmlichkeiten des modernen Komforts kombiniert. Alle Zimmer verfügen über Klimaanlagen, Kabel-TV, private Safes und Minibars.

FACTS

Le Mas Candille
Boulevard Rebuffel
F-06250 Mougins
Tel. 0033/493/900085
Fax 0033/492/928586
21 Zimmer, 2 Suiten

FLORIDA

FISHER ISLAND CLUB

FACTS

*Fisher Island Club
1 Fisher Island Drive
Fisher Island,
FL. 33109 USA
Tel. 001/305/535-6020
Fax 001/305/535-6003
60 Appartements*

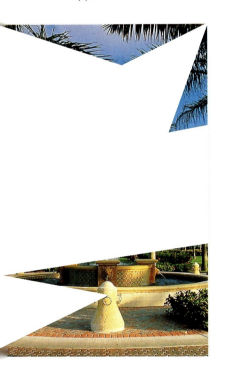

Florida, der südöstlichste Zipfel der USA, hat sich auch für Europäer zu einem begehrten Reiseziel entwickelt und steckt voller touristischer Glanzlichter. Im "Sunshine State" dreht sich tatsächlich alles um die Sonne. Nur zwischen Mai und Oktober wird der azurfarbene Himmel durch kurze, heftige Tropenschauer verdunkelt, und die dann herrschende Schwüle ist nichts für empfindliche Naturen.

Wenn Sie den Miami International Airport erreichen, müssen Sie sich erst einmal durch die Einreisekontrolle quälen. Gutzahlende Gäste sollte man so nicht empfangen. Sie werden den schlechten Eindruck aber schnell vergessen, wenn Sie sich von einem Chauffeur des "Fisher Island Club" vom Flughafen abholen lassen. Auf einem Highway fahren Sie Richtung Miami Beach und stehen nach nur 15 Minuten Autofahrt vor dem Sicherheitsposten an der Anlegestelle Fisher Island. Genauestens wird geprüft, ob Sie berechtigt sind, die Privatfähre zu benutzen. Ohne Befugnis kommt hier niemand auf das Schiff. Vergessen Sie alles, was Sie bisher über Miami gehört haben; denn in nur sieben Minuten sind Sie auf einem wahren kleinen Insel-Paradies, einem privaten Refugium nur für Clubmitglieder und Hotelgäste.

Die tropische Insel vor der Metropole Miami war 1920 genau der richtige Ort für den Milliardär William K. Vanderbilt II, um sich für seine Familie und seine Freunde den "Fisher Island Club" anlegen zu lassen. Was die Vanderbilts exklusiv und elegant in den Zwanzigern begannen, wurde perfekt und ohne Bruch in unsere Zeit übertragen.

Eine vornehme Abgeschiedenheit umgibt Sie, wenn Sie mit einem Elektro-Golf-Cart zum Empfangsbereich gebracht werden. Autos sind nur zur An- und Abfahrt erlaubt. Inmitten einer grünen und blühenden Parklandschaft liegt malerisch ein Golfplatz. Von Palmen umsäumte Häuser in mediterraner Palazzo-Architektur schmiegen sich an die Küste der Insel. Ein Chor von exotischen Vogelstimmen begleitet Sie, bis Sie gleich hinter dem Yachthafen das Häuschen mit der Empfangslounge erreichen. Von dem freundlichen, professionellen Personal werden Sie auf den Luxus und die zahllosen Annehmlichkeiten Ihres Domizils eingestimmt. Hier erhalten Sie auch Ihr eigenes Elektro-Wägelchen.

Der Geldadel aus den USA, Brasilien, Europa und Japan steht Schlange, um ein kleines Stück dieses Paradieses zu erwerben. Wer sich in diesen elitären Club eingekauft hat, leistet sich die besten Innenarchitekten und gibt ihnen freie Hand. Sie werden auf der ganzen Welt keine "Hotelzimmer" finden, die mit einem solchen Luxus ausgestattet sind.

Das ganze Jahr über vermietet der "Fisher Island Club" circa 60 Gästeappartements, die dem Hotel von den Eigentümern zur Verfügung gestellt werden. Es ist egal, ob Sie sich für ein Appartement, eine Suite oder ein Cottage entschieden haben, es umgibt Sie die exklusive Eleganz und der individuelle Geschmack von Stardesignern aus aller Welt. Nichts erinnert an Hotelzimmer; denn schließlich wohnen Sie im privaten Refugium betuchter Menschen.

Am schönsten residieren Sie in den "Seaside Villa Suites". In den großzügig eingerichteten Räumen liegt der Luxus im Detail. Jede Suite verfügt über einen gemütlichen Wohnbereich mit offenem Kamin und ein komplett eingerichtetes Eßzimmer. Riesige verglaste Türen führen auf die Terrasse. Der Tag kann nicht schöner und friedvoller beginnen, als wenn Sie sich hier ein ausgezeichnetes Frühstück servieren lassen und ausgiebig die neueste Tageszeitung lesen. Am Abend wird der Sonnenuntergang vor Ihrer Terrasse zu einem unvergeßlichen Erlebnis. In einer perfekt eingerichteten Küche können Sie sich selbst Ihre Mahlzeiten zubereiten. Eine kleine Treppe führt in den

Ankleidebereich und in das große marmorgeflieste Bad. Dahinter liegen die Schlafzimmer. King-size-Betten laden zur behaglichen und ungestörten Nachtruhe ein. Ausreichende Lichtquellen sorgen dafür, daß man auch im Bett seine Lektüre genießen kann.

Ein Dorado für Badefreunde sind die Swimmingpools, das Spa-Zentrum und der Strand. Mit strahlend weißem Sand von den Bahamas wird der etwa zwei Kilometer lange Strand jedes Jahr neu bedeckt. Der natürliche, leicht gelbe Sand könnte die verwöhnten Gäste ja stören. Auf Distanz zum Nachbarn sind die Cabanas (zwei Holzliegen mit Sonnendach) angeordnet. Daneben stehen kleine Fahnenmasten. Mit der Farbe Ihres gehißten Fähnchens signalisieren Sie dem Personal, womit Sie bedient werden möchten, sei es mit einem frischen Handtuch, Sonnencreme, einem Drink oder einem Imbiß.

Nicht weit vom Strand lockt "The Spa Internazionale" die fitneß- und schönheitsbewußten Gäste. Ein unerschöpfliches Angebot läßt auch die verwöhntesten Gesundheitsfreaks ins Schwärmen geraten. Allein die Schwimmhalle ist einen Besuch wert. Unter einem Wasserfall, von Marmorsäulen eingerahmt und mit üppiger Blütenpracht umgeben, bereitet man sich auf den Sprung ins kühle Naß vor. Nachdem man seine Runden gedreht hat, entspannt man sich im Sprudelbecken.

Neben dem spektakulär angelegten Meisterschafts-Golfplatz gibt es ein großes Tenniscenter mit 18 Courts und vier Handballplätzen. In einer Einkaufspassage mit Supermarkt und Boutiquen erhalten Sie alles für den täglichen Bedarf; sogar an ein Postamt wurde gedacht.

Gourmets haben die Qual der Wahl zwischen sieben Restaurants. In dem stilvoll restaurierten Palais der Vanderbilts ist jetzt das exquisite Restaurant "Vanderbilt Room" untergebracht. Gleich daneben können Sie im marokkanisch gestylten "Café Tanger" schlemmen. Hier erwartet man von den Gästen formelle Kleidung, die sich dem vornehmen Ambiente der Räume anpaßt. Im "Beach Club", der "Pasta Trattoria", dem "Café Porto Cervo" und dem "Café Spa" trifft man sich von morgens bis abends in legerer Atmosphäre.

FLORIDA

The Ritz-Carlton Naples

FACTS

The Ritz-Carlton Naples
280 Vanderbilt Beach Road
Naples, FL. 33963 USA
Tel. 001/813/598-3300
Fax 001/813/598-6690
463 Zimmer, 28 Suiten

Landeskenner und Naturfreunde machen gerne auch einen Abstecher an die Westküste Floridas. Hier geht es gemütlicher und familiärer zu. Von Miami aus erreichen Sie nach gut zwei Stunden Fahrt durch das Sumpfgebiet der Everglades die Stadt Naples, ein Synonym für Reichtum. Vor den sanften Fluten des Golfs von Mexiko verstecken sich türkisfarbene, zitronengelbe oder rosa Villen in tropischem Grün. Nachdem Sie unzählige, manikürte Golfplätze passiert haben, sehen Sie schon von weitem das Hotel "The Ritz-Carlton – Naples" etwa fünf Kilometer nördlich des Zentrums direkt am Strand stehen.

An der Golfküste Floridas werden Sie kaum ein besseres Hotel finden, obwohl es nicht mehr den hohen Standards der Ritz-Carltons entspricht. Gegen die beiden anderen Luxusherbergen an der Westküste hebt es sich aber immer noch sehr positiv ab. Es sind vor allem der traumhafte Strand direkt vor der Anlage, die sportlichen Einrichtungen, der exzellente Service, das hervorragende Essen und der exklusive "Ritz-Carlton-Club", die das im Dezember 1985 eröffnete Hotel zum Tophotel der Westküste machen.

Drei Geschosse hoch ist die Lobbylounge und vermittelt so etwas wie die Eleganz des 18. und 19. Jahrhunderts. Antiquitäten und kostbare Gemälde aus dieser Zeit sind kombiniert mit gemütlichen Sitzecken, farbenprächtigen Perserteppichen, italienischen Kristallüstern und üppigen Blumengestecken. Zur linken Seite geht die Lobby in den mahagoniverkleideten Empfangsbereich über, während sie sich nach rechts zu den Restaurants und einem separaten Flügel mit Gesellschafts- und Konferenzräumen öffnet.

Perfekt geschultes, mehrsprachiges Personal heißt die internationalen Gäste in einer kultivierten, vornehmen Atmosphäre willkommen. Den größten Teil der Gäste bilden Gruppen, die hier ihre Tagungen abhalten. Daneben sind es amerikanische und deutsche Familien, die den Ton angeben.

Über 14 Stockwerke (die 13. Etage gibt es nicht) verteilen sich 463 Zimmer und 28 Suiten. Alle sind komfortabel

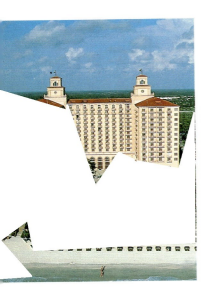

eingerichtet und verfügen über Ankleidebereiche, bequeme Bäder, separate WCs und einen kleinen Balkon (mit zwei Plastikstühlen komplett ausgefüllt). Die zeitgemäßen Annehmlichkeiten eines First-class-Hotels können Sie selbstverständlich voraussetzen. Seit dem Sommer 1994 werden alle Zimmer sukzessive renoviert. Danach werden auch die Privatsafes funktionieren und die schon arg beanspruchten Matratzen ausgewechselt sein.

Zwar haben Sie von jedem Zimmer aus den Blick auf das Meer, trotzdem schieben sich bei den nach außen gelegenen Zimmern häßliche Dächer, Park- und Tennisplätze und Appartement-Hochhäuser dazwischen. Am schönsten sind die Zimmer, die zum großen Innenhof gewandt sind und in den beiden obersten Etagen liegen. Für diese Stockwerke erhalten Sie einen extra Fahrstuhlschlüssel und sind damit Gast im "Ritz-Carlton-Club". Es lohnt sich, das Club-Arrangement zu buchen; denn hier können Sie sich von morgens bis abends herrlich verwöhnen lassen. Der intime Salon im 14. Stock besticht durch edles, kostbares Interieur und sein exklusives Ambiente. Ein täglich fünfmal frisch gestaltetes Buffet lädt mit köstlichen Snacks zum Zugreifen ein. Die Auswahl der Getränke ist reichhaltig und erlesen. Die Club-Concierges versuchen, den Gästen jeden Wunsch von den Augen abzulesen. Es ist ein Platz, der zum Träumen und Genießen verführt, wäre da nicht auch noch der strahlend blaue Himmel, der nach draußen lockt.

Sehr schön ist der parkähnliche Garten mit dem Swimmingpoolbereich. Wen Nachbarschaft auf Tuchfühlung, Plastikliegen, Jubel, Trubel, Kindergeschrei (die lieben Kleinen haben meistens den Pool und das Jacuzzi-Becken belegt) und Sonne pur (es gibt keine Sonnenschirme!) nicht stören, kann hier seinen Tag verbringen.

Über zwei Holzstege durch ein kleines Sumpfgebiet sind Sie aber in wenigen Schritten am langen, muschelübersäten Strand. Perfekter Service versorgt Sie mit Handtüchern, Sonnenliegen (leider auch Plastik), Cabanas (Sonnendächer) und Drinks. Stundenlang können Sie Strandspaziergänge machen, sich in den auch im Winter warmen Fluten des Golfs erfrischen oder sich auf der Holzterrasse des Restaurants "Beach Pavilion" verwöhnen lassen.

Den aktiven Urlauber zieht es auf einen der sechs Tennisplätze, zu den nahegelegenen Golfplätzen, in den Billard-Raum oder in das moderne Fitneß-Center mit Saunen und Massagen. Aerobic- und Stretchingkurse bietet das Programm "Ritzcise" an. Mit hoteleigenen Fahrrädern können Sie die nähere Umgebung erforschen, und die Jogger erhalten einen Plan mit besonders schönen Wegen. Um den Nachwuchs zwischen drei und zwölf Jahren kümmert sich der "Ritz Kids"-Club.

Es empfiehlt sich, sein Abendessen im "Ritz-Carlton" einzunehmen. "The Dining Room" ist der kulinarische Höhepunkt. Ein eleganter Raum in beeindruckender Grandhotel-Tradition. Pianoklänge begleiten Ihr Mahl aus hervorragenden Spezialitäten der Karibik- und Floridaküche. Gleich daneben wird im mahagoniverkleideten "The Grill" beste amerikanische Küche serviert. In der eleganten Atmosphäre beider Restaurants legt man Wert auf formelle Kleidung, d. h. die Herren sollten nicht ohne Krawatte und Jackett erscheinen. Hervorragende Qualität wird Ihnen auch in dem weniger formellen "Café" und der "Lobby-Lounge" serviert.

"The Ritz-Carlton – Naples" könnte noch einiges tun, um besser zu werden – aber für ein paar Tage an der Golfküste Floridas ist es das mit Abstand beste und gepflegteste Hotel – mit erstklassigem Service.

HAMBURG

VIER JAHRESZEITEN

FACTS

Vier Jahreszeiten
Neuer Jungfernstieg 9–14
20354 Hamburg
Tel. 040/34940
Fax 040/3493602
171 Zimmer, 23 Suiten

Als ein einzigartiges Ensemble von Häusern und Wasser präsentiert sich die Freie und Hansestadt Hamburg, Deutschlands Tor zur Welt. Seit dem Fall der Mauer bildet die Millionenstadt wieder einen kulturellen Schwerpunkt in Nordeuropa.

In Hamburg gibt es zwei Luxushotels, die mit den "Großen der Welt" konkurrieren können: die Hotels "Vier Jahreszeiten" und "Atlantic Kempinski". Das zweitgenannte leidet jedoch darunter, daß es auf der "falschen" Alsterseite liegt und nicht mit einer so noblen und eleganten Nachbarschaft aufwarten kann wie die Konkurrenz gegenüber.

Das Hotel "Vier Jahreszeiten" ist Hamburgs unbestrittene Nummer eins und wird es auch wohl bleiben. Seit 1897 war das Hotel im Besitz der Familie Haerlin, und als es 1989 für eine stolze Summe in japanische Hände wechselte, war es schwer für das Haus, weiterhin als "Hamburger Institution" anerkannt zu werden. In dem blendend weißen Gründerzeit-Prunkbau werden nicht nur Gäste aus aller Herren Länder willkommen geheißen, es gilt auch als beliebter Treffpunkt für die bessere Gesellschaft der Hanseaten.

Unnachahmliche Eleganz und Großzügigkeit empfängt den Gast in der Halle, die mit wertvollen Antiquitäten, kostbaren Teppichen, viel Edelhölzern und Gemälden der Jahrhundertwende ausgestattet wurde. Die private Atmosphäre des Hauses hat sich auch nach dem Besitzerwechsel halten können; dies gilt auch und vor allem für den an Perfektion nicht zu überbietenden Service. Dafür verdient das Hotel einen besonderen Stern, und darum gebührt ihm in Hamburg der Spitzenplatz.

In den 171 Gästezimmern, davon 23 Suiten, läßt sich der Komfort durchaus noch verbessern und kann sicher nicht ewig von der Legende leben, daß man das "gediegen Hamburgische" pflegt. Dies scheint auch das neue Management eingesehen zu haben und läßt alle Zimmer nach und nach renovieren.

Vom Gründer des Hotels hat das Restaurant seinen Namen: das "Haerlin". Hier bekommen Sie in einem biedermeierlichen Ambiente internationale Gerichte mit dezent regionalem Einschlag serviert. Die reiche Auswahl an guten Weinen wird zu einem Erlebnis, wenn Sie sich vom Chef des Weinkellers beraten lassen. Ungezwungener, nicht ganz so fein und teuer geht es im "Jahreszeiten Grill" zu. Hier können Sie auch noch zu später Stunde große und kleine Gerichte bekommen. Am Nachmittag sollten Sie im "Condi Tearoom" hausgemachtes Gebäck probieren. Die Damen der Hamburger Gesellschaft legen hier beim Einkaufen ihr Tee-Päuschen ein.

HAMBURG

ABTEI

Wenn Sie Ihren Besuch in Hamburg frühzeitig planen können, sei noch das wohl beste Kleinhotel Deutschlands empfohlen, das "Abtei". Das Hotel bietet Ihnen mit seinen (leider nur) 14 Zimmern und zwei Suiten Luxus vom Feinsten in britischem Ambiente. Petra und Fritz Lay schufen nach ihrer Rückkehr aus England in dem vornehmen Vorort Harvestehude ein Kleinod, das durch seine angenehme private Atmosphäre besticht. Das Haus aus dem Jahre 1881 wurde wunderschön restauriert und strahlt den Charme eines Privathauses der Jahrhundertwende aus.

Die Einrichtung besteht zum größten Teil aus englischen Antiquitäten. Im Salon lädt flackerndes Kaminfeuer zum Empfangsdrink ein, oder man nimmt hier den Aperitif vor dem Abendessen. Die Zimmer sind ein Traum für jeden, der englisches Ambiente zu schätzen weiß und trotzdem nicht auf modernen Komfort verzichten will. Der Clou sind die Bäder, die Herr Lay selbst entworfen hat: Es sind wahre Kunstwerke aus mattschimmerndem Marmor mit handgemalten Blumenornamenten, weißem Porzellan und flauschigem Frottee.

Hotel Abtei
Abteistr. 14
20419 Hamburg
Tel. 040/442905
Fax 040/449820
14 Zimmer, 2 Suiten

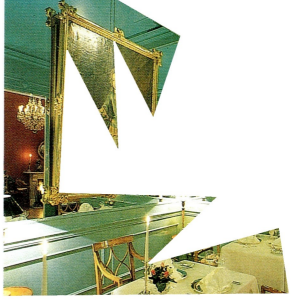

In einem auf "English Pub" gestylten Kellerraum steht Kennern ein großer antiker Billardtisch zur Verfügung.

Einen weiteren Glanzpunkt bildet das kleine Spitzen-Restaurant; hier werden große Koch-Kreationen in Hamburgs kleinstem Luxushotel zelebriert. Als Küchenchef holte sich das Ehepaar Lay, selbst ausgezeichnete Köche, Ulrich Heimann. Probieren Sie seine Kochkünste, und Sie werden vielleicht bei Lamm auf saurem Bohnengemüse feststellen, daß Sie dieses Gericht noch nie so gut gegessen haben und auch noch nie so gemütlich, stilvoll und privat in einem Restaurant gesessen haben.

HAWAII
Mauna Kea Beach Hotel

F A C T S

Mauna Kea Beach Hotel
1 Mauna Kea Beach Drive
Kamuela,
HI. 96743-9706 USA
Tel. 001/808/882-7222
Fax 001/808/882-7002
242 Zimmer, 10 Suiten

„Wenn der Himmel nicht wie Hawaii ist, bin ich nicht interessiert, in den Himmel zu kommen", schrieb Mark Twain, nachdem er die Trauminseln in der Südsee kennengelernt hatte. Ob Himmel oder nicht, zweifellos zählen die Inseln Hawaiis mit ihren schneeweißen Palmenstränden, türkisblauem Meer, üppigen Tropenwäldern, riesigen Wasserfällen, phantastischen Orchideenfeldern und spektakulären Vulkanlandschaften zu den schönsten der Welt. Hinzu kommt das bunte Völkergemisch, das sich auf sieben der 132 Inseln des 50. Bundesstaates der USA niedergelassen hat. Allein auf der Insel Oahu mit der Hauptstadt Honolulu und dem weltbekannten Waikiki-Strand leben über 80 Prozent der Bevölkerung, was schon einiges über die Besiedlungsdichte der übrigen Eilande aussagt.

Als anspruchsvoller Urlauber überlassen Sie Honolulu und Waikiki dem Massentourismus. Südsee-Zauber in höchster Vollendung bieten Ihnen das ganze Jahr über die beiden Inseln Hawaii (Big Island) und Maui. Das Klima ist gemäßigt tropisch, d. h. mild und ausgeglichen, nicht einmal im Sommer steigen die Temperaturen über 30 Grad. Kräftige Passatwinde und heftige kurze Regenschauer schaffen ganzjährig eine natürliche Klimaanlage.

Hawaii (Big Island) hat bis heute nichts von seinem Reiz verloren. Es ist die größte Insel des Aloha-Staates und vor allem wegen der einzigartigen Vulkanlandschaften bekannt. Aus dem Kilauea-Krater brechen noch regelmäßig riesige Lavafontänen hoch. Auch was Fauna und Flora anbelangt, ist diese Insel, die dem Archipel seinen Namen gab, die vielseitigste.

Das "Mauna Kea Beach Hotel" wurde 1965 an einem der schönsten weißen Sandstrände der Welt eröffnet. Für den Besitzer, Laurence Rockefeller, war die Kahola-Küste mit den majestätischen schneebedeckten Gipfeln des Mauna Kea im Hintergrund genau der richtige Platz für sein abgeschiedenes Luxusrefugium. Rockefeller importierte mehr als eine halbe Million Pflanzen, um das lavabedeckte Umland in einen blühenden Garten Eden zu verwandeln.

Seit 1973 leitet der international bekannte deutsche Hotelier Adi W. Kohler das "Mauna Kea Beach Hotel", das jetzt zu den vier exklusiven Häusern der hawaiianischen Prince-Gruppe gehört. Mit seinen über 700 perfekt ausgebildeten Angestellten bewahrt Kohler den Zauber von "Mauna Kea" und pflegt sympathisches Understatement.

Von außen wirkt der weiße, terrassenförmig angelegte Hotelkomplex eher einfach und schmucklos, im Inneren dagegen entfaltet er eine aufregende, lichtdurchflutete Pracht. Empfang und Lobby sind groß genug, um ausgewachsenen Palmen ausreichend Platz zu bieten. An den Wänden hängen wertvolle Gobelins; in Vogelkäfigen bringt exotisches Federvieh den Gästen ein Ständchen; mächtige Kupfergefäße spiegeln sich in glänzenden Fliesenböden. Eine Sammlung von über 1600 museumsreifen Kunstgegenständen aus dem pazifischen und asiatischen Raum ist über das ganze Hotel verteilt. Leider hat das "Mauna Kea" dadurch auch einen häßlichen Flecken auf seiner ansonsten blütenweißen Weste bekommen: Täglich kommen Busladungen mit Glotzpublikum, die das Hotel stundenlang in Beschlag nehmen.

In den 242 Gästezimmern und 10 Suiten setzt sich die geräumige Eleganz der Gesellschaftsräume fort. Helle Korbmöbel und tropische Grünpflanzen schaffen eine sommerfrische Behaglichkeit. Der moderne Komfort eines Luxushotels kommt hier auch ohne Fernseher und Telefon aus. Dafür können Sie sich von Ihrer privaten Terrasse aus an Meer oder Gebirge satt sehen, die Sie die Quälgeister der modernen Zivilisation leicht vergessen lassen. Am schönsten sind die Zimmer im obersten achten Stockwerk mit Meerblick. Ein Schlüssel zum Erfolg und eine Erklärung für die vielen Stammgäste ist sicher die außergewöhnliche Betreuung des Gastes durch das Personal: Jedes Wäschestück wird nach Gebrauch sofort gewechselt, stets stehen frische Blumen und frisch aufgefüllte Obstkörbe in Ihrem Zimmer, und abends ist Ihr Bett mit Orchideenblüten geschmückt.

Im "Mauna Kea Beach Hotel" finden Sie fast alle Möglichkeiten für eine aktive Freizeitgestaltung. Das Hotel hat sogar einen eigenen Reitstall. Weltberühmt ist der Golfplatz, den Robert Trent Jones 1964 entwarf. Die einmalige Anlage umgibt das Hotel von drei Seiten und gilt als Meisterwerk seines Architekten. Das Magazin "Golf Digest" kürte den Platz zum besten von Hawaii und einen der schönsten und dramatischsten in den ganzen USA. Golfer, die noch auf ein Profi-Handicap hinarbeiten, üben seit 1993 auf dem 18-Loch "Hapuna Golf Course", um den schwierigen Löchern auf dem Meisterplatz gewachsen zu sein. Ein Dorado für Wassersportfans tut sich am Strand des Hotels auf. Der spektakuläre Sandstrand erlaubt Schwimmern bequemen Zugang zum Meer, und inmitten von Tausenden von Seekreaturen finden Schnorchler ein ideales Beobachtungsfeld. Außerdem verlockt das kristallklare Wasser des Ozeans zum Windsurfen, Segeln, Tiefseetauchen oder Fischen.

Der mit frischem Meerwasser gefüllte Swimmingpool überblickt unter schattenspendenden Palmen den Strand und die berauschende Blütenpracht der botanischen Gärten. Ein Tennispark mit 13 Courts schmiegt sich direkt am Pazifik in die malerische Landschaft. Das Fitneß-Center mit den neuesten technischen "Geräten" gibt Gelegenheit, das ausgiebig zu tun, wozu sonst selten Zeit ist. Am Strand können Sie an Aerobic-Kursen teilnehmen. Ist Ihnen nach einer therapeutischen Massage, stehen Ihnen qualifizierte Fachkräfte zur Verfügung. Zu einem Shopping-Bummel laden sieben Boutiquen ein. Haben Sie Lust, sich einen Filmklassiker anzusehen? Viermal die Woche haben Sie dazu Gelegenheit.

Die fünf Restaurants des "Mauna Kea Beach Hotel" sind Vorreiter für eine neue kulinarische Kunst. Sie wird Hawaii-Regionalküche genannt. Die Küchenchefs sind wahre Meister darin, frische Inselprodukte kulinarisch mit einer gekonnten Mischung aus Ost und West zu neuen und leichten Gerichten zu verarbeiten. Lassen Sie sich verwöhnen im eleganten "The Batik", im legeren "The Terrace", im romantischen "The Garden", im Strandrestaurant "The Hau Tree" oder im "19th Hole".

HAWAII

KONA VILLAGE RESORT

FACTS

*Kona Village Resort
Kai Lua Kona,
HI. 96745 USA
Tel. 001/808/325-5555
Fax 001/808/325-5124
125 Zimmer*

Träumen Sie von einer blauen Lagune mit exotischer Vegetation, von einem einsamen Strand mit Kokospalmen, von einem polynesischen Dorf mit Pfahlbungalows und von unverfälschtem hawaiianischem Südseezauber? Kein Problem. Der Traum wird wahr, wenn Sie das Dorf "Kona Village Resort" an der Westküste von "Big Island" in South Kohala erreichen. Am Rande von riesigen schwarzen Lavafeldern taucht wie eine Fata Morgana die Hotelanlage vor dem Ozean auf. In verheißungsvoller Einsamkeit liegt ein weitläufiger tropischer Park, in dem sich Hütten verstecken, die dem Baustil von Tahiti, Samoa, Tonga und Fiji nachempfunden wurden.

Die 125 Gästezimmer sind in tropengrasgedeckten Hütten untergebracht. Sie sind einfach, aber komfortabel eingerichtet und drücken den speziellen Charme dieses fast unberührten Fleckens Erde aus: ohne Fernsehen, Radio und Telefon – Erholung weitab vom Rest der Welt. Aber keine Angst, Sie werden genügend Annehmlichkeiten finden, die Ihnen den Aufenthalt unvergeßlich machen. Jedes Zimmer ist groß, gemütlich und dekorativ im polynesischen Stil eingerichtet. Große Deckenventilatoren und Fenster mit Fliegengittern sorgen dafür, daß ausreichend frische tropische Brisen durch Ihr Reich wehen können. Bunte Tagesdecken und passende Kissen liegen auf bequemen King-size-Betten. Die Hütten sind mit kleinen Küchenzeilen und überdimensionierten Bädern ausgestattet. Ihr "Do not disturb"-Schild ist eine Kokosnuß und wird auf die private Terrasse gehängt. In einem Strohkörbchen stellt man Ihnen Nachrichten zu.

Wen es nicht an den kleinen braunen Lavastrand zieht, der kann sich auf den Sonnenterrassen um zwei Swimmingpools entspannen. Ohne Berechnung stehen den Gästen drei Tennisplätze mit Flutlicht, ein Volleyballplatz, Shuffleboard, Segelboote, Kanus, ein Glasbodenboot und Schnorchelausrüstungen zur Verfügung.

Das Hotelrestaurant "Hale Moana" serviert einheimische und amerikanische Küche und ist durchaus akzeptabel. Auf der Terrasse ist mittags ein reichhaltiges Buffet angerichtet. Erwarten Sie keine kulinarischen Hochgenüsse; denn leider weiß der Küchenchef zu genau, daß es für die Hotelgäste zu umständlich ist, seinen Kreationen zu entfliehen.

Für Naturliebhaber, die sportlich-legere Badeferien einem exklusiven Hotelleben vorziehen, ist das "Kona Village Resort" mit seiner reizvollen Südseeatmosphäre, der Ruhe und Abgeschiedenheit ein ideales Domizil.

HAWAII

RITZ-CARLTON KAPALUA BAY

Die schönsten Strände, den größten Krater, den dichtesten Dschungel des Archipels hat die beliebteste Hawaii-Insel Maui. Wer trendy ist, verbringt seine Ferien auf Maui. Nicht zu vergessen, von Dezember bis April können Sie von Maui aus zum Whalewatching auslaufen, um die riesigen Buckelwale aus Alaska zu beobachten, die hier in den warmen Gewässern ihre Jungen gebären.

Wer es abgeschieden mag, dem sei auf Maui für einige Tage eine tropische Oase mit Luxuskomfort empfohlen, das Hotel "Hana-Maui" in Hana. Allerdings liegt das Dorf Hana am Zipfel der Ostküste so abgeschieden, daß es vom Kahului-Airport nur nach einer mehr als zweistündigen Autofahrt über eine kurvenreiche Küstenstraße zu erreichen ist. Hinzu kommt noch, daß Hana am Rande des Regenwaldes liegt, und das bedeutet, Sie müssen ständig mit kräftigen Schauern rechnen und sollten möglichst resistent gegen Ungeziefer sein.

Der verehrte Leser möge mir verzeihen, aber da ziehe ich Ferienhotels vor, die nicht ganz so spektakulär liegen, aber eben Komfort bieten: "The Ritz-Carlton Kapalua Bay" heißt meiner Meinung nach das 1992 eröffnete Nonplusultra Mauis.

Diese Hotelanlage thront hoch über der Pazifikküste im Norden der Insel an der Kapalua Bay. Sie ist umgeben von der schönsten Bilderbuchlandschaft Mauis und liegt inmitten von drei 18-Loch-Golfplätzen. Die Gebäude überschauen saftig-grüne Wiesen, einen palmengesäumten weißsandigen Strand und den tiefblauen Ozean. Lahaina, das historische Städtchen, ist 15 Kilometer entfernt, und die Hotels, Restaurants, Bars und Geschäfte am lebhaften Kaanapali-Strand sind in wenigen Minuten mit dem Auto zu erreichen.

"The Ritz-Carlton Kapalua" beweist, daß sich eleganter europäischer Stil mit tropischer Umgebung perfekt verbinden kann. Im hellen weiträumigen Lobbybereich bilden Antiquitäten aus dem 18. und 19. Jahrhundert mit Originalgemälden und Keramiken heimischer Künstler eine fanta-

FACTS

*The Ritz-Carlton
Kapalua Bay
1 Ritz-Carlton Drive
Kapalua Maui,
HI. 96761 USA
Tel. 001/808/669-6200
Fax 001/808/669-0026
550 Zimmer, 58 Suiten*

stische Kombination, die noch mit atemberaubenden Ausblicken auf den Ozean gekrönt wird.

Trotz seiner 550 Gästezimmer hat das Hotel eine sehr private Atmosphäre bewahrt, die sich besonders im "Ritz-Carlton-Club" in den drei obersten Stockwerken des Napili-Flügels bemerkbar macht. Wenn Sie die Vorzüge einer privaten Lounge genießen wollen, in der Sie von morgens bis abends individuell verwöhnt werden, gönnen Sie sich das Vergnügen, Gast des "Clubs" zu sein. Aber auch die geräumigen Standardzimmer genügen durchaus anspruchsvollsten Vorstellungen. Mit allem erdenklichen Komfort, eigenen Terrassen mit Meerblick oder Ausblick über weite Ananasfelder finden Sie auch hier großzügige Gemütlichkeit in geschmackvoller Möblierung. Fernseher, Radio, Telefon und Minibar sind selbstverständlich; die großen marmorgefliesten Bäder mit separaten Duschen bieten jede Bequemlichkeit.

Auch wenn das Hotel voll belegt ist, treten sich die Gäste gegenseitig keineswegs auf die Füße. Die drei terrassenförmig angelegten riesigen Swimmingpools im Hotelpark locken genauso wie der Strand mit Beachclub, der zu Fuß in wenigen Minuten zu erreichen ist. Golfer treffen sich auf einem der drei spektakulären Courses. Tennisfans können ihrem Sport auf zehn Courts frönen, und wer sich fit halten will, geht in das moderne Fitneß-Center. Zum Joggen und für ausgiebige Spaziergänge gibt es auf dem Hotelgelände, am Strand oder in der näheren Umgebung herrliche Möglichkeiten. Für die ganz jungen Gäste bietet das Hotel jeden Tag ein Kinderprogramm an.

Für jede Gelegenheit, sei es zum Frühstück, Mittag- oder Abendessen, ist das Restaurant "The Terrace" ein beliebter Treffpunkt. Im "Banyan Tree" werden italienische Spezialitäten serviert, und im "Beach House" bekommen Sie unter Palmen Sandwiches, Salate oder andere Snacks. Wenn Sie abends in vornehmem Ambiente speisen wollen, werden Sie im "Grill" mit Fisch- und Fleischgerichten bestens bedient.

Das "Ritz-Carlton" hat gegenüber den beiden Hotels auf Big Island den Vorteil, daß Sie nicht im Hotel essen müssen. Im Umkreis von 15 Autominuten finden Sie, teils in den Hotels an der Kaanapali Bay, teils in deren unmittelbarer Umgebung, etwa 20 sehr gute Restaurants, die von japanischer bis zu französischer Küche alles bieten, was das Herz begehrt.

HESSEN

SCHLOSSHOTEL KRONBERG

FACTS

*Schloßhotel Kronberg
Hainstr. 25
61476 Kronberg im Taunus
Tel. 06173/70101
Fax 06173/701267
57 Zimmer,
7 Suiten*

Frankfurt am Main kann nicht als Haupt-, Voralpen- oder Hafenstadt glänzen. Deshalb muß die Stadt sich schon besonders anstrengen, um in vorteilhaftem Licht zu erscheinen. Gerade in den letzten Jahren hat Frankfurt sich wieder zu einer spannenden, vibrierenden und natürlich "kapitalen" Metropole entwickelt.

Man sollte tunlichst vermeiden, die Stadt während der zahlreichen Großveranstaltungen zu besuchen; denn dann werden nur die Vorurteile bestärkt, die in den Schlagzeilen mit "Krankfurt" oder "Mainhattan" Furore machen. Wählen Sie eine "normale und ruhige Zeit", und Sie werden begeistert feststellen: "Frankfurt ist immer eine Reise wert." Sie müssen ja nicht unbedingt in einem der Stadthotels übernachten, wo alles auf Geschäftsreisende eingestellt ist. Etwa 15 Kilometer vom Stadtzentrum entfernt können Sie in Kronberg im Taunus im schönsten Hotel, das Frankfurt und Umgebung zu bieten hat, absteigen: dem "Schloßhotel Kronberg". Kronberg ist ein malerisches Städtchen und hat eine hübsche, sehenswerte Altstadt. Hier haben sich betuchte Frankfurter ein ruhiges Refugium geschaffen.

Das Schloß Kronberg ließ sich die Witwe Kaiser Friedrich Wilhelms I., die sogenannte Kaiserin Friedrich, 1889 bis 1893 als Witwensitz erbauen. Bei der Umwandlung in ein Hotel ist es gelungen, das Ambiente der Jahrhundertwende zu erhalten. Die Atmosphäre des Hauses ist auch heute noch geprägt von dem persönlichen Stil der Kaiserin, die eine vielseitig interessierte, kunstsinnige Tochter Queen Victorias war. Wie zu Zeiten der Kaiserin empfängt Sie die wohnliche Halle mit ihrer schweren Holzdecke und einem stattlichen Kamin. Daneben liegt die Bibliothek mit einer hölzernen Kassettendecke und dekorativem Kronleuchter; die Stirnwand wird von einer alten Kopie des berühmten Kölner Dombildes von Stefan Lochner eingenommen. Dahinter folgen der "Blaue Salon", der "Grüne Salon" im Stil Louis XIV und der "Rote Salon" mit einem prachtvollen Brüsseler Gobelin. Überall an den Wänden der Salons hängen wertvolle Gemälde, darunter Meisterwerke europäischer Porträtmaler des 16., 17. und 18. Jahrhunderts. Sie zei-

gen die Verwandtschaft der Kaiserin aus englischem und deutschem Hochadel.

Eine Eichentreppe mit handgeschnitztem Geländer verbindet die Halle mit dem ersten Obergeschoß. In Blei gefaßte bemalte Scheiben mit Ahnenwappen schmücken die großen Fenster. Im ersten und zweiten Obergeschoß befinden sich die Gästezimmer.

Jedes Zimmer strahlt eine warme Eleganz aus und hat seinen eigenen ganz individuellen Charme. Behaglich läßt es sich in und mit den Möbeln, den Kunstwerken und Erinnerungsstücken aus kaiserlicher Vergangenheit leben. Trotz aller Ehrfurcht lädt die ganze Pracht nicht nur zum Anschauen ein, sondern auch zum Bewohnen und Wohlfühlen. Einen wichtigen Beitrag hierzu leisten die offenen Kamine, mit denen fast jedes Zimmer ausgestattet ist. Eine Selbstverständlichkeit sind die Einrichtungen des modernen Komforts eines Hotels der Luxusklasse. Wenn Sie sich etwas Besonderes leisten möchten, mieten Sie die "Royal Suite". Hier hat Kaiser Wilhelm II. gewohnt, wenn er seine Mutter in Kronberg besuchte.

Gut ausgebildetes Personal sorgt sich rund um die Uhr um Ihr Wohlbefinden. Die ausgezeichnete Leitung von Hartmut Althoff ist Garantie dafür, daß Sie ausgesprochen freundlich, höflich und professionell bedient werden.

Die abwechslungsreichen Wege im großen Park laden zu ausgiebigen Spaziergängen ein. Lassen Sie sich von reizvollen Aussichten überraschen und genießen Sie die vielen Naturschönheiten. Alte, exotische und einheimische Bäume, üppige Rhododendren und ein harmonisch in den Park eingebetteter 18-Loch-Golfplatz erinnern an die Pracht und Tradition englischer Gärten. Der Golfplatz ist einer der schönsten Deutschlands und eine Herausforderung für jeden Golfspieler. Allerdings müssen Sie die Mitgliedschaft eines internationalen Golf-Clubs und ein entsprechendes Handicap nachweisen.

Das Hotelrestaurant hat seinen Platz in einem wunderschönen Saal, der ganz im Renaissancestil gehalten ist. Eine imponierende Holzdecke, sehr hohe Fenster und ein großer, niederländischer Marmorkamin bilden den richtigen Rahmen für ein elegantes Diner. Die Küche rühmt sich, klassische Gaumenfreuden mit neuen Tendenzen der Kochkunst zu verbinden. Die Weinkarte verzeichnet viele edle Gewächse, darunter auch die vielfach prämierten aus dem eigenen Weingut "Prinz von Hessen".

Stilvoll kann man den Tag in der holzgetäfelten Hotelbar ausklingen lassen.

HONGKONG

Mandarin Oriental

F A C T S

*Mandarin Oriental
5 Connaught Road,
Central Hong Kong
Tel. 00852/5220111
Fax 00852/8106190
538 Zimmer,
58 Suiten*

Hongkong, noch bis zum 30. Juni 1997 britische Kronkolonie, ist heute mit über sechs Millionen Einwohnern (davon 98% Chinesen) einer der wichtigsten Handelsplätze Ost- und Südostasiens. Jährlich besuchen über sieben Millionen Reisende aus aller Welt die Metropole an der Küste des Südchinesischen Meeres.

Der Kai-Tak Airport in Kowloon wird von den meisten großen Fluggesellschaften regelmäßig bedient. Wer nicht geschäftlich an Termine gebunden ist, wählt für seinen Aufenthalt die Monate Oktober bis Dezember, dann ist das Klima warm und trocken. Von Juni bis September ist es besonders heiß und stickig.

Hongkong Island und Kowloon auf dem chinesischen Festland sind die Zentren der Kolonie und nur durch eine schmale Wasserstraße, den sogenannten Victoria Harbour, getrennt. Das Leben wird von hektischer Betriebsamkeit und drangvoller Enge bestimmt. Zwischen unzähligen imposanten Wolkenkratzern gehört nicht nur Einkaufen von Gegenständen aller Art zu den Hauptattraktionen, sondern auch eine Fahrt mit der doppelstöckigen Straßenbahn in chinesische Vororte, die unsere europäischen Vorstellungen von Überbevölkerung als lächerlich erscheinen lassen. Am schönsten präsentiert sich Hongkong, wenn Sie mit der Zahnradbahn auf den 550 Meter hohen Victoria Peak hinauffahren.

Ein Hoteljuwel in Hongkong ist das "Mandarin Oriental". Das Hotel auf Hongkong Island galt schon bald nach seiner Eröffnung im Jahre 1963 als eines der besten Hotels der Welt und hat diesen Ruf bis heute halten können. Es hat den Vorzug einer erstklassigen Lage mitten im Geschäfts- und Bankenviertel mit Blick auf den Victoria Harbour. Mit den nahe gelegenen hocheleganten Einkaufszentren ist das "Oriental" durch ein bequemes System von klimatisierten Gängen und Brücken verbunden. Zur Star-Ferry nach Kowloon gehen Sie keine fünf Minuten, und zu den Anlegestellen der übrigen Fähren etwa zehn Minuten. Die Straßenbahnen halten nur einen kurzen Block entfernt, und zur Peak-Tram brauchen Sie auch nur zehn Minuten.

Schon beim Empfang wird der Gast auf das Besondere des Hauses eingestimmt: Perfektion vereint sich mit wohltuendem Understatement, und exklusiver Luxus präsentiert sich schon in der Lobby. Wertvolle Antiquitäten werden von einer alten Reiterskulptur aus vergoldeter Bronze bewacht.

Unter der Leitung von Seamus McManus und dem deutschen Manager Jan D. Goessing kümmern sich über 1000 Angestellte um 538 Gästezimmer und 58 Suiten. Bei den Standardzimmern hat man sich sehr nach den Bedürfnissen einzeln reisender Geschäftsleute gerichtet. Platz ist Mangelware in diesen Räumen, und obwohl die Zimmer gemütlich und mit jedem Komfort eines Luxushotels ausgestattet sind, müssen sich zwei Personen auf engstem Raum sehr einschränken. Selbstverständlich sind Farbfernsehen, internationale Selbstwähltelefone, Minibar, individuell regelbare Klimaanlage und (meistens) privater Safe. Die Balkone sind unmöbliert und eigentlich sinnlos. Wegen des Lärms, der das Gebäude Tag und Nacht umbraust, flüchtet sowieso jeder Gast schnell wieder in sein lärmgeschütztes Reich. Bestellen Sie auf jeden Fall ein Zimmer mit Hafenblick; denn sonst schauen Sie nur auf die Mauern der gegenüberliegenden Hochhäuser. Pracht und Großzügigkeit entfaltet sich erst in den Suiten, die auch den anspruchsvollsten Gast durch Behaglichkeit und Luxus voll zufriedenstellen.

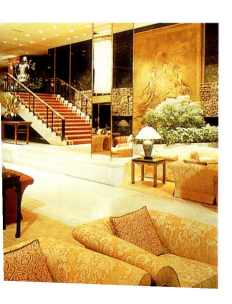

Das Hotel verfügt über drei Restaurants. Das "Pierrot" im 25. Stockwerk bietet neben der besten französischen Küche Hongkongs auch einen wunderschönen Blick auf eine faszinierende Kulisse aus Wasser, Wolkenkratzern, Inseln und Bergrücken. Gleich neben dem "Pierrot" finden Sie das "Man Wah Restaurant", das sich auf die traditionelle kantonesische Küche spezialisiert hat und zu Recht auch unter anspruchsvollen Hongkongern einen exzellenten Ruf genießt. Internationale Küche auf hohem Niveau bekommen Sie im "Mandarin Grill" im ersten Stock, das von Geschäftsleuten besonders geschätzt wird. Die drei Bars des Hotels werden durch den "Coffee Shop" und die "Clipper Lounge" ergänzt.

Theoretisch müßten Sie das "Mandarin Oriental" gar nicht verlassen. Ein Swimmingpool im Stil eines klassischen römischen Bads strahlt nach einer gründlichen Renovierung seit September 1994 wieder in seiner alten Pracht. Ein Health-Centre mit komplett ausgerüstetem Fitneßraum bietet alle Einrichtungen für den verwöhnten gesundheits- und schönheitsbewußten Gast. Zusätzliche Einrichtungen sind eine Einkaufspassage innerhalb des Hotels mit 18 Geschäften, einem Schönheitssalon und einem Herrenfriseur, einem Blumenladen und einem "Cohiba Cigar Divan" (Zigarrenverkauf). Sogar eine eigene Kunstgalerie hat das Hotel: "Mandarin Oriental Fine Arts" zeigt asiatische und westliche Kunst in monatlich wechselnden Ausstellungen.

HONGKONG

The Peninsula

FACTS

*The Peninsula
Salisbury Road
Kowloon, Hong Kong
Tel. 00852/3666251
Fax 00852/7224170
246 Zimmer,
54 Suiten*

Die "Grande Dame" der Hongkonger Luxushotels ist das "Peninsula" in Kowloon. Seit 1928 ist das Hotel eine Institution und das Aushängeschild der nach ihm benannten exklusiven Hotelgruppe. Dieser Vorbildfunktion trug eine aufwendige Renovierung und ein spektakulärer Turmanbau von über 30 Stockwerken Rechnung. Alles, was der hochgelobten Tradition des "Peninsula" entspricht, erstrahlte Ende 1994 in neuem Glanz und fand seine Weiterführung in dem neuen Anbau.

Hinter der klassischen Fassade des alten Gebäudes entfaltet sich der behutsam aufgefrischte Stil der "Golden Twenties". Die riesige doppelstöckige Halle, seit vielen Jahren Treffpunkt der internationalen Klientel, wirkte mit all dem Blattgold an Säulen, Balustraden und der Decke fast protzig, würde die verschwenderische Pracht nicht von beigen Pastelltönen abgemildert. In dem glänzenden Marmorboden spiegeln sich vornehmes Kaffeehausmobiliar und unzählige Grünpflanzen. Hinter den Säulen gegenüber dem Eingang verstecken sich kleine Nischen mit der Rezeption und dem Portierdesk.

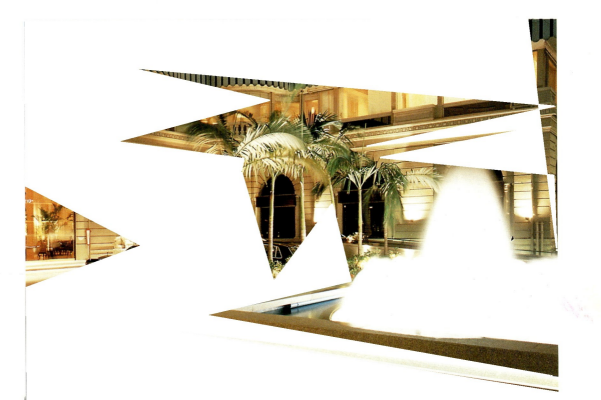

Der Schweizer Peter C. Borer, seit 1981 in leitenden Positionen der Peninsula Group, führt das Flaggschiff seit Februar 1994 in das neue Jahrtausend und bietet mit seiner Mannschaft geradezu beispielhaften Service.

Sei es im alten Gebäude oder im neuen Turm, alle 246 Gästezimmer und 54 Suiten sind großzügig und behutsam modern eingerichtet, und sogar die Standardzimmer verfügen über mindestens 40 Quadratmeter. Das Interieur überzeugt mit europäischer Eleganz und orientalischen Accessoires. Sanfte Farben, harmonisch aufeinander abgestimmt, schaffen eine behagliche Atmosphäre. Den außergewöhnlichen Komfort ergänzen neueste technische Einrichtungen, die sich bequem von der Bettkonsole aus bedienen lassen. Eine Oase der Entspannung sind die Bäder; alles, was sich der verwöhnte Gast wünscht, findet er inmitten von seegrünem und weißem Marmor.

Mit dem Neubau gibt das "Peninsula" seinen Gästen den Blick über den Hafen und auf Hongkong Island zurück. Erst ab dem 17. Stockwerk sind die Gästezimmer untergebracht. Perfekt vom Hotel getrennt, haben die darunter liegenden Büros (4.–6. und 9.–16. Etage) einen separaten Eingang und ein eigenes Liftsystem.

Ein überwältigend luxuriöses Zentrum für Gesundheit, Fitneß und Entspannung wurde im siebten und achten Stockwerk geschaffen. Der üppige Swimmingpool im römischen Stil mit palastartigen Säulen, Fresken und Statuen wird von beweglichen Glaswänden eingerahmt und bietet bei jeder Witterung unbeschwertes Badevergnügen mit Panoramablick über Hongkong. Eine Etage tiefer warten das "Peninsula Spa" und eine offene Sonnenterrasse auf die Gäste. Hier finden Sie auch einen Fitneßraum, Jacuzzis, Saunen, Massageräume, Solarien, Friseur- und Schönheitssalons.

Maßstäbe für einen neuen Typ von Erlebnis-Restaurant setzt das "Felix" im Penthouse des Turms. Allein der Ausblick auf Hongkong bei Nacht ist atemberaubend, ganz zu schweigen von der exzentrischen Gestaltung dieses zweigeschossigen Kunstwerks. Der berühmte Architekt und Designer Philippe Starck kreierte ein spannendes Ensemble aus Restaurant, mehreren Bars und einer Diskothek. Umgeben von ultraschickem Design und innovativem Dekor werden Ihnen die besten Fischspezialitäten Hongkongs serviert.

Obwohl Sie nur ein paar Schritte von den fast unerschöpflichen Einkaufszentren der Stadt entfernt sind, finden Sie auch im "Peninsula" elegante Einkaufsmöglichkeiten mit allem, was gut und teuer ist. Reicht Ihnen das Angebot nicht aus, scheuen Sie sich nicht, in das häßliche Gebäude des Hotels "Regent" gegenüber zu gehen. Neben einem gewaltigen, unsäglich unbehaglichen Lobbyrestaurant, das aber wohl den spektakulärsten Ausblick auf den Victoria Harbour bietet, finden Sie hier Einkaufspassagen, die an Auswahl, Glitzer, Glanz und Pracht nicht zu überbieten sind.

KARIBIK

Carl Gustaf

FACTS

*Hôtel Carl Gustaf
Rue des Normands
Gustavia 97133,
Saint-Barthélemy
(French West Indies)
Tel. 00590/278283
Fax 00590/278283
14 Suiten*

Die Inseln der Karibik – wer verbindet diese tropischen Paradiese nicht mit endlos blauem Himmel, weißen palmengesäumten Stränden, farbenprächtiger exotischer Vegetation und Seeräuberromantik? Mit ihrer jeweils ganz eigenen Mischung aus Natur und Geschichte warten die Inseln der Kleinen Antillen auf. Hier können Sie noch ohne Touristenrummel ausgelassene Calypso-Rhythmen hören und sich den Planters Punch von freundlichen Menschen servieren lassen. Allein vor Puerto Rico und Trinidad sollte man gewarnt sein.

Hochsaison hat die Karibik von Mitte Dezember bis Mitte April, mit Lufttemperaturen um 30 Grad. Das herrlich warme Wasser lockt mit 25 bis 28 Grad. Im Sommer ist das Urlaubsparadies ruhiger und wesentlich preiswerter. Kühlende Brisen machen die dann noch höheren Temperaturen durchaus erträglich. Kurze, heftige Schauer tragen zur Abkühlung bei, verstärken allerdings die ohnehin schon sehr hohe Luftfeuchtigkeit.

Das letzte Kleinod der Karibik liegt 200 km nordwestlich von Guadeloupe. Saint-Barthélemy oder Saint Barths, wie es die Amerikaner abkürzen, ist eine besondere Welt im Archipel der "Inseln über dem Wind": Die Insel wird seit 300 Jahren von einer ausschließlich weißen Bevölkerung französischen Ursprungs bewohnt und ist eine friedliche Insel geblieben. Ein großer Teil der Insel ist auch heute noch in Privatbesitz, weshalb Hotelketten hier nie Fuß fassen konnten. Umspült vom Karibischen und Atlantischen Ozean, besitzt Saint Barths 20 Sandstrände, die vom Seewind durch eine Kette von kleineren Inseln geschützt werden.

Von dem kleinen Flugplatz werden die Gäste mit einer Limousine abgeholt, und in wenigen Minuten erreichen Sie das schönste Hotel der Insel, das "Carl Gustaf". Es liegt oberhalb der Hauptstadt Gustavia mit ihrem Naturhafen. Tropische Farbenpracht und Düfte verströmen Hibiskus und Bougainvillea im Garten und stimmen auf den Luxus und die Raffinesse dieses Ortes ein, der überhaupt viel französisches und karibisches Flair besitzt.

Die 14 Suiten blicken alle auf den Hafen und den gemütlichen, nordeuropäisch anmutenden Ort. Da das Hotel terrassenförmig an den Hang gebaut ist, bietet jede Suite mit Loggia, Terrasse und kleinem Pool ein privates, absolut ungestörtes Ambiente. Die Appartements sind mindestens 80 qm groß und wirken durch ihre hellen Farben und die vielen raumhohen Fenster eher noch größer. Die Einrichtung mit ihrem leicht kreolischen Einschlag wirkt modern. Die Zimmer entsprechen höchsten Anforderungen an Luxus und Komfort.

Das Restaurant befindet sich hinter dem Eingangsbereich und neben dem großen Swimmingpool. Hier wird abends die französische Küche gepflegt, wie in den meisten Lokalen auf der Insel. Tagsüber bekommen Sie hier aber auch kreolische Snacks und vor allem exotische Drinks mit und ohne Alkohol.

Die meisten Gäste lassen sich mit dem Boot oder per Auto an einen der vielen Strände bringen. Der "Hausstrand" ist aber nur 100 Meter vom Hotel entfernt und lädt unter den zerzausten Wipfeln der Kokospalmen zu ausgedehnten Spaziergängen ein.

KARIBIK

LA SAMANNA

*Hotel La Samanna
Baie Longue
Marigot 97150,
Saint-Martin
(French West Indies)
Tel. 00590/875122
Fax 00590/878786
80 Suiten*

Franzosen und Niederländer teilen sich die Karibik-Insel Saint-Martin/Sint Maarten. Seit 1648 lebt man hier in Eintracht, und da die ganze Insel ohnehin ein zollfreies Einkaufsparadies ist, gibt es auch keine Grenzen. Dichter, tropischer Regenwald bestimmt die hügelige Landschaft, und feine Sandstrände mit kristallklarem Wasser laden zum Baden ein.

Das Hotel "La Samanna" gilt seit vielen Jahren als Luxuszuflucht für die beste amerikanische Gesellschaft und für gut betuchte Europäer. Die Gastfreundschaft des Hotels beginnt bereits am internationalen Flughafen "Juliana" im holländischen Sint Maarten. Ein Hoteldiener heißt Sie willkommen und arrangiert Ihre kurze Autofahrt zum Hotel im französischen Saint-Martin. Sie werden direkt in eines der 80 Zimmer, Suiten oder Villen gebracht, und das Einchecken findet in der privaten Atmosphäre Ihres Refugiums statt.

Dezente Pastellfarben an den Wänden, bequeme Korbmöbel, üppige Pflanzen, sehr viel Platz und eine private Terrasse oder Patio sind die Charakteristika der Gästezimmer. Selbstverständlich sind eine gut gefüllte Bar und ständig frische Blumensträuße. Die Bäder erfüllen jeden Wunsch eines anspruchsvollen Gastes. Sollten Sie wider Erwarten mit Ihrem Reich nicht ganz zufrieden sein, wenden Sie sich an den General Manager Ulrich Krauer, der sich gern persönlich um Ihr Wohlbefinden kümmert.

In einem großen tropischen Areal gelegen, erstreckt sich die Hotelanlage am schönsten kilometerlangen Sandstrand der Insel in der "Baie Longue". Das Haupthaus mit zwei Stockwerken liegt auf einem kleinen Hügel und überragt kleine Villen, die sich zwischen Palmen und Pinien verstecken. Auf der Terrasse des Restaurants können Sie schon beim Frühstück den herrlichen Ausblick auf das Meer genießen. Das kräftige Braun des Korbmobiliars bildet einen stimmungsvollen Farbkontrast zu den azurblauen Tischdecken und den blühenden Kletterpflanzen, die sich an den weißen Wänden emporranken. Am Abend wird hier festlich eingedeckt, und Sie bekommen meisterlich zuberei-

tete Gerichte aus der französischen Küche. Raffiniert verbindet der Koch innovative französische Kreationen mit regionalen karibischen Spezialitäten. Am Pool verwöhnt Sie das Restaurant tagsüber mit erfrischenden Getränken oder kleinen Snacks.

Das Sportangebot im "La Samanna" ist schier unerschöpflich: Segeln, Windsurfen, Schnorcheln, Wasserski oder Tennis auf drei hoteleigenen Plätzen. Am großen mit Meerwasser gefüllten Swimmingpool oder am Strand kann sich der Gast von morgens bis abends vergnügen. Das Hotel chartert für Sie Motorboote für Ausflüge, sei es zum Tauchen, Hochseefischen oder Sightseeing. Im Fitneß-Pavillon können Sie an Kursen teilnehmen oder sich privat von einem Trainer einweisen lassen.

Während Sie die majestätische Schönheit eines letzten Sonnenunterganges genießen oder noch einen Strandbummel machen, sorgen Angestellte des "La Samanna" dafür, daß Ihr Gepäck am Flughafen eingecheckt wird und daß Sie ihre Bordkarte erhalten.

KARIBIK

K-Club

Auf der Insel Barbuda werden Karibikträume zur Realität. Unberührte Natur und unvergleichlich schöne Pulversandstrände warten darauf, entdeckt zu werden. Seit 1983 bilden Antigua und Barbuda ein unabhängiges Zwei-Insel-Land. Vom Kommerz und Massentourismus Antiguas ist Barbuda gut 40 Kilometer entfernt und hat sich bis heute seine Ursprünglichkeit erhalten.

Im Hotel "K-Club" werden Sie Ihren Urlaub als verwöhntester Robinson Crusoe der Welt verbringen. Mit dem hoteleigenen Flugzeug holt man Sie vom internationalen Flughafen Antigua ab und fliegt Sie in 15 Minuten nach Barbuda.

Was die italienische Designerin Mandelli, besser bekannt unter dem weltberühmten Markenzeichen "Krizia", hier geschaffen hat, ist ein Traum aus Weiß und Türkis. Signora Krizia und der Architekt Gianni Gamondi (er entwarf auch die meisten anderen Edelherbergen an der Costa Smeralda) haben es perfekt verstanden, italienisches Design mit karibischen Stilelementen zu verbinden. Das luftige Hauptgebäude und die kleinen Bungalows mit charakteristischen Spitzgiebeln liegen in großzügigem Abstand zueinander zwischen Palmen direkt am Strand.

*K-Club
Barbuda, Antigua,
West Indies
Tel. 001/809/4600300
Fax 001/809/4600305
19 Einzel- und
Doppelbungalows,
12 Suiten,
4 Villen*

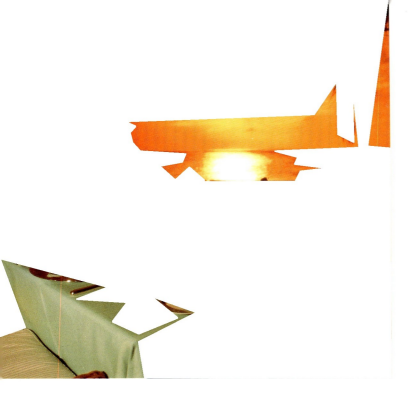

Das zentrale, großzügige Clubhaus, dessen Dachkonstruktion von 146 schlanken Säulen gestützt wird, lockt in der offenen Lobby-Lounge mit tiefen, dickgepolsterten Korbsesseln und -sofas. Egal, ob Sie sich vom unwirklich schimmernden Türkis des Meeres oder dem Weiß des Strandes faszinieren lassen, Sie werden die Farben der Natur in der Innendekoration wiederentdecken. Nach Entwürfen von Signora Krizia wurden alle Stoffe, ja sogar die Uniformen der Angestellten in ihren eigenen Werkstätten in Italien hergestellt.

Die sehr geräumigen Zimmer der Cottages sind quadratisch (6 x 6 m) und ebenfalls in wunderschönem Weiß und Türkis. Der Hauch von kühler Eleganz wird wirkungsvoll von einem bunten Gemälde aus der karibischen naiven Malerei und einem bizarr zusammengesteckten Früchtebaum unterbrochen. Natürlich stört kein Fernseher dieses außergewöhnliche Design, das dürfen nur eine Klimaanlage und ein elektrischer Deckenventilator. Die großen Duschpavillons sind an die Häuschen angebaut und verstecken sich unter üppiger tropischer Vegetation. Auf Ihrer privaten möblierten Veranda finden Sie auch eine kleine Mini-Küche mit Kühlschrank, Kochgelegenheit und einem Barbereich. Entspannter können Sie morgens nicht frühstücken oder kleine selbst zubereitete Snacks genießen.

Das Clubhaus wird von zwei kleinen Pavillons eingerahmt, auf der einen Seite mit Restaurant und Grill und auf der anderen Seite mit Bar und Unterhaltungssalon. Dem angenehmen und raffinierten Ambiente des Restaurants paßt sich der Gast mit lässiger Eleganz an. Hier trägt der Herr auch abends keine Krawatte. Die Küche basiert auf den Traditionen bester norditalienischer Gerichte. Hausgemachtes Brot und Gebäck wird frisch und ofenwarm serviert. Sei es mittags zum kleinen Lunch oder abends zum festlichen Dinner, immer wird mit den Farben der Accessoires eine ästhetische Atmosphäre kreiert, die mit der Tageszeit im Einklang steht.

Für Sportfreunde hat der berühmte Architekt Luigi Rota Caremoli im Park des "K-Club" einen Neun-Loch-Golfplatz und zwei Tennisplätze mit Clubhaus angelegt. Natürlich bietet der Strand alles für alle erdenklichen Wassersportarten. Am großen mit Meerwasser gefüllten Swimmingpool werden Sie von morgens bis abends verwöhnt und können sich ungestört auf kräftigen, rohrgeflochtenen Liegen ausbreiten.

Der "K-Club" bietet den internationalen Gästen in erster Linie friedliche, erholsame und exklusive Ferien auf höchstem Niveau. Kinder unter 12 Jahren werden nicht akzeptiert. Vielleicht ist das der einzige Makel, der diesem Paradies anhaftet.

KÖLN

Hotel im Wasserturm

FACTS

Hotel im Wasserturm
Kaygasse 2
50676 Köln
Tel. 0221/20080
Fax 0221/2008888
48 Zimmer,
42 Junior- und
Duplex-Suiten

Köln, das ist rheinische Lebensart und kosmopolitischer Realismus; das ist der imposante Dom und die "fünfte Jahreszeit": der Karneval; das sind weltberühmte Museen und ein urgemütliches Altstadtviertel. Den Kölnern wird ein typischer Charme nachgesagt, der sich Ihnen am besten in den urigen Altstadtkneipen beim Kölsch (obergäriges Bier) vermitteln wird.

Eine besondere Stadt verdient ein außergewöhnliches Hotel: Mit dem "Hotel im Wasserturm" wurde dem an Sehenswürdigkeiten reichen Köln ein weiterer Anziehungspunkt hinzugefügt. Seit 1990 hat Köln damit ein Hotel, das die Standards konventioneller Hotellerie weit übertrifft.

Mit der Neugestaltung des 120 Jahre alten, größten Wasserturms Europas (36 m hoch und 30 m breit) erfüllt das Hotel höchste Ansprüche. Die Gruppe Hopf überließ die Gestaltung des Turmes der bekannten französischen Designerin Andrée Putman. Jedes Möbelstück, jedes Accessoire trägt ihre Handschrift, so daß man unweigerlich von der Konsequenz ihres gestalterischen Konzepts beeindruckt ist.

Ganz in Backstein gehalten, wirkt die elf Meter hohe Eingangshalle fast wie eine Kathedrale. Zwischen verschiedenen Ebenen wurde aus dem Nebeneinander von schlanken gußeisernen Pfeilern, Wendeltreppen und modernen, verglasten Brückenverbindungen ein spannungsreiches Wechselspiel von zeitgemäßer Funktionalität und historischem Originalzustand geschaffen. Die Geometrie des Wasserturms wird als markantes Element in der Formgestaltung berücksichtigt. Die Rundungen wurden bei den Einrichtungsgegenständen aufgenommen und korrespondieren mit dunklem Holz und mit der rauhen Ursprünglichkeit des Ziegelmauerwerks. Anheimelnd wirken die vielen Lichtquellen, die hinter geschrotetem Glas eine großzügige Transparenz schaffen. Werke zeitgenössischer Künstler unterstreichen den kulturellen Anspruch des Hauses. Sämtliche Brauntöne, gelbe und blaue Farben, weiß gestrichene Fensterrahmen und -gitter verleihen den Räumen Wärme, Behaglichkeit, Frische und Lebendigkeit. Spiegelflächen bringen Licht und Weite.

Mit viel Engagement sorgen über 130 Mitarbeiter für 42 Junior-Suiten und Maisonettes (mit bis zu 8 Räumen), 38 Doppel- und 10 Einzelzimmer. Die Räume bieten alle den modernen Komfort eines Luxushotels: Fernsehen, Radio, Privatsafe, Telefon – auch in den Bädern –, Fußbodenheizung und beheizte Handtuchhalter in den Bädern, separate WCs. Nicht zu vergesssen sind die kuscheligen weißen Bademäntel, die jeder Gast dekorativ drapiert auf seinem Bett vorfindet. Die schönsten Ausblicke auf die Stadt, die zahlreichen Kirchen und Türme und den Dom haben Sie in den oberen Stockwerken. In der rundum verglasten Veranda auf der 11. Etage mit Dachterrasse ist das "aussichtsreichste" Restaurant Kölns untergebracht: das "Restaurant im Wasserturm". Eine täglich wechselnde Auswahl an kulinarischen Genüssen und ein lückenloses Sortiment erlesener Weine werden auch den anspruchsvollen Gourmet begeistern. Die verwöhnte Kölner Geschäftswelt hat das Restaurant inzwischen zu einem beliebten "In-Treff" für den Busineß-Lunch auserkoren.

Eine intime und behagliche Atmosphäre vermitteln die im Halbkreis aufeinanderfolgenden Kabinette in der "Bar im Wasserturm".

Das "Hotel im Wasserturm" bietet Ihnen mit seiner Lage im Park und sonnigen Terrassen eine Oase der Ruhe – inmitten der Großstadt. Sauna, Solarium und Massage sorgen für die erholsame Abrundung Ihres Aufenthaltes in diesem "besonderen" Hotel.

KRETA

Elounda Mare

FACTS

Elounda Mare
PO Box 31
GR-72100 Agios Nikolaos-
Elounda/Kreta
Tel. 0030/841/41102/3 u.
41512
Fax 0030/841/41307
47 Zimmer und 2 Suiten
im Hauptgebäude,
46 Bungalows

Kreta lockt mit seiner Landschaft und Geschichte Urlauber aus aller Welt. Beeindruckende Relikte aus der über 4000 Jahre alten Hochkultur der Minoer faszinieren genauso wie die Hinterlassenschaften der Griechen, Römer, Araber, Byzantiner, Venezianer und Türken. Küsten mit langen Kies- und Sandstränden, kleinen Buchten und hohen steilen Felsen sind so vielfältig wie das Binnenland mit fruchtbaren Ebenen und mächtigen Gebirgsmassiven. Die angenehmste Reisezeit sind die Monate April, Mai, September und Oktober. Im Sommer dagegen kann es unerträglich heiß werden. Ein Aufenthalt während der sogenannten Regenzeit zwischen November und März kann aber auch durchaus reizvoll sein.

Vom Flughafen Heráklion sind es in östliche Richtung 70 Kilometer auf einer gut ausgebauten Straße nach Agios Nikolaos. Danach fahren Sie noch fünf Kilometer über eine kurvenreiche Bergstraße, bis Sie die schönste Hotelanlage Kretas direkt am Meer in einer pittoresken Felsküstenlandschaft liegen sehen.

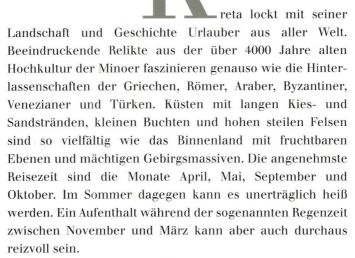

Das Hotel "Elounda Mare" bietet dem Gast ungezwungene Eleganz und unaufdringlichen Luxus. Hinter dem Haupthaus fällt die über 120 Hektar große Anlage terrassenförmig zum azurblauen Wasser des Mittelmeeres ab. Verschlungene Wege führen durch gepflegte Gartenanlagen an Bungalows mit privaten Pools vorbei auf den kleinen Dorfplatz mit einer Kapelle, mehreren Boutiquen und einer Taverne. Darunter schließt sich die Bucht mit dem privaten Sandstrand an. Die weitläufige Anlage ist äußerst geschickt so in die mediterrane Landschaft hineingebaut, daß sie nirgends klotzig und störend wirkt. Trotzdem bietet jedes Zimmer und jeder Bungalow einen Panoramablick auf das Meer. Schon der Eingangsbereich überrascht mit großzügiger Eleganz, viel Licht und hellen Farben. Im Haupthaus sind die 47 Gästezimmer und zwei Suiten untergebracht. Erwarten Sie jedoch keinen übertriebenen Luxus. Die Einrichtung im Landesstil ist komfortabel und praktisch, aber nicht üppig. Selbstverständlich finden Sie in Ihrem Zimmer und im Bad alles, was Sie brauchen, inklusive Klimaanlage, Telefon, Satelliten-TV, Safe und Fön. Jedes Zimmer hat eine private Terrasse oder einen großen Balkon mit Meerblick. Schöner wohnen Sie allerdings, wenn Sie einen der 46 Bungalows mit privatem Pool gebucht haben. Hier können Sie sich in einem großen Salon mit offenem Kamin und einem separaten Schlafzimmer herrlich ausbreiten. Die Einrichtung ist auch hier gemütlich und bietet jeden Komfort eines First-class-Hotels. Vom Wohnzimmer aus kommen Sie auf Ihre private (teilweise uneinsehbare) Terrasse mit Swimmingpool.

Den Tag verbringen die internationalen Gäste am liebsten im Schatten der wunderschönen alten Bäume auf den Wiesen rund um das große Meerwasser-Becken oder auf kleinen Felsvorsprüngen, die ins Meer hineinragen. Die Bucht vor dem Hotel ist windgeschützt und daher ideal zum Schwimmen.

Mittags, aber auch abends sind die beiden Restaurants über dem Strand ein beliebter Treffpunkt. Der Küchenchef des "The Yachting Club" und "The Old Mill Taverna", John Assimakis, verbindet seine Erfahrungen aus der Provence und München perfekt mit griechischen Gerichten. "Das Klima von Kreta ist dem der Provence sehr ähnlich, warum sollten wir hier nicht haben, was man dort bekommt?" Um seine Aussage zu beweisen, serviert er Ihnen Kräuter und Gemüse der Provence, die in nahegelegenen Gärten angepflanzt werden.

Für die aktiven Gäste stehen zwei Tennisplätze zur Verfügung und ein neu eröffneter 9-Loch-Golfplatz. Wer joggen, wandern oder spazieren will, findet rund ums Hotel abgelegene Wege in noch unberührter Natur. Um die archäologischen Ausgrabungsstätten und die Museen zu besuchen, sollte man sich ein Auto mieten.

LIGURIEN

SPLENDIDO

FACTS

Hotel Splendido
Viale Baratta 13
I-16034 Portofino (GE)
Tel. 0039/185/269551
Fax 0039/185/269614
48 Zimmer, 15 Suiten

Portofino ist eine felsige Halbinsel. Subtropische Vegetation und tiefblaues Meer bilden mit dem weichen Licht eine der bezauberndsten Landschaften an der italienischen Riviera. Der Ort Portofino umsäumt mit bunten Häusern den Hafen. Das farbenfrohe Bild wird ergänzt durch Fischer-, Segel- und Motorboote und die Hochseeyachten der Superreichen. Bewacht wird diese Bilderbuchidylle von dem oberhalb des Ortes gelegenen Kirchlein S. Giorgio und einem stolzen Leuchtturm.

Eine kleine Straße schlängelt sich vor der Ortseinfahrt hinauf zu einem der schönsten Hotels Italiens, dem "Splendido". Umgeben von einem Wald aus Olivenbäumen, Eiben, Pinien und Zypressen liegt das Hotel hoch über Portofino und bietet einen malerischen Blick auf den Hafen, kleine Buchten und die endlose Weite des Meeres.

Die ehemals hochherrschaftliche Villa eines englischen Aristokraten wurde 1901 als Hotel "Splendido" eröffnet. Mit lässigem Selbstbewußtsein paßt sich das flache, langgezogene Gebäude aus ockerfarbenem Sandstein einfach und ohne Schnörkel seiner Umgebung an. Auch das Interieur verblüfft mit seinem klaren edlen Understatement. Luxuriöse, lichtdurchflutete Weitläufigkeit wird durch erlesene, aber sparsame Möblierung und jede Menge Carraramarmor unterstrichen. Das "Splendido" wird seiner Reputation als diskretes und unprätentiöses Luxushotel voll gerecht. Zwar hören Sie Namen wie Garbo, Bogart, Bardot, Sinatra, Bergman, Taylor und Burton, die von dem Charme Portofinos und dem des "Splendido" hingerissen waren; wer jedoch aus der heutigen Glitzerwelt die Gastfreundschaft des Hotels genießt, verschweigt das "Splendido" diskret.

Die 48 Zimmer und 15 Suiten in dem zweigeschossigen Gebäude sind geschmackssicher und komfortabel, aber nicht besonders luxuriös eingerichtet. Es überwiegt zeitlose Eleganz, wie man sie nur in italienischen Hotels findet. Selbstverständlich sind gemütliche Sitzecken, große bequeme Betten, dickflorige Teppiche auf Parkettböden und großzügige Bäder mit dem modernsten Komfort. Am schönsten sind die Zimmer im zweiten Stock mit kleinen Veranden.

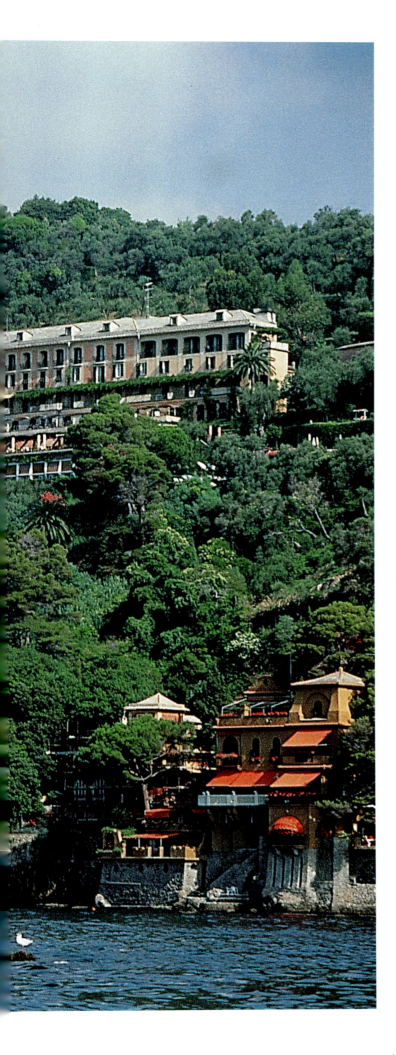

Geruhsame Oasen finden die Gäste in den terrassenförmig angelegten Bereichen der offenen Restaurants und des Swimmingpools. Morgens ist die Terrasse mit freiem Blick über die Bucht ein zauberhafter Platz, um in aller Ruhe sein exzellentes Frühstück einzunehmen. Anschließend streift man durch die parkähnlichen Gartenanlagen, die sich rund um das Hotel über den Berghang ziehen. Nach diesem Energieaufwand locken die aus dem Felsen herausgearbeiteten Terrassen mit dem riesigen Meerwasserbecken. Weiße Sonnenliegen unter großen weißen Schirmen laden zum Entspannen ein, sei es direkt am Pool oder auf kleinen Felsvorsprüngen oberhalb der Anlage.

Mittags läßt man sich unter dem strohgedeckten Dach des Poolrestaurants verwöhnen. In der offenen Küche werden die köstlichsten Grillspezialitäten zubereitet, aus großen Schüsseln mit frischen Salaten kann man sich selbst bedienen. Informell, leger und unverfälscht kultiviert ist nicht nur die Atmosphäre in diesem Bereich, sondern im ganzen Hotel.

Ein unvergeßliches Erlebnis sind auch die frühen Abendstunden auf der Terrasse vor dem Hauptrestaurant. Langsam sinkt die Dämmerung über die Bucht, noch erkennt man die Umrisse der Zypressen, unzählige Lichter gleiten in den Hafen oder verschwinden im Meer, und hellerleuchtet liegt Portofino zu Ihren Füßen. Der Himmel scheint nah, wenn Ihnen dann noch Ausgezeichnetes aus der italienisch-ligurischen Küche serviert wird. Hervorragend sind die Fischgerichte mit frischen Kräutern.

Leider hat auch dieses Paradies einen kleinen Makel, und das sind die Preise. Frank Sinatra soll einmal gesungen haben: "I left my heart in Portofino". Gönnt man sich nur ein paar Tage in diesem Garten Eden, wird aber auch der normalbetuchte Gast nicht unbedingt singen müssen: "I left my marks in Portofino"...

LOMBARDEI

Villa d'Este

FACTS

*Villa d'Este
Via Regina 40
I-22012 Cernobbio (CO)
Tel. 0039/31/511471 u.
512471
Fax 0039/31/512027
112 Zimmer,
46 Suiten*

Rings von Bergen umschlossen und von üppigstem subtropischen Pflanzenwuchs prächtig umrahmt, ist der Comer See von allen oberitalienischen Seen der abwechslungsreichste. An den Ufern liegen kleine malerische Dörfer, vornehme Landhäuser, große blumengeschmückte Gärten und stolze Schlösser.

Der See selbst hat die Form eines auf dem Kopf stehenden Y. Er ist fast fünfzig Kilometer lang, aber an der breitesten Stelle nur vier Kilometer breit.

Nach Cernobbio gelangen Sie auf der Uferstraße SS 340, die von Como in nordwestliche Richtung führt. Nach etwa 8 km kommen Sie in den bestens auf Fremdenverkehr eingestellten Ort Cernobbio. Am Ortsrand und direkt am See erblicken Sie eine der schönsten Hotelanlagen der Welt: die "Villa d'Este".

Jedes Jahr im März öffnet das Hotel seine Pforten und heißt Gäste aus allen Teilen der Welt bis Ende November willkommen.

Die "Villa d'Este", Italiens Primadonna unter den Grandhotels, präsentiert "Grande Opera" im besten Sinne. Sie bietet eine beeindruckende Vorstellung, ohne laut zu sein. Eine alte, fürstliche Residenz, umgeben von einem riesigen Märchenpark mit jahrhundertealtem Baumbestand, herrlich blühenden Blumen, großen Terrassen, wunderschönen Brunnenanlagen – und alles direkt am See.

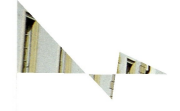

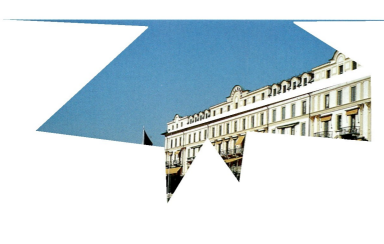

Im Jahre 1568 wurde die Villa im Renaissancestil für den Kardinal Tolomeo Gallio gebaut. Als Hotel begann die Geschichte des Anwesens 1873. Eine Handvoll erfolgreicher Mitglieder der Mailänder High-Society wandelten die Villa in ein Luxushotel um. Mit Stolz können die Erben heute auf eines der elegantesten und modernsten Hotels der Welt blicken. Um zeitgemäße Einrichtungen und jeden erdenklichen Komfort zu gewährleisten, wurde die "Villa d'Este" im Laufe der Jahre ständig umgestaltet. Man legte aber immer besonderen Wert darauf, daß die Fassaden intakt blieben und daß keine Änderung dem old-fashioned Charme des Hauses etwas anhaben konnte. Bis heute ist die Villa Laufsteg für Adel, Geldadel, Schönheit und Stil geblieben.

Man könnte endlose Namenslisten von berühmten Gästen anführen, die den guten Ruf des Hotels in alle Welt verbreiteten.

Die Lobby mit den hohen Säulen und dem gewaltigen Murano-Lüster, die Veranstaltungssäle, ja sogar die Treppen und die Gänge haben die Aura einer noblen Vergangenheit konservieren können. Sämtliche Einrichtungsgegenstände sind von erlesenem Geschmack und eleganter Schönheit.

Im Hauptgebäude "Cardinal's" stehen 124, im Nebengebäude "Queen's Pavilion" 34 Zimmer zur Verfügung. Über 250 ausgesprochen freundliche und professionelle Angestellte (in einer eigenen Hotelfachschule in den Wintermonaten aus- und weitergebildet) für 158 Räume: 8 Suiten, 38 Junior-Suiten, 100 Doppel- und 12 Einzelzimmer.

Es gibt keinen Raum, der in Größe oder Einrichtung einem anderen gleicht. Überall echtes, antikes Mobiliar. Dem Innenarchitekten gebührt besonderes Lob; denn die Harmonie der Farben und die Stilsicherheit in der Ausstattung sind absolut perfekt. Jedes Zimmer strahlt die Intimität eines Privatraumes aus. Selbstverständlich werden Ihnen da auch sämtliche Vorteile des modernen Komforts geboten.

Der große, im See verankerte und beheizte Swimmingpool (abends wie ein blauer Edelstein im See beleuchtet) mit großzügigen Sonnendecks ist nur eine der Attraktionen für Sportfreaks. Alle Wassersportmöglichkeiten vom Motor-, Ruder-, Segelboot über Wasserski und Windsurfen werden vor der grandiosen Kulisse der alpinen Landschaft geboten. Eine Schwimmhalle im Park mit Solarium, Gym-Raum, eine ultramoderne Sauna, ein Squash-Court und ein elektronischer Golfkurs ergänzen das sportliche Angebot. Die Liste muß weitergeführt werden mit einem Jogging-Pfad und acht Tennisplätzen, außerdem finden Golffreunde ein Putting-Green zwischen Einfahrt und Hauptgebäude. Der hoteleigene 18-Loch-Golfplatz "Villa d'Este Golfclub" ist 15 km entfernt und bequem mit dem Auto zu erreichen; natürlich können Sie sich im Club-House an der American Bar und im erstklassigen Restaurant laben.

Wer es beschaulicher liebt, macht einen Spaziergang durch den Park. Starten Sie bei dem italienischen Nationalmonument, dem "Mosaik". Folgen Sie der Zypressenallee und steigen Sie aufwärts zu den Statuen von Hercules und Hydra, dann weiter bis zu den Ruinen einer alten Befestigungsanlage. Sie haben von hier einen der schönsten Ausblicke auf die "Villa d'Este", auf den See und die grandiose Landschaft.

Der frühe Abend beginnt mit der Cocktailstunde. Sie sitzen auf der Terrasse, schauen auf die Ufer des romantischen Sees und warten auf den Sonnenuntergang hinter den dann rot glühenden Bergketten. Untermalt wird die einmalige Stimmung vom beruhigenden Spiel eines exzellenten Pianisten. Nach dem Abendessen ist die Terrasse wieder beliebter Treffpunkt, und es darf getanzt werden. Außerdem gibt es für Nachtschwärmer eine Diskothek (mehr von den jüngeren Gästen frequentiert), einen Nachtclub (mehr für das formellere und ältere Publikum) und eine Bar.

Nach dieser Einstimmung auf der Terrasse begibt man sich in eines der zwei Restaurants. Die Küche serviert Bestes aus italienischer und internationaler Gastronomie. Im formellen Restaurant mit überdachter Veranda wird den Herren abends Jackett und Krawatte vorgeschrieben. Wenn Sie das zwanglosere Grill-Restaurant gewählt haben, dinieren Sie im Garten unter dem ausladenden Laubwerk von über 500 Jahre alten Platanen.

Um die Schönheiten des Comer Sees zu erforschen, sollten Sie unbedingt eine Fahrt mit einem der Ausflugsboote planen, die öffentliche Anlegestelle ist nur etwa 15 Minuten vom Hotel entfernt.

Sollten Sie in der "Villa d'Este" kein Zimmer mehr bekommen, trösten Sie sich mit dem zweiten Luxushotel am Comer See: dem Grand Hotel "Villa Serbelloni" in Bellagio. Leider wirkt das Hotel innen leicht angestaubt und sollte einmal gründlich renoviert werden. Pluspunkte sind die schöne, ruhige Lage, ein großer privater Park – mit von balsamischen Düften durchzogenen Gärten – und ein Privatstrand am See. Einem Vergleich mit der "Villa d'Este" hält es jedoch in keiner Weise stand.

LOMBARDEI

FOUR SEASONS

FACTS

Four Seasons Milano
Via Gesù 8
I-20121 Milano
Tel. 0039/2/77088
Fax 0039/2/77085000
82 Zimmer, 16 Suiten

Vom Comer See nach Mailand sind es nur 50 Kilometer, und die pulsierende Metropole lohnt nicht nur wegen Kunst und Mode einen Besuch.

Erst 1993 eröffnet, überstrahlt das "Four Seasons Hotel" heute sämtliche Edelherbergen Mailands. Im berühmten goldenen Viereck mit dem Dom, der Scala, den Modehäusern und dem Bankenviertel kreierte die Four-Seasons-Gruppe ein anspruchsvolles Refugium für verwöhnteste Gäste: Ein Kloster aus dem 15. Jahrhundert wurde zum Glanzpunkt der Mailänder Hotellerie umgebaut. Behutsam wurde die historische Architektur restauriert und dezent mit modernen Elementen kombiniert. Der Eingang des Hotels versteckt sich hinter der Via Montenapoleone diskret in einer kleinen Seitenstraße, der Via Gesù. Durch die antike Fassade betreten Sie einen hellen, modernen und großzügigen Empfangsbereich aus Glas und Bronze. Es ist eine sehr gelungene harmonische Mischung aus Alt und Neu. Die dicken Steinwände und die massiven Säulen der alten Kirche bilden einen kontrastreichen Hintergrund zu matt glänzenden Steinböden, exquisiten Birnbaum- und Ahornmöbeln und Skulpturen aus bronzefarbenem Metall. Von der Lobby schaut man in das große lichtdurchflutete Café, dessen Glaswände den Blick in den Innenhof freigeben. Mitten in Mailand ist der von Kolonnaden umsäumte Klosterhof eine einzigartige grüne Oase mit anheimelnd ländlicher Atmosphäre.

Es ist nicht nur die zentrale und doch vollkommen ruhige Lage, die das Hotel zu etwas Besonderem macht, es ist auch der ambitionierte, perfekte Service. In welchem Hotel können Sie schon 24 Stunden täglich den Room-, Wäsche- und Bügelservice in Anspruch nehmen? Und wo finden Sie morgens Ihre Schuhe auf Hochglanz poliert vor Ihrer Zimmertür? Wo werden Ihnen Nachrichten und Reservierungen unverzüglich bestätigt? Wo werden Sie bei Ihrer Ankunft sofort mit Ihrem Namen begrüßt? Alles Selbstverständlichkeiten im "Four Seasons".

Das Hotel hat 98 Gästezimmer und Suiten. Auch für einen kurzen Aufenthalt sollte man nicht eines der fünf "Standard-Zimmer" buchen, sie sind sogar für Einzelreisende zu klein. Die 76 "Superior De Luxe-Zimmer" dagegen und natürlich die Suiten bieten alle Annehmlichkeiten eines Luxushotels und Platz in Hülle und Fülle. Die Räume sind alle in warmen Farbtönen gehalten, es überwiegen zartes Beige, helles Seegrün, mattes Gold und gemütliches Terracotta. Ein bequemes Queen- oder King-size-Bett wird umrahmt von einer Sitzecke mit dickgepolstertem Sofa und Sesseln. Ein eleganter Schreibtisch, an dem man wirklich sitzen und arbeiten kann, ergänzt den Komfort. Auf Wunsch wird Ihnen innerhalb von Minuten Ihr privater Telefaxanschluß ins Zimmer gelegt. Mit feinstem italienischem Marmor sind die opulenten Bäder mit separaten Duschen ausgestattet. Der Zimmerservice sorgt zweimal am Tag für frisches flauschiges Frottee. Höchste Qualitätsanforderungen auch im kleinsten Detail und ein unanfechtbarer Service zeichnen das Hotel aus. Diese Merkmale gelten auch für das 1994 eröffnete Fitneß- und Beautycenter.

Italienisches Ambiente pur herrscht im Café "La Veranda" vor. Mit dem Blick in den romantischen Innenhof nimmt man hier sein Frühstück, ein kleines Mittagessen oder den Nachmittagstee ein. Den Abend sollten Sie sich für das formelle Restaurant "Il Teatro" freihalten. An festlich gedeckten Tischen werden Ihnen hier Spezialitäten der norditalienischen Küche serviert. Sogar für die anspruchsvollen Mailänder ist das Hotelrestaurant schon zu einem kulinarischen Genießer-Treffpunkt geworden.

LOMBARDEI

VILLA CORTINE

FACTS

*Villa Cortine
Via Grotte
I-25019 Sirmione (BS)
Tel. 0039/30/916021
Fax 0039/30/916390
54 Zimmer*

Das mittelalterliche Städtchen Sirmione liegt am südlichen Zipfel des Gardasees nur 30 Kilometer von Verona entfernt auf einer schmalen Landzunge, die in einer felsigen Halbinsel endet. Massige Mauern der Wehranlage Rocca Scaligera steigen aus dem See und beschützen den romantischen Ortskern Sirmiones, die Gartenanlagen, die Strände und die Ruinen aus der Zeit der Römer. Durch schmale Gäßchen, die Scharen von Tagestouristen bevölkern, erreichen Sie abseits vom Trubel das große schmiedeeiserne Tor zur Auffahrt in das Reich des Palace Hotels "Villa Cortine". Durch eine subtropische Parkanlage mit riesigen alten Bäumen, farbenprächtigen, üppigen Blumen, spektakulären Springbrunnen und antiken Skulpturen gelangen Sie auf den Hügel, auf dem die grandiose "Villa Cortine" thront. Der neoklassizistische Palazzo, gebaut um die Jahrhundertwende, ist heute ein Hotel der Luxusklasse und besticht vor allem durch seine Lage inmitten eines der größten privaten Parks Norditaliens.

Die Salons und die Bar im Erdgeschoß sind mit viel Liebe zum Detail im Stil der Jahrhundertwende restauriert. Ein Espresso oder ein Aperitif auf der Terrasse an der nördlichen Schmalseite des Hotels sind ein Muß, weil Sie von hier aus den schönsten Blick auf den großzügigen Park und den See haben.

Die 54 Gästezimmer sind einfach, aber komfortabel eingerichtet. Die Möblierung ist modern und funktionell; sie genügt den Ansprüchen für einen mehrtägigen Aufenthalt. Versuchen Sie, ein Zimmer mit Seeblick zu bekommen. Ein Frühstück auf dem privaten Balkon kann zu einem unvergeßlichen Erlebnis werden: Der zarte Duft der alten Bäume umschmeichelt Sie; durch Blattwerk schauen Sie auf den Gardasee, der sich friedlich und malerisch vor Ihnen ausbreitet. Dicke Liguster- und Oleanderbüsche, Granatäpfel- und Mispelbäume bilden zusammen mit bunten Blumenrabatten von überquellender Farbenpracht ein Naturschauspiel, das man nicht vergißt.

Vor dem Gebäude liegen gleich neben dem Terrassenrestaurant der Swimmingpool und ein Tennis-

platz. Während des Tages ziehen allerdings die meisten Gäste den privaten Badesteg am See vor. Wege und Treppen führen Sie durch den Park vorbei an zauberhaften Pavillons und Terrassen hinunter zum See. Auf dem Steg warten bequeme Sonnenliegen unter großen weißen Schirmen auf Sie, und leises Plätschern des Wassers lockt zum Sprung in den See.

Mittags wird man wie magisch unter die schattenspendenden Bäume des Uferrestaurants gezogen. Nur durch den öffentlichen Uferweg vom Badesteg getrennt, schmiegt sich hinter schmiedeeisernem Zaun und dichter Hecke eine offene Küche in die Felsen. Davor laden nobel gedeckte Tische und ein kaltes Buffet zum Essen ein. Zum Hauptgang werden Sie mit gegrillten Fisch- und Fleischspezialitäten verwöhnt.

Wenn Sie den Abend im Hotel verbringen, da der Concierge Ihnen erst für den zweiten Abend Karten für die Arena in Verona reserviert hat, wartet die Terrasse des Restaurants unter einem Dach von leise rauschenden Wipfeln auf Ihren Besuch. Hier zelebriert eine Schar von Kellnern das Diner im Freien. Leider hinkt die Qualität der Küche hinter dem perfekten Service her. Dafür werden Sie aber mit einer einmaligen Naturkulisse entschädigt. Langsam versinkt die Sonne hinter den hohen alten Bäumen, die Landschaft ist in ein unwirkliches Licht getaucht; Sie lauschen leisen Pianoklängen und freuen sich bereits auf den nächsten Tag in der "Villa Cortine".

LONDON

The Durley House

FACTS

Durley House
115 Sloane Street
GB London SW1 X9P
Tel. 0044/71/2355537
Fax 0044/71/2596977
11 Suiten

Zu allen Jahreszeiten bietet London eine unerschöpfliche Auswahl an Sehens- und Erlebenswertem. "Die Welt kann sich kaum von einer schöneren Seite zeigen", meinte schon der englische Schriftsteller William Wordsworth über seine Stadt. Wenn Sie diesen Ausspruch nicht nur auf die Stadt beziehen wollen, sondern auch auf Ihre Unterkunft, dann gibt es kaum etwas Schöneres als die drei kleinen Hotels des Ehepaares Kit und Tim Kemp: "Durley House", "The Pelham Hotel" (s. Seite 156) und "Dorset Square Hotel" (s. Seite 160).

Alle drei Hotels vermitteln dem Gast die Illusion, in privaten englischen Landhäusern zu logieren. Kit Kemp kreierte für ihre Hotels einen speziellen britischen Romantik-Look. Durch jahrelanges Sammeln von Antiquitäten schuf sie Refugien, die von ihrer Liebe zu erlesenen und alten Stücken geprägt sind. Reproduzierte Möbel werden Sie keinesfalls vorfinden. Auf britische Tradition legten die Kemps bei der Ausstattung ihrer Häuser den größten Wert. "Modernes Design findet man in der ganzen Welt, und dafür ist England eben nicht so bekannt", meint Mrs. Kemp.

Das "Durley House" liegt in einer der elegantesten Gegenden Londons direkt an der Sloane Street in Knightsbridge mit den Boutiquen weltberühmter Designer ganz in der Nähe. Nur ein paar Schritte sind es zu "Harrod's", dem Hyde Park oder der King's Road.

Das Hotel im Herzen der Stadt vermittelt Ruhe, Frieden und Geborgenheit. Schon in dem kleinen, holzgetäfelten Empfang werden Sie mit dem unvergleichlichen Charme des Hauses vertraut gemacht: Sie schauen in den mit kostbaren Antiquitäten ausgestatteten "Drawing Room". Über einem offenen Kamin hängt ein großer viktorianischer Spiegel mit dekorativer Blumengirlande. Die Fenster werden von üppig gerafften Vorhängen umrahmt, die perfekt mit den Farben der Chintzbezüge von Sesseln und Sofas korrespondieren. Hier wird Ihnen auch Ihr Frühstück serviert oder ein Täßchen "Afternoon Tea" kredenzt.

Jedes der elf Ein- oder Zweibettappartements ist in genau aufeinander abgestimmten Farben ausgestattet. In

einigen Zimmern steht Ihnen sogar ein großes Piano zur Verfügung. Selbstverständlich wohnen Sie in erlesenen Möbeln und schlafen in einem hohen, großen Himmelbett. An den Wänden hängen alte Gemälde, Kupferstiche und Blumengebinde aus frischen und getrockneten Blumen. Lassen Sie sich verzaubern von der Kombination aus viel Mahagoni und einer verschwenderischen Fülle von Chintz-stoffen. Durch die liebevoll ausgesuchten Details, die Sie in Ihrem Reich vorfinden, werden Sie sich sofort wohlig heimisch fühlen. Zu jedem Appartement gehört eine komplett eingerichtete moderne Küche, so daß Sie Ihre Mahlzeiten auch selbst zubereiten können. Natürlich können Sie auch rund um die Uhr den Roomservice in Anspruch nehmen und sich auf einem antiken Rolltischchen kleine Köstlichkeiten servieren lassen. In unmittelbarer Nachbarschaft finden Sie aber auch Restaurants für jeden Geschmack.

Wenn Sie sich sportlich betätigen wollen, benutzen Sie den auf der anderen Straßenseite vom Hotel gelegenen Privatpark Cadogan. Den Schlüssel zu diesem kleinen Paradies mit Tenniscourt erhalten Sie beim Concierge.

Das Hotel ist ideal für Gäste, die viel Raum und eine private, traditionell britische Atmosphäre bevorzugen, trotzdem aber nicht auf die Vorzüge eines Luxushotels verzichten wollen.

LONDON

The Pelham Hotel

FACTS

The Pelham Hotel
15 Cromwell Place
GB London SW7 2LA
Tel. 0044/71/5898288
Fax 0044/71/5848444
34 Zimmer, 3 Suiten
Buchung über "Firmdale
Hotels PLC via Durley
House", s. Seite 154

In South Kensington liegt "The Pelham Hotel" am Cromwell Place. Obwohl nicht weit vom "Durley House" entfernt, und obwohl auch von hier "Harrod's" und der Hyde Park schnell zu erreichen sind, hat Zentral-London hier wieder ein ganz anderes Gesicht. Rund um den Kensington Square lockt eine bunte, weltoffene Atmosphäre mit kleinen Straßencafés, schicken Restaurants, polnischen Bars, etablierten Kunsthändlern, winzigen Antikläden und einem internationalen, fröhlichen Publikum.

"The Pelham Hotel" ist eine ruhige, stilvolle und luxuriöse Oase in dieser quirligen Umgebung. Auch hier haben Kit und Tim Kemp alle Räume mit echten Möbeln der Jahrhundertwende ausgestattet und mit kostbaren Gemälden ergänzt. Und, nicht zu vergessen: das Haus hat eine perfekt funktionierende Klimaanlage. Die Kieferntäfelung aus dem 18. Jahrhundert im Salon sieht aus, als sei sie schon immer dort gewesen, aber auch die erstanden die Kemps auf einer Auktion und ließen sie dann hier einbauen. Es dominieren warme, goldene Farben bei den üppigen Vorhängen und den Möbelbezügen. Die reichlich verteilten Blumengestecke bilden dazu einen beeindruckenden farblichen Kontrast. Überall spürt man den persönlichen Geschmack und das Traditionsbewußtsein der Kemps. Von der großen Suite im ersten Stock bis hin zu den gemütlichen Dachzimmern sind alle 37 Räume überwältigend dekoriert, egal ob Pastellseide in warmen Rosttönen oder kühne Farbzusammenstellungen gewählt wurden. Bei Kit Kemp bestanden nur die besten englischen Stoffhersteller, damit sie jedem Raum seinen eigenen charakteristischen Stil geben konnte. Dominant sind auch hier die enormen Betten, eingehüllt in dicke Chintzvorhänge und angehäuft mit weichen Seidenkissen. In allen Zimmern steht ein Tisch mit frischen Blumen, Gemälde aus dem 18. Jahrhundert oder chinesische Spiegelmalerei schmücken die Wände. Vor den Fenstern steht ein Tischchen, das mit Damast und Silbergedeck zum Frühstück einlädt. Sie werden schwerlich einen schöneren Platz in London finden, um Ihre Tageszeitung zu lesen oder den faszinierenden Ausblick auf London zu genießen.

Im "Pelham Restaurant" werden Ihnen Gerichte aus der traditionellen englischen Küche geboten. Sollten Sie internationale Restaurants bevorzugen, finden Sie diese in unmittelbarer Umgebung.

Es muß nicht weiter betont werden, daß Sie auch hier der Komfort eines Luxushotels erwartet und daß Sie von freundlichem Personal rund um die Uhr verwöhnt werden. Auch der Geschäftsreisende kann sich darauf verlassen, Nachrichten und Faxe umgehend zu empfangen.

LONDON

The Dorset Square Hotel

The Dorset Square Hotel" ist ein perfekt restauriertes Regency-Gebäude und befindet sich in bester Lage an dem bekannten, historischen Park Dorset Square in Zentral-London. Es überschaut viele grüne Bäume und ist ein idealer Standort, um schnell die Bond Street, den Regent's Park, die West-End-Theater und das Geschäftszentrum von London zu erreichen.

Alles an diesem Hotel ist individuell, vom exklusiven, englischen Einrichtungsstil bis hin zu den mit italienischem Marmor ausgestatteten Bädern. Auch hier sind alle Räume von Kit und Tim Kemp persönlich ausgestattet und dekoriert worden.

FACTS

Dorset Square Hotel
39/40 Dorset Square
GB London NW1 6QN
Tel. 0044/71/7232774
Fax 0044/71/7243328
34 Zimmer, Suiten
Buchung über "Firmdale Hotels PLC via Durley House", s. Seite 154

Es ist ein unvergeßliches Erlebnis, die geschmackvolle und sichere Bündelung von Farben auf sich einwirken zu lassen. Allein die opulenten Vorhänge, Gardinen und Stoffbezüge der Sofas und Sessel müssen ein Vermögen gekostet haben, ganz zu schweigen von den Antiquitäten. Im Salon können Sie sich vor dem offenen Kaminfeuer entspannen. Lassen Sie sich von dem Licht der Kristalleuchter verzaubern, die aus Stücken eines alten Kronleuchters gefertigt wurden, oder von den kleinen Kristallvasen, ursprünglich genutzt als Maßeinheit für den Whiskeyausschank, heute gefüllt mit Orchideenblüten. Diese Kristall- und Farbenpracht des Raumes erhält durch den großen viktorianischen Spiegel, der über dem Kamin hängt, einen ganz besonderen Glanz.

Die 34 Zimmer und Suiten des Hauses sind zum größten Teil mit Klimaanlage ausgestattet und erfüllen mitten in London Ihre Träume von der "guten alten Zeit". Restaurant und Bar sind weniger formell als im Schwesterhotel, stehen dem Gast aber auch für einen Cappuccino oder ein Glas Champagner offen.

Es ist einfach nicht möglich, einem dieser drei Londoner Hotels den Vorzug zu geben, dazu sind sie sich zu ähnlich und zu sehr von dem Geschmack der Kemps geprägt. Allein die Lage oder die Verfügbarkeit von freien Zimmern könnte die Entscheidung beeinflussen. Wollen Sie mitten in London im englischen Landhausstil luxuriös residieren, werden Sie schwerlich etwas Besseres finden. Schon Kevin Costner erkor die Kemps zu seinen Lieblingsgastgebern in der britischen Metropole.

MADEIRA

REID'S HOTEL

FACTS

*Reid's Hotel
Estrada Monumental, 139
P-9000 Funchal/Madeira
Tel. 0035/91/763001
Fax 0035/91/764499
148 Zimmer, 21 Suiten*

Madeira ist die Insel des ewigen Frühlings. Das milde Klima während des ganzen Jahres und die subtropische Vegetation haben seit mehr als 100 Jahren Erholungsuchende aus Nord- und Mitteleuropa angezogen. Es waren die Engländer, die die Insel für den Tourismus entdeckten und bis heute prägen. Einer der Pioniere war Mr. William Reid. 1887 beschloß er, ein grandioses Luxushotel an die schönste Stelle hoch über dem Hafen von Funchal zu bauen. Er starb, bevor sein Werk vollendet werden konnte, und so eröffneten seine beiden Söhne im November 1891 das inzwischen legendäre "Reid's Hotel". Das Anwesen im englischen Kolonialstil, auf Felsklippen thronend und mit eigenem Zugang zum Meer, zählt auch heute noch zu Recht zu den besten Urlaubsadressen der Welt. Über die Jahrzehnte ist es den wechselnden Besitzern gelungen, die großbürgerliche Atmosphäre der Entstehungszeit zu erhalten und zu pflegen. Alle Gesellschaftsräume sind stilgerecht möbliert und dekoriert, aber sie wirken in keiner Weise museal, sondern sehr einladend.

Das Gefühl von lebendiger Tradition vermittelt sich dem Gast schon beim Betreten des Hotels. Hinzu kommt der perfekte, aber unauffällige Service, den man im Laufe eines Urlaubs erst richtig zu schätzen lernt. Die selbstverständliche, aber nie protzige Eleganz des Hotels und der diskrete Service haben viele berühmte Zeitgenossen wieder und wieder zurückkehren lassen. So verbrachte der pensionierte Sir Winston Churchill viele Jahre lang die Wintermonate im "Reid's".

Die 148 Zimmer und 21 Suiten sind im Kolonialstil gehalten und bieten jeden Komfort. Wirklich bequeme Polstermöbel sind genauso selbstverständlich wie Klimaanlage, Meerblick, Balkon und gut ausgestattete Bäder. Ein Tip für die Reservierung: Bestehen Sie auf einem Zimmer ab dem sechsten Stock aufwärts, das absolut ruhig liegt, denn einige der Zimmer sind wegen der am Hotel vorbeiführenden Straße lärmgestört.

Besonders beeindruckend sind die Terrassengärten des Hotels, die sich über eine Fläche von 40 000 Quadrat-

metern erstrecken. Sie bieten mit ihren tropischen und subtropischen Blumen, Sträuchern und Bäumen das ganze Jahr über eine wahre Blütenpracht. Im April blüht der süß duftende weiße Jasmin, der in Kaskaden über das Geländer der zu den Gartenanlagen führenden Treppen fällt. Kopfsteingepflasterte Wege werden bis zum Spätfrühling von zahlreichen Geranien, Hibiskus- und Salbeisträuchern in leuchtenden Farben gesäumt. Der Stolz der Gärtner ist eine hängende Jaderebe und die "Königin der Nacht", ein riesiger Kaktus, der erst nach Einbruch der Dunkelheit blüht. Überall im Park stehen bequeme Bänke und Stühle, von denen aus man den Blick über die Bucht von Funchal genießen kann.

Tagsüber bildet den Mittelpunkt des Hotels die Swimmingpoolanlage direkt über dem Kliff, von der aus man auf Funchal blickt. Es gibt genügend Liegebetten, teilweise auch abgeschieden auf den Felsvorsprüngen. Zwei Becken mit beheiztem Meerwasser sind so groß, daß auch geübte Schwimmer in Ruhe ihre Bahnen ziehen können. In diesem Bereich befinden sich auch Saunen und eine Massageeinrichtung. Mit einem Lift oder über Felstreppen erreicht man das Naturschwimmbecken auf Meereshöhe. Bei ruhigem Seegang können Sie auch getrost in die Bucht hinausschwimmen.

Neben den Pools liegt eines der Mittagsrestaurants, wo man in Badekleidung entweder eine volle Mahlzeit oder auch nur einen Snack einnehmen kann. Für den traditionellen Afternoon Tea auf der Terrasse oder in der Halle wird dann allerdings auf angemessene Kleidung Wert gelegt. Diese Teezeremonie zählt zu den Attraktionen eines Madeira-Urlaubs.

Zum Abendessen im großen, aber trotzdem intimen Speisesaal erwartet das Management von den Gästen formelle Kleidung. Der Aufwand lohnt sich, auch wenn das Essen nicht immer überragend ist. Fischliebhaber sollten auf jeden Fall zur Abwechslung das exklusive Restaurant "Les Faunes" besuchen, das hervorragende Fischspezialitäten anbietet. Den Abend lassen die Stammgäste in der Bar mit Panoramablick über die Lichter der Stadt und des Hafens ausklingen.

MADRID

Hotel Ritz

Unter den Hotels der Weltstadt Madrid ist das "Ritz" immer noch die unangefochtene Nummer eins. Der prachtvoll restaurierte Palast aus dem Jahre 1910 überstrahlt mit seinem Schneeweiß die Plaza de la Lealtad im Zentrum von Madrid. Das "Prado-Museum", die "Thyssen-Bornemisza-Collection" und die "Princess Sofia Gallery" sind kunstreiche Nachbarn des staatlichen Luxusobjekts. Gleich neben dem legendären "Ritz" laden die malerischen Gärten des Retiro-Parks zu ausgiebigen Spaziergängen ein.

Der Belle-Époque-Stil brilliert überwältigend im Empfangsbereich und den anschließenden Gesellschaftshallen. Wertvolle Antiquitäten und goldverzierter Stuck spiegeln sich in glänzendem Marmor. Eine Diana in Marmor bewacht von ihrem Sockel aus diskret die prachtvollen Räume, und der Concierge Jesús, eine Institution des "Ritz", unterstützt sie dabei.

FACTS

Hotel Ritz Madrid
Plaza de la Lealtad, 5
E-28014 Madrid
Tel. 0034/1/5212857
Fax 0034/1/5328776
127 Zimmer, 29 Suiten

Alfonso Jordán leitet das Hotel mit einem sehr persönlichen Stil, und seine Mitarbeiter, die teilweise schon über 40 Jahre für das Wohl der Gäste sorgen, befolgen sein Credo "Jeder Gast ist König" freundlich und aufmerksam.

Ein mit Samt bespannter Fahrstuhl bringt Sie in eines der 127 fürstlichen Gästezimmer oder in eine der 29 Suiten. Sie betreten ein lichtdurchflutetes Zimmer mit hohen stuckverzierten Decken, pastellfarben gestrichenen Wänden, prächtigem Kronleuchter, großen Fenstern, antiken Spiegeln, persischen Teppichen, Stilmöbeln, gemütlichen Sitzecken und kleinem Balkon. In das wertvolle Interieur sind die modernsten Annehmlichkeiten eines Luxushotels integriert. Erst kürzlich wurden sämtliche Bäder renoviert und bilden heute imponierende Marmorräume mit vergoldeten Armaturen, die keinen Wunsch nach Komfort offenlassen. Vom obersten vierten Stock haben Sie einen herrlichen Ausblick auf Madrid.

Das "Ritz-Restaurant" im Stil der zwanziger Jahre beeindruckt vor allem mit seinem traditionellen vornehmen Ambiente und einer malerischen Gartenterrasse. Würdevoll versucht die Bedienung darüber hinwegzutäuschen, daß die Küche nicht gerade zu den Glanzpunkten des "Ritz" gehört. Da hat Spaniens Hauptstadt Exquisiteres zu bieten.

Ein wunderschöner Platz ist die Terrasse vor dem Hotel. Hier können Sie sich mit Kaffee, Tee oder einem Aperitif inmitten eines kühlen blauen und weißen Dekors verwöhnen lassen. Im Herzen von Madrid lassen Sie sich von alten Bäumen und großen Sonnenschirmen beschatten und haben das Gefühl, meilenweit von der Hektik unserer Zeit entfernt zu sein.

MAROKKO

Palais Jamai

Kaum ein Land eignet sich besser zum Träumen und Entdecken als Marokko, wo das Licht jeden Tag neue Wunder hervorzaubert und wo Sie abseits der Touristenzentren am Atlantik noch den ursprünglichen Orient und die Märchen aus 1001 Nacht finden. Die angenehmsten Reisezeiten sind zwischen Oktober und Mai bei Temperaturen um 25 Grad Celsius. Danach wird es für Mitteleuropäer fast unerträglich heiß, das Thermometer kann leicht über 40 Grad klettern.

Fes ist die älteste der vier Königsstädte Marokkos und hat sich bis heute die Ursprünglichkeit einer traditionsreichen arabischen Stadt am besten erhalten können. Das bunte Treiben in den halbdunklen Gängen der Medina, die Auslagen der zahllosen Bazare und die Pracht der Moscheen sind verwirrend und faszinierend zugleich. Die Luft ist erfüllt vom Duft der Gewürze des Orients. Diese Atmosphäre – fühlbar, hörbar, riechbar – werden Sie woanders kaum noch finden. Innerhalb der mächtigen Altstadtmauern von Fes erhebt sich, auf einem Hügel gelegen, eines der schönsten Hotels Afrikas, das "Palais Jamai". Umgeben von einem großen Garten, überragt der im Jahre 1296 gebaute Palast die Medina von Fes. Heute ist das Anwesen eine Oase für anspruchsvolle Gäste aus aller Welt.

Eine hohe Mauer schirmt das Refugium von der lärmenden Außenwelt ab. Wenn Sie das große Eingangstor passiert haben, sind Sie von Oliven- und Granatapfelbäumen, von Palmen und blühenden Sträuchern umgeben.

FACTS

Palais Jamai
Bab El Guissa
Fez, Marocco
Tel. 00212/6/34331
Fax 00212/6/635096
115 Zimmer,
20 Suiten

Sie stehen in einem Innenhof mit Bodenmosaiken und sprühenden Fontänen. An der gegenüberliegenden Seite betreten Sie den Empfangsbereich des Hotels. Man weiß gar nicht, was man zuerst bestaunen soll: die kunstvoll geschnitzten Deckenornamente, die bunten Wandmosaike oder die überdimensionierten, dickgepolsterten Sessel.

Unter der Leitung von Hassan El Khomri werden Sie von mehrsprachigen Angestellten freundlich und zuvorkommend bedient. In den 115 klimatisierten Zimmern findet der Gast jeden Komfort eines Luxushotels. Die Zimmer sind groß, bequem möbliert und meist in den Farben Blau und Grau gehalten, wodurch sie eine kühle Eleganz ausstrahlen. Auch in den geschmackvollen Bädern herrscht Großzügigkeit vor. Am schönsten sind die Zimmer mit Balkon oder Terrasse: Der Blick über das geschäftige Treiben der Altstadt von Fes bleibt unvergessen. In den 20 Suiten entfaltet sich der Prunk arabischer Architektur. Zur Dekoration dienen Mosaiken, Arabesken, Holzschnitzereien, Stuck, pastellfarbene Kacheln und kostbare Teppiche. Vergeblich werden Sie Tier- oder Menschendarstellungen suchen; denn der Koran untersagt das, da die Seele Schaden erleiden könnte.

Auf der Terrasse rund um den großen Swimmingpool verwöhnen Sie von morgens bis abends die Bediensteten der Poolbar. Nur als beruhigende Geräuschkulisse dringt die Außenwelt in den abgeschiedenen und doch zentralen Hotelgarten.

Das hoteleigene "Al Fassia" gilt als das beste marokkanische Restaurant in Fes; es bietet im traditionellen Ambiente die köstlichsten Nationalgerichte. Selbstverständlich hat das Hotel auch ein internationales Restaurant: "La Djenina". Hier werden auch Gourmets an der überwiegend französischen Küche keinen Tadel finden.

Exklusives Ambiente macht das Hotel "Palais Jamai" zu einem wahren Paradies. Wenn die letzten Sonnenstrahlen die Medina in ein unwirkliches, rosarotes Licht tauchen und von Minaretten der Moscheen herab Muezzine die Gläubigen zum Gebet rufen, möchte man die Stimmung festhalten und in den Alltag hinüberretten.

MAROKKO

La Mamounia

Die alte Königsstadt Marrakesch liegt vor den schneebedeckten, über 4000 Meter hohen Gipfeln des Atlasgebirges und ist von einem Dattelpalmenwald nahezu vollkommen umgürtet. An palastartigen Villen vorbei erreicht man die zwölf Kilometer lange Mauer der Altstadt. In unmittelbarer Nachbarschaft finden Sie das berühmte Hotel "La Mamounia". Zur Straße hin wirkt der Bau aus dem Jahre 1923 wie ein marokkanischer Palast. Die Empfangshalle und die riesigen Salons sind wahre Kunstwerke orientalischen Baustils. Die maurischen Ornamente an den Decken und Wänden sowie prächtige Mosaiken auf den Böden geben dem Gast das Gefühl, in einem Palast aus "1001 Nacht" angekommen zu sein. Schlanke, zierliche Marmorsäulen scheinen fast unter der Last ihrer schweren fächerartigen Köpfe zu zerbrechen. Dabei stützen sie die kunstvoll geschnitzten Decken aus Sahara-Oleander und geben neue Ausblicke auf riesige, bunte, glatte Wandflächen frei, die wie polierter Marmor aussehen. Schon Winston Churchill war von dem Zauber aus marokkanischer Handwerkskunst und palastartiger Ausstattung hingerissen.

FACTS

La Mamounia
Avenue Bab Jdid
40000 Marrakech,
Marocco
Tel. 00212/4/448981
Fax 00212/4/444940
171 Zimmer,
57 Suiten,
3 Villen

Die 171 Gästezimmer wirken im Gegensatz zu den prächtigen Gesellschaftsräumen eher bescheiden. Die Ausstattung entspricht zwar den Standards eines First-class-Hotels, aber von orientalischem Ambiente und von Großzügigkeit kann man hier nicht mehr sprechen. Empfehlenswert sind ausschließlich die Zimmer im dritten und vierten Stock mit Balkon und Gartenblick. In den 57 Suiten und drei Villen werden Sie vom Art-déco-Stil überrascht, der der Wiener Schule abgeguckt wurde. Viel Platz und Balkons oder Terrassen mit Gartenblick sind hier selbstverständlich.

Ein besonderes Erlebnis ist das Restaurant "Marocain"; hier wird Ihnen die traditionelle Küche in einer malerischen, ursprünglichen Umgebung serviert. Daneben bietet das "La Mamounia" noch zwei Restaurants, die auf Gerichte aus Frankreich und Italien spezialisiert sind. Mittags bedienen sich die Gäste am Buffet-Grill "Les Trois Palmiers" neben den Swimmingpools oder auf der Terrasse des Coffee-Shops "La Calèche".

Während des ganzen Tages ist der Park des Hotels eine Oase der Ruhe. Schattige Wege, von Orangenbäumen gesäumt, laden zu langen Spaziergängen ein. In dem beheizten Swimmingpool mit olympischen Abmessungen findet auch ein geübter Schwimmer genügend Platz, um seine Bahnen zu ziehen. Zwischen Jacuzzis, Sauna, Hamam und Massage kann man genauso auswählen wie zwischen Tennis, Squash, Bodybuilding und Jogging. In einem nahegelegenen Reitstall kann man Pferde ausleihen, und der

berühmte königliche Golfplatz von Marrakesch ist in nur 10 Minuten Autofahrt zu erreichen. Sonntags wird Ihnen am Poolbereich marokkanische Folklore geboten. Reiter auf rassigen Araberhengsten preschen durch den Garten und mischen sich mit tanzenden Berbergruppen und Musikern. Frauen in traditioneller Tracht und mit den typischen Handtätowierungen faszinieren mit Tänzen und einem verwirrenden, exotischen Singsang.

MAROKKO

La Gazelle d'Or

FACTS

La Gazelle d'Or
Boîte Postale 260
Taroudant, Marocco
Tel. 00212/8/852039
Fax 00212/8/852737
30 Cottages,
1 Suite

In die tausendjährige Stadt Taroudant führt Richtung Agadir eine asphaltierte Straße durch die Ausläufer des Hohen Atlas mit über 1700 Meter hohen Pässen. Von Marrakesch sind es gut 200 Kilometer, bis Sie etwa vier Kilometer außerhalb der mächtigen, uralten Festungsmauern und Türme von Taroudant das kleine, abgeschiedene Paradies des Hotels "La Gazelle d'Or" erreichen.

Über dem Eingang des Haupthauses empfängt Sie eine Wolke von knallrot blühenden Bougainvilleen, die sich wildwuchernd an dem kleinen Gebäude hochranken. Dem Gast verschlägt es den Atem, wenn er die abgeschiedene, elegante Welt der "Goldenen Gazelle" betritt. Glänzende Kostbarkeiten arabischer Kunst bestimmen den ganzen Eingangsbereich, jedes Detail ist perfekt dem orientalischen Ambiente angepaßt. Nicht nur die Wände und der Marmorboden sind mit maurischen Ornamenten verziert, auch die Fenster- und Türfassungen, ja sogar der offene Kamin sind mit diesen maurischen Verzierungen geschmückt.

Hinter dem Clubhaus liegen die 30 Pavillons in einem malerischen parkähnlichen Garten, und wieder verschlägt es einem den Atem ob der Fülle des Grüns und der Vielfalt der farbenprächtigen Blumen. Wie sagte doch der Empfangschef in seinem liebenswürdigen Kauderwelsch aus Englisch, Französisch und Deutsch: "Willkommen im 'Gazelle d'Or'. Wir sind nicht so sehr ein Hotel, we are more a way of life . . ."

Diese Aussage wird eindrucksvoll bestätigt, wenn Sie Ihr Cottage betreten. Ein dezenter Farbton bestimmt das gesamte Interieur Ihres Refugiums, sei es blasses Türkis, helles Grau, zartes Rosa, leichtes Gelb oder sanftes Beige. Jedes Häuschen mit Wohn- und Schlafsalon wurde individuell gestaltet und ist ein Traum aus westlicher Behaglichkeit und orientalischer Exklusivität. Sogar der anspruchsvolle Gast wird von der Mischung aus modernstem Komfort und arabischem Ambiente begeistert sein. Vor dem offenen Kamin kann man die himmlische Ruhe dieses friedvollen

Plätzchens aufs angenehmste genießen. Von den Terrassen mit bequemen Sitzmöbeln haben Sie den einmaligen Blick auf die schneebedeckten Gipfel des Atlas. Morgens können Sie hier stilvoll ein üppiges Frühstück genießen.

Ein großer, gepflegter Swimmingpool liegt unter Palmen versteckt mitten im Garten, und mittags werden an der Poolbar kleine Snacks serviert. Aufmerksames Personal sorgt von morgens bis abends dafür, daß Sie Ihr "süßes Nichtstun" voll auskosten können. Wenn Sie aktiv werden wollen, finden Sie auf dem weitläufigen Hotelgelände zwei Tennisplätze, einen Fitneß-Raum, einen Beauty-Salon und natürlich ein türkisches Bad (Hamam). Für Golfer ist im Garten ein Übungsgelände mit Putting-Green, und der hoteleigene Reitstall mit sechs Araberpferden ist nicht nur für Reiter eine Attraktion.

Abends treffen sich die Hotelgäste unter dem runden, blaßgelben Zeltdach des Restaurants. Mitten in hellem und eher italienisch anmutendem Ambiente werden Ihnen ausgezeichnete Gerichte aus der marokkanischen und französischen Küche angeboten.

Während die letzten Sonnenstrahlen den Schnee auf dem Hohen Atlas rot einfärben und sich die morgenländische Nacht über das "La Gazelle d'Or" senkt, wird jeder Gast dem Herrgott (oder Allah) danken, daß es noch solch friedvolle Plätzchen auf der Welt gibt.

MAURITIUS

Royal Palm

Mauritius, die Perle im Indischen Ozean, ist die Erfüllung eines Urlaubstraumes abseits der ausgetretenen Pfade des Massentourismus. Auf dem Globus entdeckt man das Inselreich nur mit einer Lupe – jenseits von Afrika, östlich von Madagaskar. Mauritius hat das ganze Jahr über Saison. Empfehlenswert ist vor allem die tropische Winterzeit zwischen Mai und Oktober, dann steigen die Temperaturen selten über 30 Grad, und das Wasser hat angenehme 26 Grad. Von November bis April müssen Sie mit heißem, schwülem Klima rechnen, dann können auch Zyklone (Wirbelstürme, begleitet von wolkenbruchartigem Regen) über die Insel peitschen.

Auf Mauritius haben die zwei schönsten Hotels den Luxus nicht nur zum Programm erhoben, sie bestätigen auch am eindrucksvollsten, daß die Insel als exquisiter Platz für gepflegte Erholung zu Recht immer beliebter wird.

Kulturstreß werden Sie hier genausowenig finden wie spektakuläre Landschaften. Dafür erwarten den anspruchsvollen Fernreisenden 160 Kilometer hinreißend schöne weiße Strände, die von einem Riff rund um die Insel geschützt werden. Fahrten durch endlos wogende Zuckerrohrfelder oder vorbei an Bananen- und Teeplantagen sind zwar zuerst ganz beeindruckend, werden aber schnell ziemlich eintönig. Eine Wanderung durch den Regenwald gehört genauso zu Mauritius wie Bummeln durch kleine, quirlige

F A C T S

Hotel Royal Palm
Grande Baie, Mauritius
Tel. 00230/2638353
Fax 00230/2638455
66 Zimmer, 4 Junior-,
8 Senior-Suiten, 3 Garten-
Suiten, 1 Royal Suite

Auskunft auch über:
Repräsentanzbüro
Beachcomber Hotels
Mauritius,
Elisabeth Sulzenbacher
85521 Ottobrunn
bei München
Tel. 089/6096931
Fax 089/6096811

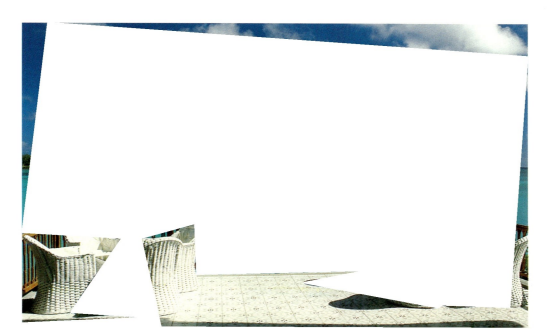

Städtchen. Wenn Sie durch die engen Gassen, über die bunten Märkte und Bazare schlendern, lernen Sie die multikulturelle Gesellschaft der Insulaner am besten kennen.

Das "Saint-Tropez" von Mauritius wird der kleine Ort Grande Baie im Nordwesten auch genannt; er liegt etwa 20 Kilometer nördlich von der etwas heruntergekommenen Hauptstadt Port Louis. Außerhalb von Grande Baie absolut ruhig und exponiert gelegen, fügt sich das Hotel "Royal Palm" harmonisch in eine türkisfarbene Lagune mit weißem Puderzuckerstrand ein. Es ist das Aushängeschild der renommierten Beachcomber-Gruppe, der noch vier weitere Hotels auf der Insel gehören. Die kleine, terrassenförmig im inseltypischen Baustil errichtete Hotelanlage beeindruckt den Gast mit einer großzügigen Freiluft-Lobby rund um das glasklare Wasser des Pools. Die strohgedeckten Spitzdächer scheinen wie frei über dem hellen Grau der vulkanischen Steinböden zu schweben. In der Oase des Luxus besticht das Interieur mit geschmackvoll in stilvolles Rattan- und Korbmobiliar integrierten Antiquitäten. Faszinierend sind die Ausblicke auf die verschwenderische Blütenpracht im tropischen Garten und auf die palmenumsäumte Lagune.

Sicher ist der erstklassige Service auch ein Grund, warum das Hotel bei vielen Prominenten und Stammgästen aus aller Welt als diskretes Luxusrefugium geschätzt wird, denn den Gästen wird buchstäblich jeder Wunsch von den Augen abgelesen.

Die großzügige Eleganz setzt sich auch in den 66 De-Luxe-Gästezimmern, den vier Junior-Suiten, den drei Gartensuiten, den acht Senior-Suiten und einer Royal Suite fort. Kein Zimmer hat weniger als 52 Quadratmeter und jedes verfügt über eine gemütlich möblierte Terrasse. In europäischem First-class-Komfort und kultiviertem tropischem Luxus finden Sie herrlich bequeme Korbmöbel, Farb-TV mit Video, Radio, Telefon, Minibar, Privatsafe und eine individuell regulierbare Klimaanlage. Die großen Badezimmer haben zwei Waschbecken, abgetrennte Duschen und separate WCs. Wer auf einen direkten Zugang zum Meer Wert legt, bucht eine der Junior- oder Senior-Suiten.

Sei es im badefreundlichen Meer, beim Sonnen auf dickgepolsterten Korbliegen am Strand und im Poolbereich oder auf der Barterrasse oberhalb der Lagune, Entspannung ist großgeschrieben. Dabei läßt man sich verwöhnen, und der Wunsch nach etwas Veränderung bedeutet schon eine große Überwindung. Veränderung bedeutet, daß Sie umsonst nach Herzenslust Wasserski fahren, segeln und surfen können oder Tret-, Glasbodenboote, Kanus, drei Tennisplätze mit Flutlicht, einen Squash-Course, das Golf-Übungsgreen und den nahegelegenen 9-Loch-Golfplatz ohne Gebühren nutzen können. Für die auf Körper und Schönheit bedachten Gäste hat das Hotel natürlich auch ein modernes Health- und Beautycenter. Für Kinder wartet der "Miniclub" jeden Tag mit lustigen Programmen auf.

Die Sonne versinkt schon am frühen Abend im Meer und läßt eine stockfinstere Tropennacht zurück. Genüßlich in weiße ausladende Korbsessel eingekuschelt, bereitet man sich auf der Barterrasse mit einem "Sundowner-Cocktail" auf ein weiteres Highlight vor: das Candlelight-Dinner auf der Strandterrasse ist an Romantik kaum zu überbieten. Auch im Open-air-Restaurant sitzt man in exklusivem Rahmen vor malerischer, sanft beleuchteter Kulisse mit dezenten Pianoklängen im Hintergrund. Sie bekommen exquisite indische, chinesische, kreolische und internationale Gerichte serviert, die besonders für Fisch- und Schalentierfreunde kulinarische Erlebnisse sind.

Wem danach noch der Sinn nach Abwechslung steht, trifft Gleichgesinnte an der Pianobar, schaut dem abendlichen Showprogramm zu, geht ins Casino oder läßt sich am Strand vom leisen Rauschen der Wellen auf eine ungestörte Nachtruhe vorbereiten.

Das kleine Paradies "Royal Palm" wäre perfekt, gäbe es nicht immer wieder einige Gäste, die sich zu gerne selbst inszenieren und die elitäre Klientel als Prüfstein für ihr unterentwickeltes Selbstbewußtsein sehen. In der intimen Atmosphäre einer Edelherberge sind die Chancen, unangenehm aufzufallen, natürlich wesentlich besser gegeben als in einem größeren Luxus-Paradies der lässigen und lockeren Art, wie es das "Saint-Géran Hotel" (s. Seite 178) ist.

MAURITIUS

Hotel Le Saint-Géran

FACTS

Hotel Le Saint-Géran
Poste de Flacq
Belle Mare Beach,
Mauritius
Tel. 00230/4132825
Fax 00230/4132983
175 Zimmer

Auskunft auch über:
Sun International
61410 Oberursel
Tel. 06171/57071/2
Fax 06171/54149

Das "Saint-Géran", am Belle-Mare-Strand, 32 Kilometer von Port Louis entfernt, liegt abgeschieden auf einer Halbinsel an der Ostküste von Mauritius. Es gehört zur südafrikanischen Hotelgruppe "Sun Hotels", die ihrem Prunkstück auf Mauritius erst 1990 eine gründliche Renovierung verordnete. 500 Tonnen Marmor wurden allein in den Innenräumen verarbeitet.

Für Reisende aus aller Welt ist das elegante Ambiente des Hotels der kosmopolitische Treffpunkt auf Mauritius. Vom kirchturmhohen Lobbybereich bis zum Strand umgeben den Gast mauritianische Variationen zum Thema "Garten Eden". Hinzu kommt die aufopfernde Fürsorge des Personals, das mangelnde Perfektion mit Charme und aufrichtiger Freundlichkeit kompensiert.

Neben dem Haupthaus verteilen sich einstöckige Gebäude im parkähnlichen tropischen Garten und um die riesengroße Poollandschaft mit der Restaurantinsel. Die 175 Gästezimmer, alle mit Marmorböden ausgelegt, sind großzügig und geschmackvoll eingerichtet. Das Interieur ist schlichte, pastellfarbene Eleganz mit gemütlichen Rattanmöbeln, großen bequemen Betten, hellen Holzkommoden

und üppigen Blumenarrangements. Klimaanlage, Farbfernseher, Radio, Telefon, Minibar, Safe und Terrasse oder Balkon sind genauso selbstverständlich wie aufwendige Marmorbäder, die keinen Wunsch nach Komfort offenlassen. Allerdings sollten Sie sich Ihr Zimmer vorher genau anschauen; denn rund um den Pool tobt bis in die späte Nacht das Leben, und obwohl jedes Zimmer über Meerblick verfügen soll, sieht man bei einigen vor lauter Bäumen den Ozean nicht. Am schönsten und ruhigsten sind die Zimmer im Garten, weitab vom Pool und mit Meerblick!

Morgens, nach einem üppigen Frühstück, zieht es die meisten Gäste an den Strand unter strohgedeckte Sonnenschirme. Geduldig folgt Ihnen das Strandpersonal, bis Sie den richtigen Liegeplatz gefunden haben. Aufs beste ausgestattet können Sie sich dann wohlbehütet dem Dolcefarniente hingeben. Wären da nicht für die Wassersportler Segeln, Windsurfen, Wasserski, Schnorcheln, Tret-, Glasbodenboote (alles im Preis eingeschlossen). Reichlich lästig sind allerdings die fliegenden Händler, die vor allem vor den Damen haltmachen und ihre Kostbarkeiten darbieten. Nur der Hotelgrund ist für Fremde unzugänglich, weshalb sich Ruhesuchende auf die Wiesen im Garten zurückziehen. Für Golfinteressierte gilt auf dem direkt vor dem Haus gelegenen gemütlichen Neun-Loch-Platz: alles inklusive; genauso wie für die vier Tennisplätze mit Flutlicht.

Zum "Five o'clock tea" (der Kaffee schmeckt amerikanisch scheußlich) zieht ein betörender Duft von frischen Crêpes über das tropische Paradies. Wie magisch angezogen nimmt jeder Gast an dieser "Saint-Géran-Zeremonie" teil. Schließlich lockt nicht nur die süße Verführung, es ist auch die romantische Stimmung, hervorgerufen durch die letzten Sonnenstrahlen, die den Himmel langsam in eine rosarote Pracht verwandeln.

Allein wegen der abendlichen Buffetstraßen entlang der riesigen Poollandschaft mag sich für manchen ein Besuch in den Weiten des Indischen Ozeans lohnen, bleiben doch für die verwöhntesten Gourmets die Berge von frischem Hummer und anderen Meeresköstlichkeiten ein unvergeßliches Erlebnis.

Auch für Nachtschwärmer ist gesorgt. Ist das Essenserlebnis vorbei, beginnt eine amüsant-freche Bühnenshow. Alle Hotelangestellten, die künstlerische Ambitionen haben, präsentieren sich in einer mitreißenden Live-Show. Nicht einmal der General Manager, Paul T. Jones, ist sich zu fein, um beim Programm mitzumischen. Wer mag, kann dann sein Glück im Spielcasino suchen oder in der Disco die Nacht zum Tage machen.

NEW ENGLAND

THE CHARLOTTE INN

FACTS

The Charlotte Inn
South Summer
St. Edgartown/
Martha's Vineyard,
MA. 02539 USA
Tel. 001/508/627-4151
Fax 001/508/627-8617
24 Zimmer, 3 Suiten

Wenn Sie Urlaub auf höchstem Niveau – weitab vom Massentourismus – erleben wollen, sind Sie auf den Atlantik-Inseln Martha's Vineyard oder Nantucket genau richtig.

Tonangebend sind die besten amerikanischen Familien, die hier ihre Sommerhäuser haben, sowie Intellektuelle und Künstler. Ihre Klischeevorstellung von lauten und ungeschliffenen Amerikanern können Sie hier revidieren.

Traumhafte, endlos scheinende weiße Sandstrände, dramatische, spektakuläre Kliffs, wellenförmige Moor-, Heide- und Dünenlandschaften, kleine Waldgebiete und malerische Ortschaften, die alle einen individuellen Charakter haben: dies sind die Hauptmerkmale der beiden Oasen im Meer.

Martha's Vineyard ist die große Insel Neuenglands. Sie mißt an der breitesten Stelle ca. 15 km und hat eine Länge von ca. 32 km. Hier finden Sie in einer Nebenstraße der kleinen Hauptstadt Edgartown, versteckt zwischen den für die Insel typischen weißen Holzvillen mit wunderschön gestalteten Vorgärten, das eleganteste und beste Hotel der Insel: "The Charlotte Inn". Obwohl absolut ruhig gelegen, sind es nur ein paar Schritte, und Sie sind in Edgartowns Shopping-Mile und am Hafen.

Das sehr gepflegte, hochherrschaftliche Anwesen aus dem Jahre 1860 macht eher den Eindruck eines Privathauses. Beim Eintreten werden Sie fasziniert die unzähligen Gemälde und Stiche betrachten, die sich über das ganze Erdgeschoß und den Treppenaufgang verteilen. Sie staunen über das beeindruckende Ambiente, das die antiken, neuenglischen Möbel verbreiten. Überall stehen riesige Blumengestecke, die passende, farbliche Akzente setzen.

Es ist sicher auch die ständige Präsenz des Besitzerehepaares Conover, die sich so wohltuend auf den unvergleichlichen Charme des Hauses auswirkt. Nicht nur für Kunst, Antiquitäten und Design beweisen sie einen sicheren Geschmack, auch die Auswahl des Personals verrät eine sichere Hand. Freundlich, zuvorkommend und professionell wird für das Wohl der Gäste gesorgt.

Jedes der 24 Zimmer sowie die drei Suiten sind ein Gesamtkunstwerk. Alle Farben sind harmonisch aufeinander abgestimmt. Das romantische Country-House-Styling geht bis in die kleinsten Accessoires: gestickte Tagesdecken auf dem Himmelbett, weiße Spitzengardinen, überall Kissen und geschmackvoller Nippes. Vor dem offenen Kamin laden bequeme Sessel zur Lektüre der im ganzen Zimmer verteilten alten Bücher und vieler Hochglanzmagazine ein. Natürlich fehlt es nicht an Gegenständen modernen Komforts. Die Badezimmer sind großzügig und perfekt ausgestattet, und selbstverständlich findet jeder Gast seinen flauschigen, weißen Bademantel vor.

Während die Räume im Haupthaus sich streng an das "Gesamtkunstwerk" halten, sind die in den Nebengebäuden ("The Carriage", "The Gardenhouse" und "The Summerhouse") heller und nicht ganz so perfekt auf "good old English" gestylt.

In einer verglasten Veranda ist das Restaurant untergebracht, während Sie bei schönem Wetter auf der Terrasse im Garten dinieren können. Unter den Klängen leiser Barockmusik wird Ihnen hier die beste Küche der Insel geboten. Reservieren müssen Sie auch als Hausgast – denn das kulinarische Spitzenangebot hat das "Charlotte Inn Restaurant" zu einem Mekka für Gourmets gemacht.

Den schönsten Strand finden Sie auf der kleinen, Martha's Vineyard vorgelagerten Insel Chappaquiddick, die mit Fährbooten vom Hafen Edgartown in nicht einmal 5 Minuten zu erreichen ist. In der Nebensaison können Sie erleben, daß Ihnen hier ein traumhaft weißer Sandstrand kilometerweit allein gehört. Die Auswahl an sportlichen Aktivitäten ist fast unbegrenzt. Sie können die Insel zu Pferd oder per Fahrrad erforschen. Für Wanderungen finden Sie die besten Voraussetzungen. Auf zwei öffentlichen Golfplätzen können Sie Ihr Handicap verbessern, und zahlreiche öffentliche Tennisplätze ersparen Ihnen lästige Wartezeiten. An den Stränden können Sie nicht nur schwimmen, sondern auch Wasserski laufen, windsurfen, schnorcheln oder nur ganz einfach "das süße Nichtstun" genießen.

Ein Paradies ist die Insel für Liebhaber von Hummern, Krabben und anderen Fischgerichten. Es gibt eine große Anzahl an Restaurants, die sich diesen Spezialitäten besonders widmen. Erkundigen Sie sich, ob das von Ihnen ausgewählte Speiselokal eine Alkohollizenz hat; andernfalls müssen und dürfen Sie sich Ihren Wein selbst mitbringen.

183

NEW ENGLAND

The Wauwinet

*The Wauwinet Inn
120 Wauwinet Road
P.O. Box 2580
Nantucket Island,
MA. 02584 USA
Tel. 001/508/228-0145
Fax 001/508/228-6712
35 Zimmer, 3 Suiten*

Die Nachbarinsel Nantucket ist etwa nur halb so groß wie Martha's Vineyard. Sie bietet aber die gleichen Voraussetzungen, um unbeschwerte und genußreiche Urlaubstage zu verleben. Alles geht noch ein wenig ruhiger und beschaulicher zu und vielleicht nicht ganz so elegant, chic und nobel wie auf Martha's Vineyard.

Das Hotel "The Wauwinet" ist Nantuckets "Edelstein" mit eigenem Privatstrand. Es ist eine perfekt gelungene Mischung aller Vorzüge, die Neuengland repräsentiert. Obwohl das Ambiente dem des "Charlotte Inn" sehr ähnlich ist, hat der Neuengland-Stil hier einen etwas anderen Charakter. Alles wirkt ein wenig heller, freundlicher, größer und nicht ganz so perfekt gestylt. Das "Wauwinet Inn" ist zudem für behinderte Gäste geeignet. Es ist wirklich ein rein persönlicher Geschmack, welchem Hotel man den Vorzug gibt, denn auch der Service entspricht dem hohen Standard des Pendants auf Martha's Vineyard. Beide Hotels zelebrieren Urlaubsgenuß auf höchstem Niveau, und in beiden Häusern fühlen Sie sich in die "gute, alte Zeit" zurückversetzt. Wenn Sie ein Umzug nicht stört, warum nicht ein paar Tage im "Charlotte Inn" und ein paar Tage im "Wauwinet"? Auch hier können Sie im Health Club oder auf hoteleigenen Tennisplätzen etwas für Ihr Wohlergehen tun.

Das "Wauwinet" verfügt über 35 Zimmer und drei individuelle Cottages, von denen jedes durch seinen eigenen, unverwechselbaren und bezaubernden Charme besticht. Es wäre müßig, die Beschreibung des "Charlotte Inn"

zu wiederholen, deshalb gleich zu einem besonderen Glanzpunkt des "Wauwinet", und zwar dem Restaurant: "Topper's". Der Küchenchef Robin Leach gehört zur Spitze der amerikanischen Kochkünstler. Das kritische "New York Times Magazine" bescheinigt ihm Weltklasse. Lassen Sie sich von ihm mit dem Besten, das die Küche Neuenglands zu bieten hat, verwöhnen und sich morgens hier ein exquisites Frühstück servieren.

Sie können sicher sein, für welche Insel oder für welches Hotel Sie sich auch entscheiden, Ihnen wird "Romantik pur" geboten. Inselurlaub "at its best".

NEW ORLEANS

Windsor Court Hotel

FACTS

Windsor Court Hotel
300 Gravier Street
New Orleans,
LA. 70140 USA
Tel. 001/504/523-6000
Fax 001/504/596-4749
264 Suiten,
58 De-Luxe-Zimmer,
2 Penthouse-Suiten

New Orleans, die Königin der Städte im tiefen Süden der Vereinigten Staaten, wird geprägt von swingenden Jazzrhythmen und seelenvollen Bluesklängen. Das legendäre "Französische Viertel" mit der Bourbon Street, der Mardi Gras (Karneval der ausgefallensten Art) und die kreolische Küche haben die Stadt aber auch zu einem der beliebtesten Reiseziele in Amerika gemacht. Truman Capote – selbst aus New Orleans gebürtig – sagte einmal: "... von allen mysteriösen Städten ist New Orleans die geheimnisvollste ..." Während der unerträglich schwülen und heißen Sommermonate sollte man den Reiz von New Orleans und Louisiana nicht erkunden wollen. Planen Sie Ihren Aufenthalt in der musikalischsten Stadt Amerikas im Frühjahr oder Herbst und versäumen Sie nicht, einen Tag für den Mississippi einzuplanen. Ein gemütlicher Schaufelraddampfer bringt Sie in die Welt des "Huckleberry Finn".

Das "Windsor Court Hotel", ideal gelegen in unmittelbarer Nähe der Ufer des Mississippi und des Zentrums von New Orleans, bewertete der amerikanische Automobilclub AAA als eines der schönsten Hotels der Welt mit "Five Diamonds", und das mit Recht. Schon die Fassade verrät mit ihrer rosafarbenen Granitstruktur, mit Balkonen und den großen Erkerfenstern eine Welt von Eleganz und Reichtum. Ein großer Eingangshof mit rotem Ziegelpflaster, einem französischen Springbrunnen und vielen tropischen Pflanzen führt zum Haupteingang. In dem palastartigen Gebäude ist das Interieur eine Augenweide aus bildender Kunst der letzten drei Jahrhunderte und zeitgenössischer Architektur. Englischer Stil, eine weltberühmte Kunstsammlung und beste Gastlichkeit der Südstaaten sind die herausragenden Merkmale des "Windsor Court Hotel". Das Haus gehört zur Gruppe der exklusiven Orient-Express-Hotels und wird seit vielen Jahren hervorragend von Philip A. Wood geleitet. Seit 1993 wird er von dem Deutschen Daniel R. Mann unterstützt. Beide Herren sorgen dafür, daß Sie ständig von einem mehrsprachigen, höflichen und freundlichen Personal verwöhnt werden.

Die 324 sehr großen Gästezimmer haben alle einen Balkon oder ein vierflügeliges Erkerfenster, die den Mississippi oder die Stadt überschauen. Die Einrichtung ist geschmackvoll und paßt sich dem vornehmen und großzügigen Ambiente der Gesellschaftsräume perfekt an; denn neben bequemen King-size-Betten ist jedes Zimmer mit dicken weichen Sofas, bequemen Sesseln und englischen Schreibtischen ausgestattet. Modernster Komfort ist genauso selbstverständlich wie kultivierte Bäder in italienischem Marmor. 254 Räume sind als Suiten gestaltet, die über je einen Wohnraum, eine Küche und ein Ankleide-, Schlaf- und Badezimmer verfügen.

Das Hauptrestaurant "The Grill Room" im 1. Stock ist täglich für Frühstück, Mittag- und Abendessen geöffnet. Wenn Sie ausgiebig und exzellent dinieren wollen, bestellen Sie das Sieben-Gänge-Menü. Der Chefkoch Kevin Graham führt Ihnen die besten Beispiele seiner innovativen Cuisine vor, die wegen der einmalig ausgefallenen Zubereitung internationaler Gerichte weltberühmt ist. Der bereits genannte AAA bedachte auch "The Grill Room" mit "Five Diamonds"; und die Auszeichnung, zu den 25 besten Restaurants in den USA zu zählen, ist ein Beweis für die Qualität dieses "Schlemmertempels". In der angrenzenden "Polo Club Lounge", inmitten eines privaten englischen Club-Ambientes, werden Ihnen von morgens bis in die späte Nacht kleine Snacks aus der Küche Louisianas und eine unerschöpfliche Cocktailauswahl angeboten. Die südliche Atmosphäre dieser Bar wird abends noch von einem Pianisten mit Jazzkompositionen akzentuiert. "Le Salon" lockt Sie im Lobbybereich mit leichten, kleinen Spezialitäten. In dem mit weichen Sesseln und Sofas, englischen Antiquitäten und alten Gemälden ausstaffierten Raum wird hier am Nachmittag Kammermusik live geboten. Als Reminiszenz an "Good Old England" gedacht, ist dies ein stimmungsvoller Rahmen für Ihren "Afternoon Tea". Abends ist "Le Salon" ein beliebter Treffpunkt zu einem Drink bei Live-Jazz.

Ein großer Swimmingpool lockt, spektakulär auf einer Terrasse im vierten Stock gelegen, zum Baden. In dem paradiesischen Poolbereich wird man von morgens bis zum Einbruch der Dunkelheit mit Getränken und kleinen Snacks verwöhnt. Ein gut ausgestatteter Gym-Raum wartet auf die fitneßbewußten Gäste. Massagen, Saunen und Dampfbäder ergänzen das Angebot für Körper- und Schönheitspflege.

NEW YORK

Hôtel Plaza Athénée

Hôtel Plaza Athénée
37 East 64th Street
New York City,
NY. 10021 USA
Tel. 001/212/734-9100
Fax 001/212/772-0958
117 Zimmer, 36 Suiten

New York is the only real city-city", sagte der Schriftsteller Truman Capote und ließ damit keine weitere Steigerung für "die einzige echte Stadt-Stadt" der Welt zu. Für die einen ist New York abstoßend und häßlich, doch für die anderen, und das sind die meisten, ist "The Big Apple" wie eine Sucht, der sie ein Leben lang nicht widerstehen können. Die Show der Stadt ist 24 Stunden geöffnet, und das an 365 Tagen im Jahr. Die besten Reisezeiten für Touristen sind das Frühjahr und der Herbst. Im Sommer kann es unerträglich heiß und schwül werden, dagegen sind die Winter extrem kalt und ungemütlich. Im Juli und August kann natürlich ein Urlaub auf Long Island, direkt am Atlantik und vor den Toren New Yorks, eine ideale Kombination von Stadt- und Strandurlaub sein.

Die Qual der Wahl hat jeder, der sich in New York für ein Hotel entscheiden soll. In den Schluchten der Straßen Manhattans konkurrieren Allerwelts-Ketten wie "Sheraton", "Hyatt", "Holiday Inn", "Hilton", "Marriott" untereinander und werben mit 1000 Zimmern und mehr. Das alte, ehrwürdige "Waldorf Astoria" versucht, mit seiner ruhmreichen Vergangenheit über das heute verstaubt-verplüschte Interieur hinwegzutäuschen, und das legendäre "Plaza" an der Ecke Fifth Avenue/Central Park South, von Donald Trump vor einigen Jahren übernommen, ist nur noch für die Provinzler aus dem Mittelwesten eine Attraktion.

In unmittelbarer Nähe des Central Park, zwischen Park und Fifth Avenue, finden Sie zwischen der 61. und 82. Straße die drei schönsten Hotels New Yorks. Das "Hôtel Plaza Athénée" in der 64. Straße umgibt sich mit der Ruhe und Exklusivität eines hochherrschaftlichen Wohngebiets zwischen der Park und Madison Avenue. "The Pierre" zwischen 60. und 61. Straße sowie "The Stanhope" (direkt gegenüber vom "Metropolitan Museum of Art") zwischen der 81. und 82. Straße an der Fifth Avenue schmücken sich mit einer gleich eleganten Nachbarschaft. Von diesen drei Hochburgen europäischen Stils sind die weltberühmten Museen, Galerien, exzellenten Restaurants und die exklusivsten Modehäuser der Welt auf der Madison Avenue leicht zu Fuß erreichbar.

Sie sollten bedenken, daß jährlich über 15 Millionen Besucher in New York übernachten. Ohne rechtzeitige Reservierung werden Sie schwerlich in einem dieser drei Schmuckstücke Ihr Haupt zur Ruhe betten können.

Leuchtend rote, halbrunde Markisen schmücken jedes der kleinen unzähligen Fenster an der Fassade des "Hôtel Plaza Athénée" und wecken die Neugier auf das Innere des Gebäudes.

In der Lobby stört kein Rezeptionscounter mit hektisch agierenden Angestellten oder flackernden Computerbildschirmen das Design von Valerian Ryber. An einem Salontisch aus dem 18. Jahrhundert heißt man Sie willkommen. Es umgeben Sie nur die Eleganz von italienischem Marmorboden, französischen Antiquitäten, warmem Licht und grandiosen Wandgemälden mit pastoralen Szenen. In der gemütlichen "Lobby Lounge" trifft man sich, um in eleganter, entspannter Atmosphäre den Afternoon Tea einzunehmen.

Unter der Leitung des Deutschen Bernard Lackner kümmert sich das Personal professionell, höflich und diskret in 23 Sprachen um seine anspruchsvolle Klientel aus aller Welt. Der größte Teil der Gäste jedoch kommt aus der "Upper Class" der amerikanischen Geschäfts- und Kulturwelt.

Die 117 Zimmer und 36 Suiten sind alle mit antiken französischen Möbeln eingerichtet. Bequem, großzügig und mit modernstem Komfort genügen die Gästezimmer höchsten Ansprüchen. Dezente, harmonisch aufeinander abgestimmte Farben bei Möbeln und Stoffen unterstreichen die Illusion, hier dem Rest der Welt entfliehen zu können. Das bezieht sich natürlich auch auf die luxuriösen, in blassem Rosa gefliesten Marmorbäder mit viel weißem dickflauschigem Frottee. Wenn Sie eines der Zimmer in den oberen Etagen des 15geschossigen Hauses bekommen, werden Sie zudem noch mit dem fantastischen Ausblick auf die Skyline Manhattans verwöhnt.

In dem 1992 eröffneten Health-Club können Sie Ihre Fitneß unter Beweis stellen und sich massieren lassen. Jogger oder Spaziergänger finden in der grünen Oase des Central Park genügend "Auslauf".

Ein besonderes kulinarisches Erlebnis ist der Besuch des Hotel-Restaurants "Le Régence". Ryber entwarf hier ein Kleinod in Louis-XIV-Ambiente in extravaganten Türkistönen. Der mit vielen Auszeichnungen bedachte Chefkoch Daniel Boulud, einer der Besten seiner Zunft in New York, serviert Fischspezialitäten und leichte französische Küche der Spitzenklasse.

Ein kleines charmantes Stück Paris im Herzen Manhattans ist das ruhige, intime "Hôtel Plaza Athénée". Der Autor war begeistert ... aber ...

NEW YORK

THE PIERRE

Das Hotel "The Pierre" an der Fifth Avenue und der 61. Straße mit Blick über den Central Park präsentiert sich heute unter der Führung von Four Seasons Hotels and Resorts als ein restauriertes Meisterwerk. Über 60 Millionen Dollar wurden investiert, um das historische Ambiente behutsam aufzufrischen und das traditionsreiche Hotel mit modernstem Komfort auszustatten. Italienischer Marmor, Stuckdecken und exquisite handgewebte Teppiche haben das Foyer in einen Ort mit behaglicher Atmosphäre verwandelt. Allein das "Garden-Foyer", mit Wandbemalung im Stile von Versailles, würde jedem ehrwürdigen Schloß zur Ehre gereichen.

Die 151 Zimmer und 54 Suiten bieten jeden Luxus, der dem Ruf des "Pierre" als herausragendes Hotel gerecht wird. Hinzu kommt ein umfassender Service, wie man ihn heute nur noch selten findet. Besondere Wünsche oder Gewohnheiten der Gäste werden vom Hotelpersonal für künftige Aufenthalte aufmerksam registriert.

Das Hotelrestaurant "Cafe Pierre" empfängt seine Besucher stilvoll-elegant. Umgeben von einem Interieur, das einem klassizistischen französischen Château gleicht, werden Ihnen köstliche Gerichte serviert.

F A C T S

The Pierre
Fifth Avenue at 61st Street
New York City,
NY. 10021 USA
Tel. 001/212/838-8000
Fax 001/212/940-8109
151 Zimmer, 54 Suiten

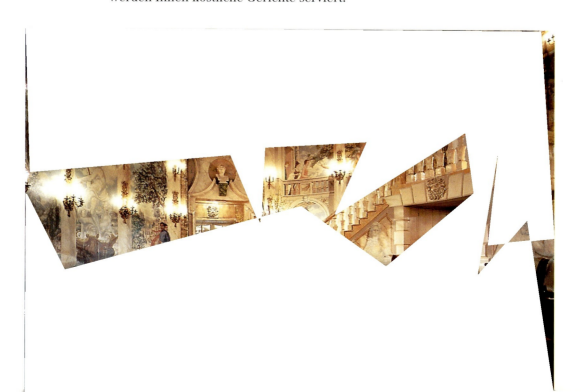

NEW YORK

STANHOPE

FACTS

The Stanhope
995 Fifth Avenue
New York City,
NY. 10028 USA
Tel. 001/212/288-5800
Fax 001/212/517-0088
80 Zimmer, 68 Suiten

Seit 1926 bereichert das Hotel "The Stanhope" die New Yorker Grande Hotellerie. Es liegt an der Kulturmeile an der Fifth Avenue mit Blick auf den Central Park. Als die Grand Bay Hotels das "Stanhope" 1991 übernahmen, erwarben sie ein damals schon legendäres New Yorker Hotel, das sie mit einem Aufwand von mehr als 28 Millionen Dollar behutsam renovierten. Das Ergebnis ist ein Gesamtkunstwerk, das die hochgesteckten Ziele bei weitem übertraf: Die Lobby wirkt wie ein Mini-Versailles mit Louis-XIV-Antiquitäten, 24-Karat-Goldblatt-Stuckornamenten und Gobelins, die jedem Museum zur Ehre gereichen würden. Das Hotel ist groß genug für jeden erdenkbaren Luxus – und klein genug für Individualisten, die eine private Residenz mit Sicherheit, Stille und Stil suchen.

Auch Vorgewarnte werden auf den außerordentlichen Servicelevel des "Stanhope" nicht vorbereitet sein. Livrierte Portiers, freundliche Concierges, aufmerksame Hausdiener und professionelle Rezeptionisten kümmern sich sofort um Ihr Wohlbefinden. Nur die Gäste des Hauses bekommen einen eigenen Schlüssel für den Fahrstuhl. Ein 24-Stunden-Kammerdiener-Service packt Ihre Koffer aus oder ein. Ein Sekretariat steht Ihnen jederzeit zur Verfügung. Beim Room-Service können Sie rund um die Uhr ein volles Menü bestellen. Was noch? Ein Limousinenservice bringt Sie morgens nach Midtown und abends in den Theaterdistrikt – selbstverständlich kostenlos.

Die 80 Zimmer und 68 Suiten sind großzügig und edel gestaltet. An den Wänden gestreifte Designertapeten, die harmonisch auf Reproduktionen im Louis-XIV-Stil und olivfarbene Bezugsstoffe abgestimmt sind. Jedes Zimmer hat natürlich Kabel-TV, CD- und Kassetten-Spieler, mindestens zwei Telefone und einen privaten Safe. Der Zimmerservice kommt täglich dreimal und bringt auch Ihre Schuhe auf Hochglanz. Morgens liegen zwei Tageszeitungen vor Ihrer Tür, und abends ist Ihr Zimmer wieder mit frischen Blumensträußen geschmückt. In den komfortablen Bädern, ganz in Marmor in dezenten Farben, zeigen die kleinen Details, daß auch die Ansprüche verwöhntester Gäste erfüllt werden; seien es italienische Lederaccessoires, Bademäntel mit passenden Slippern aus Frottee oder Make-up-Spiegel.

Ein gut ausgestatteter "Fitneß-Club" im 16. Stock mit Blick über den Central Park wartet mit Trainer und Massagen auf den sportlichen Gast. Jogger erhalten einen Taschenplan mit über zehn Kilometern ausgewiesener Routen durch den Park. Sollten Sie das richtige Outfit nicht dabeihaben, das "Stanhope" leiht Ihnen gerne den "dernier cri".

Im Hauptrestaurant "Stanhope Dining Room" werden Ihnen Frühstück, Mittag- und Abendessen serviert. In dem Ambiente von Louis XIV, Baccarat-Kristalleuchtern und Landschaftsgemälden im Stil des 18. Jahrhunderts erhalten Sie Gutes aus der nationalen und internationalen Küche. "Le Salon" ist einem Innengarten nachempfunden und lädt am Nachmittag in gemütlicher und luftiger Atmosphäre zum Afternoon Tea ein. Das "Gerard's" mit Holztäfelung, englischen Jagdgemälden und grünen Chesterfield-Sofas bietet kleine Snacks im "good old English"-Clubstil. Weltberühmt ist "The Terrace", New Yorks einziges Straßencafé an der Fifth Avenue. Schöner können Sie die angenehme Umgebung des Hotels nicht erleben und die kleinen, ausgezeichneten Spezialitäten des "Stanhope" genießen.

NEW YORK

GURNEY'S INN

Knapp zwei Stunden Autofahrt von Manhattan entfernt liegen in meerumschlungener Schönheit die Hamptons auf Long Island. Amerikaner, ja vereinzelt auch Europäer, die etwas auf sich halten und vor allen Dingen reich sind, haben hier ihre Refugien.

Auf einer der schönsten Inselstraßen der Welt, vorbei an einer unvergleichlichen Dünenlandschaft fahren Sie noch 45 Minuten weiter und erreichen am östlichen Ende der Insel den Ort Montauk. Hier erleben Sie zum erstenmal die ruhige, romantische Sommerfrische, die Max Frisch in seiner Novelle "Montauk" so treffend beschrieben hat.

Das "Gurney's Inn", direkt am Strand des Atlantik gelegen, vermittelt zeitlos-klassischen Komfort in friedlicher Atmosphäre. Mächtige weiße Dünen und das ewige Rauschen des Meeres machen hier jeden Urlaub zu einem unvergeßlichen Erlebnis. Und das "Gurney's Inn" ist das ganze Jahr geöffnet. Der Hotelkomplex besteht aus mehreren modernen Holzgebäuden und kleineren Cottages. Durch die terrassenförmige Bauweise haben alle Zimmer Balkone und Loggien mit Meerblick. Das Interieur hat den natürlichen Charme eines vornehmen Landhauses. Alle Zimmer sind groß, modern und elegant eingerichtet, haben bequeme King-size-Betten und luxuriöse Bäder.

Das Hotelrestaurant "Gurney's Inn" hat sich der Gesundheit verschrieben und bietet überwiegend köstliche frische Gerichte aus der Diätküche an. Doch in Montauk und den Hamptons finden Sie exzellente Restaurants mit allem, was Leib und Magen begehren.

Das "Vogue Magazine" bezeichnete "Gurney's Spa" als eines der besten Gesundheits- und Schönheitszentren der Welt. Kristallklares, gefiltertes und beheiztes Meerwasser lockt in der Schwimmhalle. Für Damen und Herren sind getrennte Pavillons mit römischen Bädern angelegt. Sie können an Stretching-, Aerobic- und Yogaprogrammen teilnehmen oder sich an den Fitneßgeräten einweisen lassen. Hydro-, Thermo- und verschiedene Massagetherapien runden das einmalige Angebot ab. "Gurney's Inn & Spa" – das bedeutet Urlaub für Körper und Seele.

FACTS

Gurney's Inn Resort & Spa
Old Montauk Hwy.
Montauk, NY. 11954 USA
Tel. 001/516/668-2345
Fax 001/516/668-3576
125 Zimmer

ÖSTERREICH

HOTEL IMPERIAL

FACTS

Hotel Imperial
Kärntner Ring 16
A-1015 Wien
Tel. 0043/1/501100
Fax 0043/1/50110410
145 Zimmer

Welche Stadt kokettiert schon so mit ihrer Vergänglichkeit und welche lebt so froh in ihrer Vergangenheit? Wien, die Kaiserstadt, sehnt sich immer noch nach Glanz und Größe, auch wenn die k. u. k. Donaumonarchie längst dahin ist. Dabei beweisen jedes Jahr über drei Millionen Besucher aus aller Welt, daß Wien auch heute noch große Anziehungskraft besitzt.

Direkt am eleganten Kärntner Ring, nur ein paar Schritte von der Staatsoper entfernt, fand im Jahre 1867 Herzog Philipp von Württemberg den passenden Grund für ein prachtvolles Stadtpalais. Doch bereits zur Wiener Weltausstellung 1873 hatte der Palast den Besitzer gewechselt und war zu einem Prominenten-Hotel umgebaut worden. Kaiser Franz Joseph verlieh dem Haus die Würde eines k. u. k. Hofhotels und weihte das "Hotel Imperial" persönlich ein als repräsentativen Treffpunkt prominenter Gäste in der Metropole von Österreich-Ungarn. So hat das Hotel Geschichte gemacht und ist selbst Geschichte geworden.

Als die exklusive italienische CIGA-Gruppe vor einigen Jahren das traditionsreiche Luxushotel übernahm, wurden umfangreiche Restaurierungs- und Renovierungsarbeiten durchgeführt, um das Haus wieder im Glanz des 19. Jahrhunderts erstrahlen zu lassen und es gleichzeitig den Erfordernissen der heutigen Zeit anzupassen. Heute gehört das Hotel zur "Luxury Collection" der ITT-Sheraton Group.

In der Empfangshalle ist man nicht nur von dem großzügigen Ambiente beeindruckt, sondern auch von der herzlichen Gastfreundschaft des Personals. Die Philosophie des Hauses hat Direktor Andreas Vögl perfekt an seine Mitarbeiter vermitteln können: "Seine Majestät, der Gast, wird so verwöhnt, wie es in den glanzvollen Zeiten des 'Österreichischen Jahrhunderts' selbstverständlich war."

Suiten hinaufführt. Ein majestätisches Kunstwerk verschlägt Ihnen den Atem, wenn Sie den Bereich der Treppe betreten: Ein riesiger Kristallüster taucht die marmornen Wände, Balustraden und Statuen in einen unwirklich mattschimmernden Lichtzauber. Auf der "Imperial"-Etage kann man dann die Räume der Fürstensuite durch zwei verschiedene Eingänge betreten; TV-Monitore bewachen die Türen. Ob Kaiser Franz Joseph schöner gewohnt hat, sei dahingestellt, aber als normaler Sterblicher ist man beeindruckt von der Größe und Höhe der Räume, in denen echte Antiquitäten auf kostbaren Teppichen stehen. Riesige Fenster, in üppigen Brokat gehüllt, geben den Blick auf die reale Welt frei. Als Königin Elisabeth II. hier nächtigte, sagte sie voll Bewunderung, daß man das "Imperial" zum schönsten Hotel der Welt küren solle.

Nicht nur die Gäste des Hotels treffen sich morgens zum ausgezeichneten Frühstücksbuffet im "Café Imperial", auch für jeden Liebhaber von klassischen Wiener Kaffeehäusern ist dieses im ursprünglichen Stil erhaltene Café ein Muß. Hausgemachte Wiener Kuchen- und Tortenspezialitäten laden genauso zum Verweilen ein wie kleine Imbisse und der Kult um den Wiener Kaffee. Probieren sollten Sie ein Stück der weltberühmten "Imperial Torte", ein Genuß, dem Kaiser Franz Joseph schon verfallen war. Im holzgetäfelten Restaurant "Majestät" wird die Tradition der Wiener und altösterreichischen Küche gepflegt. Der Tafelspitz vom Wagen zählt zu den besten der Stadt. Aber auch die gelungene Kombination neuer Ideen mit bewährten, überlieferten Rezepten hat die Küche unter der Leitung von Heimo Lammer zu einem Glanzpunkt in Wien gemacht.

Überall im Hause wurden die Original-Stuckdecken der Entstehungszeit wieder freigelegt und mit echtem Blattgold verziert, natürlich auch in den 145 Zimmern, Appartements und Fürstensuiten. Die Gästezimmer zeichnen sich durch gediegene Vornehmheit aus. In italienischen Werkstätten ließ man antikes Mobiliar originalgetreu nachbauen und richtete jedes Zimmer individuell ein. Jeweils ein dezenter Farbton bestimmt das Interieur im Stil des 19. Jahrhunderts. Daneben verfügen Sie über den modernsten Luxus, den man bei einem Hotel dieser Kategorie voraussetzt. Alle Zimmer sind klimatisiert. Vom Bett aus können Sie die elektrischen Fensterläden öffnen und schließen.

Die "Imperial"-Suiten, erst kürzlich neu dekoriert und technisch auf den neuesten Stand gebracht, stehen in verschiedenen Größen zur Verfügung. Sie sind durch verspiegelte Schiebetüren in Schlaf- und Wohnbereiche unterteilt. Die separaten Ankleidezimmer erhöhen die Bequemlichkeit. Die großen Marmorbäder mit zwei Waschbecken und einer getrennten Dusche lassen an Funktionalität und Komfort nichts zu wünschen übrig. Man muß wirklich nicht unbedingt in der exklusiven Eleganz der Fürstensuiten residieren, aber vielleicht haben Sie Gelegenheit, sich diese Räume zeigen zu lassen. Es lohnt sich. Benutzen sie die monumentale Freitreppe, die von der Eingangshalle zu den

ÖSTERREICH

Bio-Hotel Stanglwirt

FACTS

Bio-Hotel Stanglwirt
A-6353 Going
Tel. 0043/5358/2000
Fax 0043/5358/200031
64 Zimmer, 6 Suiten

Der kleine Ort Going schmückt sich im Norden mit der grandiosen Kulisse der wildzerklüfteten, über 2000 Meter hohen Bergkette des Wilden Kaisers. Davor breitet sich ein malerisches Tal mit bewaldeten Hügeln und Wiesen aus, das zum Süden hin in das größte zusammenhängende Skigebiet der Alpenrepublik, die Kitzbüheler Alpen, übergeht.

Going erreichen Sie, wenn Sie die Inntalautobahn bei der Ausfahrt Kufstein-Süd verlassen. Auf der Bundesstraße 173 fahren Sie ca. 20 Kilometer Richtung St. Johann. Nachdem Sie Going passiert haben, liegt auf der linken Seite und nicht zu übersehen das Anwesen vom Gasthof und Hotel "Stanglwirt" vor Ihnen.

Neben dem Gasthof betreten Sie das Hotel und sind von einer anheimelnden ländlichen Atmosphäre umgeben. Im Empfangsbereich gibt eine offene Bauweise den Blick in den bereits festlich gedeckten Restaurantbereich frei und überrascht mit einem Ambiente fernab von alpenländischen Klischees. Alles wirkt hell und freundlich. Eine Farbharmonie, die aus viel hellem Holz, weißen rauhverputzten Wänden und dezentfarbenen Accessoires besteht. Der "Stanglwirt" ist seit über 400 Jahren im Familienbesitz. Der heutige Erbe und die Seele des Anwesens, Balthasar Hauser, kann stolz auf sein Werk schauen, das er aus einem konventionellen Gast- und Bauernhof gemacht hat. Er wird tatkräftig von seiner charmanten Frau Maria Magdalena und dem agilen, jungen "Herrn Direktor" Reinhard Stocker unterstützt. Seine Philosophie "Bei uns ist jeder Gast König, nicht nur die Prominenz" hat er seinen 120 Angestellten jedoch noch nicht ganz vermitteln können. Leider werden Sie an der Rezeption schon reichlich kühl und unpersönlich empfangen.

Buchen sollten Sie ausschließlich das "Bio-Hotel Stanglwirt", denn die Zimmer im Haupthaus sind unzumutbar. In einem dreistöckigen Bauernhaus, das unter rein baubiologischen Gesichtspunkten gebaut wurde, verfügt das "Bio-Hotel" über 40 Zimmer. Es erwartet Sie holzverkleideter Charme aus Gemütlichkeit und stilvoller Einrichtung.

Der Wohnbereich ist einer Tiroler Zirbelstube nachempfunden und beeindruckt mit einem wunderschönen weißen Kachelofen. In einem großen Himmelbett schlafen Sie auf Matratzen, die ihren Namen "grünes Bett" mit Recht tragen. Eine Mischung aus Roßhaaren, Schafwolle und Naturkautschuk schafft ein perfektes und gesundes Liegevergnügen. Rustikaler, dicker Teppichboden, mit handgeknüpften Teppichen belegt, und zurückhaltende Farben in den Stoffen unterstützen den Eindruck, in einer 40 Quadratmeter großen heimeligen Oase Quartier gefunden zu haben. Ergänzt wird Ihr Reich durch ein komfortables Bad und einen begehbaren Schrankbereich. Übrigens, ein Fernseher wird Ihnen nur auf Wunsch ins Zimmer gestellt, und auch Bademäntel müssen Sie bei den nicht immer freundlichen Damen an der Rezeption anfordern.

In puncto Sport jedoch beeindruckt der "Stanglwirt" auch die verwöhntesten Gäste. Das Erlebnis- und Sportangebot hat absolut Weltniveau und macht das Hotel zur "Top-Adresse" in Österreich. Eine besondere Attraktion ist das wild-romantische Felsenbad mit einem kolossalen Wasserfall. Ins Freie schwimmen Sie durch eine kleine Schleuse, dort können Sie auch im Winter Badefreuden genießen, denn das Wasser ist immer auf 30 Grad gewärmt.

Eine dichte saftige Wiese überlappt das wellenförmige Dach des Pools und geht wie natürlich in die Landschaft über. Auf 14 Tennisplätzen (sechs Hallen- und acht Freiplätze) finden Cracks ein Camp der Superlative. Von der PBI (Peter Burwash International) Tennisschule schwärmen sogar Profis. In drei Squashanlagen können Sie Ihrem Partner von morgens bis abends die kleinen Bälle um die Ohren sausen lassen.

Pferdeliebhabern stehen 24 edle Lipizzaner für Ausritte in die aufregende Landschaft am Wilden Kaiser zur Verfügung. In der hoteleigenen Reitanlage mit einer 20 × 40 Meter großen Halle und auf einem Sandplatz-Springgarten werden Gruppen- und Einzelunterricht auf Warmblutpferden angeboten. Yoga-Lektionen erteilt Susi Rieth. In der nächsten Umgebung sorgt das Hotel dafür, daß Golfer den richtigen Platz finden, daß Rafting- und Kanuabenteurer ihrem Sport frönen können, daß man sich mit Gleitschirm- und Drachenfliegen beschäftigen kann und daß erfahrene Bergführer Sie mit dem Bergsteigen vertraut machen. In das 720 Hektar große Hoteljagdrevier begleitet Sie der Aufseher Hubert Schwaiger zur Jagd oder läßt Sie das Wild beobachten.

Im Hauptrestaurant werden die Hotelgäste mit dem Besten aus der regionalen und internationalen Küche verwöhnt. Der junge Küchenchef für den Hotelbereich, Manfred Wibmer, legt größten Wert auf frische Zutaten und überrascht auch verwöhnte Gourmets mit seinen gelungenen Kreationen. Darum können Sie ohne Bedenken Halbpension buchen; denn besser werden Sie im näheren Umkreis von Going nicht essen. Außerdem wird Ihnen hier auch morgens ein Frühstück serviert, das mit ausgesuchten Spezialitäten die Wahl zur Qual macht. Probieren Sie auf jeden Fall den Käse, der in der hoteleigenen Felsengrotte heranreift.

Bei den vielen Gästen, die am Wochenende aus dem nahen Kitzbühel kommen, ist das "Almrestaurant" sehr beliebt: Hier haben Sie die Lipizzaner hinter Glas in diskreter Nachbarschaft.

Das baubiologische Erlebnishotel "Bio-Hotel Stanglwirt" und eine faszinierende Landschaft könnten sport- und gesundheitsbewußten Urlaubern kein schöneres Ambiente bieten. Naturverbundenheit und schlichte Schönheit zeichnen das Hotel aus. Wer auf Komfort der Luxusklasse Wert legt, ist hier sicher falsch aufgehoben.

ÖSTERREICH

SCHLOSS FUSCHL

Ein Schmuckstück Österreichs ist die von den Alpen umrahmte Mozartstadt Salzburg. Man muß das barocke Herz der Altstadt ja nicht ausgerechnet während der weltberühmten "Salzburger Festspiele" besuchen. Denn im Festspiel-Dunst ist die Stadt fest in Münchner, japanischer und amerikanischer Hand.

Nur knapp 20 Kilometer von Salzburg entfernt liegt das "Hotel Schloß Fuschl" auf einer Halbinsel des Fuschlsees. Das bereits 1450 erbaute Schloß stellt sich Ihnen heute als eine einzigartige luxuriöse Idylle dar, die nichts von ihrer romantischen Atmosphäre verloren hat. Auf einem Hügel am Rande des tiefblauen Sees thront das Schloß über seinem 34 Hektar großen Park mit mehreren Gästehäusern, einem Golfplatz, malerischen Waldstücken und eigenem Badestrand. Es ist nicht nur die malerische Bilderbuchlandschaft, die das Hotel zu etwas Besonderem macht, es sind auch das wahrhaft königliche Ambiente der Innenräume des Schlosses und das schier unausschöpfliche Sportangebot für den aktiven Gast. Im Empfangsbereich und in der Schloßhalle bildet die stilgerecht restaurierte Gewölbestruktur einen effektvollen Rahmen für wertvolle Antiquitäten, alte Gemälde und prächtige Perserteppiche. Tradition, Eleganz und Luxus verbinden sich zu Garanten für einen Aufenthalt von höchstem Niveau.

Die kultivierte Atmosphäre hat nur einen Makel, und das ist das Personal. Direktor Stefan Lauda hat einigen seiner Angestellten noch nicht vermitteln können, daß jeder Gast zuvorkommend und freundlich zu behandeln ist, schließlich kann auch dieses Hotel nicht nur von den Prominenten unserer Welt leben.

In den 62 Gästezimmern und den 22 Suiten finden Sie alle Einrichtungen, die für ein modernes Luxushotel selbstverständlich sind. In einer einzigartigen historischen Substanz erwartet Sie im Haupthaus großzügige Behaglichkeit mit sorgfältig aufeinander abgestimmtem Interieur. Am schönsten sind die Zimmer mit dem Panoramablick auf den See bis hin zum Schafberg. Bei Familien sind die komfortablen Bungalows direkt am See besonders beliebt.

FACTS

Hotel Schloß Fuschl
A-5322 Hof bei Salzburg
Tel. 0043/6229/225530
Fax 0043/6229/2253531
62 Zimmer, 22 Suiten

In den umgestalteten Gewölben des historischen Schloßkellers kann der Tag in einem modernen Hallenbad beginnen. Auch der verwöhnteste Gast findet hier alle Annehmlichkeiten heutiger Bade- und Fitneßkultur. Am See lockt der hoteleigene Badestrand zum Sprung in das natürliche Naß. Auf dem gepflegten 9-Loch-Golfplatz finden Golfspieler Gelegenheit zum "Kaffeegolf", während es Freunde des weißen Sports auf den hoteleigenen Tennisplatz zieht. Liebhaber unberührter Natur können Wanderungen oder Spaziergänge rund um den See, durch die Wälder oder hinauf zu den Berggipfeln unternehmen. In den Wintermonaten fahren die Skifans nur sechs Kilometer und sind in einem Gebiet mit aufregenden Abfahrten. Rund um das Schloß kann man Ski-Langlauf ausüben oder sich beim Eisstockschießen vergnügen.

Im höchst eleganten Hotelrestaurant "Rosa Salon" kommen Gourmets auf ihre Kosten. An milden Abenden wird ein Essen auf der geschützten Terrasse zu einem unvergeßlichen Erlebnis. Bei dem grandiosen Blick über den Fuschlsee bis zu den Alpen genießen Sie die köstlichen Spezialitäten des Küchenchefs Rudolf Grabner.

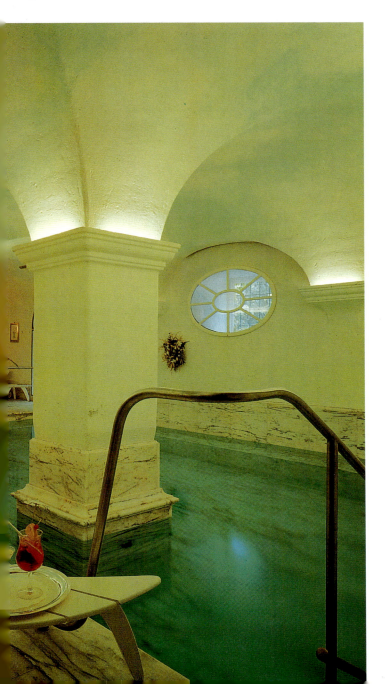

ÖSTERREICH

SCHLOSS PRIELAU

FACTS

*Schloß Prielau
Hofmannsthalstraße
A-5700 Zell am See
Tel. 0043/6542/2609
Fax 0043/6542/260955
10 Zimmer,
1 Appartement*

Der Pinzgau ist einer der idyllischsten Teile des Salzburger Landes. Saftige Wiesen und dichtbewaldete Bergrücken wechseln sich ab. Sie werden dramatisch überragt von den über 3000 Meter hohen schneebedeckten Gipfeln des Kitzsteinhorns und des Großglockners. Diese großartige Kulisse spiegelt sich im kristallklaren Wasser des Zeller Sees wider.

Von München sind es knapp 200 Kilometer und von Salzburg 85 Kilometer, bis Sie am nördlichen Ufer des Zeller Sees das "Schloß Prielau" erreichen.

1425 erstmals urkundlich erwähnt, erhielt das ehemalige fürstbischöfliche Jagdschloß im Jahre 1560 seine heutige Form. Nach einer umfassenden Renovierung zeigt sich das historische Gebäude heute wieder in seiner alten Pracht. Im Mai 1987 wurde das Hotel eröffnet. Das Alpenland erhielt damit ein exklusives Kleinod für anspruchsvolle Gäste aus aller Welt.

Das "Schloß Prielau" wird von einem riesigen Park umgeben, der sich mit herrlich naturbelassenen Wiesen bis zum See ausdehnt. Hinter hohen Tannen und Birken verstecken sich Teiche mit eigener Fischzucht, und in einem großen Gehege findet Damwild ein naturgemäßes Revier. In diskretem Abstand überragt nur die Spitze einer zauberhaften Barockkirche die Türme des Schlosses.

Ein wunderschön renoviertes Nebenhaus mit romantischer Gartenterrasse beherbergt das wohl beste Restaurant Österreichs. Im Jahre 1995 übernahmen Jörg Wörther und seine Frau Ursula das Hotel "Schloß Prielau". Das sympathische Paar ist nicht nur ein herzlicher Gastgeber, Jörg Wörther ist auch ein begnadeter Koch. In knapp zwei Jahren schaffte er hier den Sprung in den "Gourmet Olymp". Der "Gault Millau" kürte ihn zum "Koch des Jahrzehnts" und bewertete 1996 seine Kreativität und seine kulinarischen Sensationen mit vier Hauben und mit 19 von 20 Punkten.

Als Schloßherrschaft persönlich fühlen Sie sich, wenn Sie in eines der zehn Zimmer im Schloß geführt werden. Jeder Raum in diesen alten, mächtigen Mauern ist stilrein erhalten und mit wertvollen Antiquitäten individuell ausgestaltet. Sehr schön und großzügig sind die Gästezimmer im zweiten und dritten Stock, die zum Teil mit behaglichen Kachelöfen, Holzvertäfelungen und Kassettendecken ausgestattet sind. Mit großem Aufwand und hohem baumeisterlichen Können ist modernster Komfort in das rustikale Interieur integriert. Alte, wertvolle Gemälde, antike Truhen, echte Bauernschränke, handgeschnitzte Skulpturen und wunderschön geschwungene Deckenleuchter sind die Schmuckstücke der Einrichtung auch in den Räumen des Restaurants, den Salons und der Bar. In den Treppenaufgängen hängen Geweihe und bäuerliche schmiedeeiserne Kunstwerke.

Sei es im Kaminzimmer oder im Eßsalon, hier versetzt Jörg Wörther seine Hotelgäste in den "siebenten Himmel für Genießer" und verwöhnt Sie mit den besten Zutaten, die er aus schloßeigenen Gärten und Gewächshäusern, Jagdgebieten und Fischgewässern zusammenstellen kann.

Ob im Hotel selbst oder im nahen Umland des Schlosses, es gibt wohl kaum einen Freizeitwunsch, den das Hotel nicht erfüllen könnte. Das Angebot reicht vom hoteleigenen Badestrand bis hin zu Tennisplatz und Sauna mit Solarium. Einer der schönsten 36-Loch-Golfplätze Europas ist nur fünf Kilometer entfernt. Für Wanderer, Bergsteiger, Reiter und Radler ist die unberührte Natur ein wahres Urlaubsparadies.

Inmitten des schneesicheren Hochgebirges bietet auch die Wintersaison alle Möglichkeiten zu vielseitiger sportlicher Betätigung.

PARIS

HÔTEL RITZ

FACTS

*Hôtel Ritz
15, place Vendôme
F-75001 Paris
Tel. 0033/142603830
Fax 0033/142860091
142 Zimmer,
45 Suiten*

Wer die Tiefen von Paris schaut, den packt Schwindel. Nichts ist so phantastisch, nichts so tragisch, nichts so prächtig", so versuchte Victor Hugo die Schatten- und die Schokoladenseiten der französischen Hauptstadt in einer Nußschale zu fassen. Für die Franzosen ist Paris schlicht der Nabel der Welt, und für den jungen Hemingway war es "ein Fest fürs Leben".

Natürlich gibt es in der Weltmetropole der Eleganz ein Hotel der Superlative: Das "Hôtel Ritz" übertrifft die anspruchsvollsten und kühnsten Erwartungen. Nach einer totalen Renovierung, die neun Jahre dauerte und Millionenbeträge verschlang, ist das Hotel heute wieder die eleganteste Bastion der Hotellerie im Herzen von Paris. Man geht allerdings nicht einfach ins "Ritz", sondern man betritt es über den roten Teppich.

Der Palast aus dem 18. Jahrhundert, im Jahre 1898 von César Ritz als "Hôtel Ritz" eröffnet, ist eingerahmt von der Place Vendôme, der Oper und den Gärten des Justizpalastes. Bis heute ist das Hotel in privatem Besitz und hat sich nie einer Hotelkette angeschlossen. Alle anderen Luxushotels in Europa und den USA, die sich mit dem berühmten Namen Ritz schmücken, haben nichts mit dem "Hôtel Ritz" in Paris zu tun.

Imposante pinkfarbene Marmorkolonnaden und atemberaubend verspiegelte Salons und Hallengänge mit funkelnden Kandelabern empfangen den Besucher im Erdgeschoß. Das Ganze wirkt aber nicht pompös, weil es durch Holzvertäfelungen, sanfte Farben der Dekostoffe und wertvolle Teppiche ergänzt wird. Im Sommer filtern üppig drapierte Seidenvorhänge die Sonne, und im Winter knistert ein Feuer im großen offenen Kamin.

Service wird im "Ritz" besonders großgeschrieben. Falls Sie es wünschen, wird Ihr Gepäck vom Zimmermädchen ausgepackt und die Kleidung frisch aufgebügelt in den Schrank gehängt. Immerhin kümmern sich mehr als 500 Angestellte um die 187 Gästezimmer, inklusive der 35 Suiten und der zehn Fürstensuiten. Es ist egal, welches Zimmer Sie betreten, selbst die kleinsten Standardzimmer sind Prunkstücke. Jedes Zimmer hat seinen eigenen Charakter, und in jedem werden Sie ausreichend Platz finden. Breite, bequeme Betten, dickgepolsterte Sitzmöbel und großzügige moderne Badezimmer, einige sogar mit privater Sauna, sind genauso selbstverständlich wie Klimaanlage, Sat-TV, Mini-Bar und Privatsafe.

Ein technisches Kunstwerk finden Sie in den Kellergewölben des Hotels, in denen der "Ritz Health Club" untergebracht ist. Allein der größte und schönste Innenpool von Paris (16 m × 7 m) stellt alles in den Schatten, was an römischen Bädern nachgebaut wurde. Mächtige Säulen umgeben das Becken, Fresken schmücken die Wände und antike Skulpturen bewachen den Badebetrieb. Auf einem Balkon können Sie sich mit kalorienarmen Köstlichkeiten

stärken. Auf den 1500 Quadratmetern dieses Untergeschosses finden Sie außerdem ein Fitneß-Center mit den neuesten technischen Geräten, Jacuzzis, Saunen, Dampfbäder und eine Squash-Halle. Auch wenn Sie keinen Jet-lag zu verkraften haben: legen Sie sich 20 Minuten auf die Jet-lag-Maschine; dieses Wunderwerk soll angeblich acht Stunden Schlaf ersetzen! Wenn Sie sich dann noch im Schönheitssalon pflegen lassen, sind Sie bestens gerüstet für einen Abend in Paris.

In den historischen Hallen dieses glamourösen Palastes ist auch eines der besten Restaurants von Paris beheimatet, das "Espadon". Das Talent des Küchenchefs, Guy Legay, und seine Cuisine raffinée tragen zum Ruhm des "Ritz" bei und sind mit zwei Michelin-Sternen geschmückt. Sogar Legays Assistent, Michel Roth, wurde 1991 mit dem Bocuse-d'Or-Preis ausgezeichnet. Ein Lieblingsplatz für Pariser Gourmets ist die Terrasse des Restaurants im Hotelgarten.

PARIS

LANCASTER

FACTS

Hôtel Lancaster
7, rue de Berri-Champs-Elysées
F-75008 Paris
Tel. 0033/1435943
Fax 0033/142892271
59 Zimmer

Eine diskrete Mischung aus britischem Understatement und Pariser Flair entfaltet sich ganz in der Nähe der Champs-Elysées, doch weltenweit entfernt vom Trubel, in der Luxusoase des Hotels "Lancaster". Es ist das kleinste und das edelste der Grandhotels (mit privater Parkgarage!) in der Stadt von Glanz und Gloria. Seit 1970 gehört des Hotel der englischen "Savoy-Gruppe". Die Briten übernahmen gerne die Maxime des Vorbesitzers, Emile Wolf: "Ich habe keine Gäste – nur Freunde." Schließlich gehörten zu diesen Freunden Greta Garbo, Noël Coward und König Umberto, nachdem der Schweizer das Haus 1925 als Hotel eröffnet hatte. Das schmale, siebengeschossige Kleinod der Belle Époque aus dem Jahre 1889 ist heute nicht nur das Heim in Paris für Prinzessin Margaret, Sir Alec Guinness und viele Angehörige des englischen Hochadels, es wurde auch für die verwöhntesten bürgerlichen Globetrotter das Lieblingshotel in Paris.

Überall betonen wertvolle Antiquitäten das luxuriöse Ambiente. Es ist eine faszinierende Kombination aus edlem 18.-Jahrhundert-Mobiliar, Kronleuchtern, Gemälden, Samt, Seide, Damast, Kristall, Porzellan und riesigen frischen Blumengestecken. Hier logieren Sie als Freund des Hauses diskret und aufs beste betreut in einem Hotel für Romantiker.

Die 59 Gästezimmer sind alle individuell eingerichtet und liebevoll mit sorgsam ausgewählten Antiquitäten ausgestattet. Da finden Sie neben viel Platz (auch in den 15 Einzelzimmern) wertvolle Nachtkästchen, herrlich bequeme Chaiselongues, offene Kamine oder in der originellsten und schönsten Suite (Nummer 42) sogar einen Konzertflügel. Gleichzeitig verbirgt sich in dem edlen Interieur modernster technischer Komfort. Die Bäder wurden 1993 komplett renoviert und bieten dem Gast heute helle, gepflegte Großzügigkeit. Am schönsten sind die Zimmer mit Blick in den zauberhaften Innenhof des Hotels. Sie schauen in ein kleines Paradies mit Rosen, wild rankendem Efeu und Wein, Lavendel und weiß-blau dekorierten Kaffeehausmöbeln. Eine alte Bronzebüste der Minerva, steinerne Putten und zwei vergoldete Art-déco-Rehkitzskulpturen von Pompon unterstreichen noch die Romantik des Hofes.

Klassisches Dekor des 18. Jahrhunderts erwartet Sie im Hotelrestaurant. Der Küchenchef Francois Huguet versteht es meisterhaft, Natürlichkeit, Tradition und Einfallsreichtum zu verbinden. Im distinguierten Restaurant oder auf der vorgelagerten Terrasse im idyllischen Innenhof findet man deshalb die Farben, den Geschmack und das Aroma einer der Jahreszeiten folgenden Küche wieder. Im Zentrum von Paris ist die "Lancaster"-Bar mit ihren farbenfrohen Wandgemälden und der anheimelnden Möblierung aus dunklem Edelholz bis in die späte Nacht ein beliebter Treffpunkt.

ROCKY MOUNTAINS

INN OF THE ANASAZI

FACTS

Inn of the Anasazi
113 Washington Ave.
Santa Fe, NM. 87501 USA
Tel. 001/505/988-3030
Fax 001/505/988-3277
51 Zimmer, 8 Suiten

Über 2000 Meter über dem Meeresspiegel liegt Santa Fe. Als die Spanier diesen Vorposten ihrer vermeintlichen Zivilisation 1609 errichteten, waren sie blind für die Kultur der Indianer, die hier schon seit Tausenden von Jahren siedelten. Nach jahrhundertelangen Kämpfen mußten die Pueblos im 19. Jahrhundert schließlich aufgeben und den Santa Fe Express durch "ihr" Land fahren lassen.

Seit den dreißiger Jahren unseres Jahrhunderts hat sich Santa Fe zunächst zu einer Künstlerkolonie entwickelt und ist heute das Touristenzentrum im Südwesten der USA. Wegen der Intensität der Farben und der kargen Schönheit der Natur kehrte die berühmte amerikanische Malerin Georgia O'Keeffe in den vierziger Jahren New York den Rücken und zog in ihr geliebtes New Mexico, das für sie

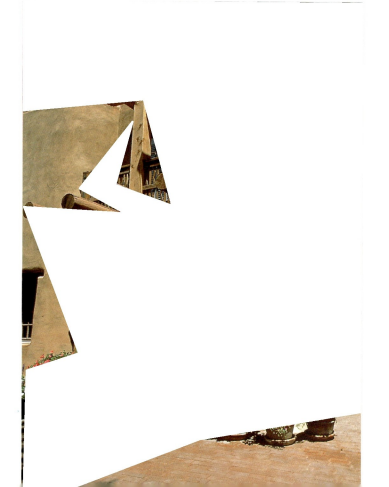

auch nach vielen Jahren noch "einmalig und praktisch unbeschreiblich" blieb. Heute ist Santa Fe die Hochburg der New-Age-Bewegung, die Zivilisationsmüde aus aller Herren Länder zu ihren Wurzeln und dem von den Indianern gelebten Einklang mit der Natur zurückführen will.

Im Herzen von Santa Fes altem Künstlerviertel liegt das intime und luxuriöse Hotel "Inn of the Anasazi". Die Architektur des 1991 eröffneten Hotels lehnt sich bewußt an die über 1000 Jahre alte Bauweise der Ureinwohner New Mexicos, der Anasazis, an. Ruinen wurden durchforscht, charakteristische Elemente ihrer Kunst nachempfunden und in das Design des Hotels integriert. In Santa Fe setzt das Haus als Symbol der Verbindung zwischen den Kulturen ein unübersehbares Zeichen und gilt als "New Mexico-Romantik" pur.

Durch eine imposante Konstruktion aus naturbelassenen, mächtigen Holzsäulen und -stämmen betritt der Gast den "Inn of the Anasazi". Treppenfluchten mit indianischen Skulpturen, schwere Türen aus Holzgittern und unbearbeitete Sandsteinwände geben dem Ankömmling das Gefühl, in eine längst vergangene Zeit einzutauchen. Mannshohe Kakteen in Terracottatöpfen sehen aus wie Posten, die über kostbares, rustikales Interieur wachen. Schwere Ledersessel mit buntgewebten Kissen laden vor einem offenen Kamin zum Entspannen ein. Textilien, Bilder, Holzschnitzereien und geflochtene Körbe repräsentieren die Kunst der drei Kulturen New Mexicos: die der Ureinwohner, die der Spanier und anderer Europäer. Von einer Wand fällt ein Vorhang aus Wasser über zwei Geschosse in die Halle. Das beruhigende Rauschen und die von dem Wasserfall ausgehende angenehme Kühle schlagen den Gast in Bann.

Die Besitzer des Hotels sind stolz darauf, beim Bau und der Einrichtung ihrer schon recht noblen Herberge nur Materialien aus ihrer nächsten Umgebung benutzt zu haben. Soweit es irgend ging, haben sie auf Chemikalien und Kunststoffe verzichtet.

In den 51 Gästezimmern und acht Suiten bilden denn auch traditionelle handgearbeitete Möbel aus dem Südwesten der USA eine stimmungsvolle Ergänzung zu den rauhverputzten hellen Wänden, den Holzdecken mit kräftigen Balken, den Teppichböden mit Indianermustern und dem Kamin. Die Zimmer sind alle sehr rustikal gehalten, aber gleichzeitig komfortabel und großzügig. Auf modernen Luxus muß der Gast auch hier nicht verzichten: Stereoanlage, Fernsehen, Mini-Bar und ein privater Safe sind genauso selbstverständlich wie eine Kaffeemaschine. Im großen Bad stehen Toilettenartikel für Sie bereit, die aus lokalen Zedernextrakten hergestellt wurden.

Ganz auf Gesundheit und natürliche Lebensweise ist das Restaurant im "Inn of the Anasazi" eingestellt. Vom Frühstück bis zum Abendessen werden Ihnen Gerichte serviert, die möglichst nur aus heimischen Produkten zusammengestellt sind. Das schmackhafte Essen ist eine gekonnte Mischung aus amerikanischer und mexikanischer Küche.

ROCKY MOUNTAINS

TAMARRON

FACTS

Tamarron
40292 Hwy. 550 N.
P.O. Box 3131
Durango, CO. 81302 USA
Tel. 001/303/259-2000
oder innerhalb der USA
1-800-678-1000
Fax 001/303/259-0745
250 Zimmer, 50 Suiten

Im Winter fährt die Schnee-Society in den kleinen exklusiven Skiort Aspen am Fuße der Rocky Mountains. Hollywood & Co ist mit Pisten, Pelzen und Prominenten unter sich.

Das wahre Colorado zeigt sich aber, wenn man von Denver aus entweder mit dem Flugzeug in weniger als einer Stunde nach Durango fliegt oder mit dem Wagen den Highway 70 Richtung Utah nimmt und dann auf den Highway 50 und 550 Richtung New Mexico fährt (ca. 300 km). Etwa 30 Kilometer vor Durango erreicht man über die Landstraße 145 das riesige Gelände des "Tamarron". Zu jeder Jahreszeit ist das Hotel im Herzen des San Juan National Park und am Fuße schneebedeckter Bergketten der Rocky Mountains ein lohnendes Urlaubsziel. Vor allem die grandiose unberührte Natur und viele Ausflugsziele in der Nähe machen den Aufenthalt im "Tamarron" zu einem unvergeßlichen Erlebnis.

Die Hotelanlage wurde geschickt auf einem Felsplateau in die Landschaft eingepaßt und überblickt ihren 18-Loch-Golfplatz und ein 32 Kilometer langes malerisches Tal. Die rustikale, ländliche Atmosphäre im Inneren wird geprägt von schweren Holzbalken, Natursteinwänden und regionalem Kunsthandwerk, sei es im Haupthaus "Main Lodge" oder in den angrenzenden Gebäuden "Pinecone", "Gamble Oak" und "High Point". Das rustikale Ambiente wiederholt sich auch in den 300 Gästezimmern, die alle sehr großzügig und gemütlich gestaltet sind. Das "Tamarron" ist auch für einen längeren Ferienaufenthalt bestens geeignet.

Die "Main Lodge" bildet mit 140 De-Luxe-Suiten auch das Zentrum für die meisten Aktivitäten. Es beherbergt die Restaurants und Unterhaltungsräume, den Spa- und Gesundheits-Club und den dramatisch gestalteten Innen- und Außenswimmingpool. Im Sommer ist die in einen Felsen geschlagene Terrasse um den Pool besonders reizvoll. Von hier aus genießt der Gast die Aussicht auf unberührte Pinien- und Espenwälder, kristallklare Flüsse und Seen und über die weißstrahlenden Berggipfel der Rockies.

ROM

LORD BYRON

FACTS

Hotel Lord Byron
Via G. de Notaris 5
I-00197 Roma
Tel. 0039/6/3220404
Fax 0039/6/3220405
28 Zimmer, 9 Suiten

Rom, die Ewige Stadt, gegründet 753 v. Chr., verzaubert und verwirrt heute jährlich fünf bis sechs Millionen Touristen aus aller Welt. Zu zahlreich sind die weltberühmten antiken Sehenswürdigkeiten dieser Metropole am Tiber, um sie alle gebührend zu erwähnen, geschweige denn, besuchen zu wollen. Rom bietet seinen Verehrern das ganze Jahr über unvergeßliche Erlebnisse. Allerdings sollte man nicht gerade die heißen Sommermonate Juli und August wählen. Sogar in der Fünf-Millionen-Stadt sind dann viele Restaurants, Geschäfte und Hotels geschlossen.

Außerhalb der Touristenpfade Roms, auf einem Hügel des vornehmen Villenvororts Parioli, nahe an der Villa Borghese und nicht weit von der Via Veneto entfernt, überschaut eines der schönsten Stadthotels der Welt die Ewige Stadt, das Hotel "Lord Byron". Viele berühmte treue Gäste erweisen der strahlend weißen Villa und ihrem Besitzer

Amedeo Ottavani immer wieder ihre Reverenz. Es sind die Ruhe, die Diskretion und die unaufdringliche Eleganz, die das Hotel zu etwas Besonderem machen.

Wenn Sie das schmiedeeiserne Einfahrtstor und die mit kleinen Zitronenbäumchen eingefaßte Treppe zur Art-déco-Tür des Hotels passieren, können Sie abschalten. Jetzt werden Sie von einer unfehlbaren, der besten Tradition verpflichteten Gastlichkeit umsorgt.

Wenige Antiquitäten setzen in der Lobby und dem anschließenden Salon Akzente. Die kostbaren Stoffe der Sitzgarnituren, die Teppiche und die langen Vorhänge vor den Fenstern schaffen einen harmonischen Kontrast zu den einfarbigen, matt glänzenden Wänden. Prächtige Blumenarrangements verströmen feine, zarte Düfte und mischen sich mit der weichen Luft, die vom Park der Villa Borghese herüberweht.

Die 28 Zimmer und 9 Suiten sind gemütlich eingerichtet und vermitteln alle einen individuellen Charakter. Sämtliches Interieur wurde speziell für das Hotel angefertigt und überzeugt durch erlesenen Geschmack. Eine tadellos funktionierende Klimaanlage ist genauso selbstverständlich wie Fernseher, Minibar, elektrisch gesteuerte Jalousien und ausreichende Lichtquellen. Bequeme, breite Betten und große, weiche Sessel ergänzen Ihr Reich zum Wohlfühlen. Das vornehme Ambiente der Räume unterstreichen die fein aufeinander abgestimmten Farben der üppig drapierten Chintzvorhänge, der mit Blumen gemusterten Tapeten und der dickflorigen dunklen Teppichböden. Die Bäder sind mit echtem Carraramarmor deckenhoch gefliest und bieten jeden Komfort, den sie in einem Luxushotel erwarten. Ein wahrhafter Traum sind die Ausblicke von den riesigen Terrassen der im obersten Stock ge-

legenen Zimmer. Zu Ihren Füßen breitet sich Rom mit seiner ganzen Pracht aus: morgens beim Frühstück, wenn die Silhouette der Stadt noch unter leichtem Morgennebel verhangen ist, oder am Abend, wenn Millionen Lichter und ein klarer Sternenhimmel eine atemberaubende Stimmung schaffen.

Auf das Abendessen können Sie sich mit einem Cocktail in der Lobby-Bar oder auf der Gartenterrasse einstimmen. Folgen Sie dann den Klängen eines Klaviers, erreichen Sie im Untergeschoß das Restaurant "Le Jardin". Der hochgelobte Chefkoch Antonio Sciullo kreiert hier allabendlich kulinarische Kunstwerke. Als "Gipfel der italienischen Küche" wird das Restaurant mit 19 von 20 möglichen Punkten im renommierten Restaurantführer der Zeitschrift "L'Espresso" bewertet. Die Lobeshymnen beziehen sich nicht nur auf die exzellenten Gerichte und den berühmten Weinkeller, sondern auch auf das Ambiente und das perfekt geschulte Personal.

Das Hotel "Lord Byron" ist *das* Luxushotel in Rom und bietet wohl als einziges Ruhe, modernsten Komfort und unübertroffenen Service – rund um die Uhr.

ROM

POSTA VECCHIA

Wollen Sie sich einmal etwas ganz Besonderes gönnen und im Luxus schwelgen, sei noch das wohl edelste Hotel der Welt "La Posta Vecchia" erwähnt. Ein Auto bringt Sie vom römischen Flughafen Leonardo da Vinci in 25 Minuten über kleine Nebenstraßen nach Palo Laziale. Wenn Sie das schwere eiserne Tor durchfahren, tut sich eine Märchenwelt auf. Eine kilometerlange Kiesauffahrt führt Sie durch einen blühenden Park mit Palmen und uralten Bäumen zu einem palastähnlichen Bau.

Der Milliardär Getty restaurierte die aus dem 4. Jahrhundert v. Chr. stammende Patriziervilla bis aufs Fundament und machte aus dem unmittelbar am Meer gelegenen Anwesen eine Sommerresidenz. Unbeschädigte Mosaiken aus vorchristlicher Zeit wurden bei den Bauarbeiten entdeckt und behutsam mit Kunstwerken der späteren römischen Kultur kombiniert. Die Restauration ließ sich der angeblich reichste Mann der Welt Millionen von Dollars kosten. Als auch die großartige Schwimmhalle mit Blick über das Tyrrhenische Meer fertig war, verlor Getty die Lust

FACTS

La Posta Vecchia
I-00055 Palo Laziale (Rom)
Tel. 0039/6/9949501
Fax 0039/6/9949507
5 Zimmer, 7 Suiten

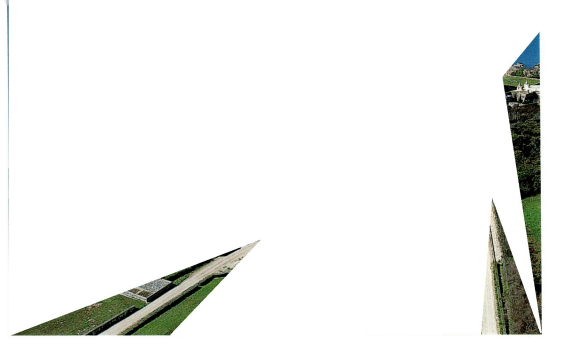

an seinem edlen Refugium und verkaufte es an eine Schweizer Gesellschaft und die römische Familie Mills Scio. Unter der rührigen Leitung von Harry Charles Mills Scio wird heute einer erlesenen Klientel ein kleines Hotel der absoluten Spitzenklasse geboten.

Eigentlich erinnert nur der dezente Service daran, daß man sich in einem Hotel aufhält. Statt an einer Rezeption werden Sie von einem Butler willkommen geheißen, und bald werden Sie sich als Hausherr fühlen, wenn Sie das Kaminzimmer, die Bibliothek, Gettys Arbeitsraum oder die Räume des archäologischen Museums für sich allein haben.

Die fünf großen Doppelzimmer und die sieben Suiten sind selbstverständlich mit echten Antiquitäten eingerichtet und verfügen über den zeitgemäßen Komfort, den man in dieser exklusiven Umgebung voraussetzt. Große Kamine sorgen im Winter für behagliche Wärme in Ihrem "Reich". Am schönsten sind die Zimmer mit dem Ausblick auf das Meer, weil Sie hier nichts hören – außer dem Rauschen der Brandung.

Nicht nur in der einmalig schönen Schwimmhalle können Sie Badefreuden genießen, sondern auch an dem Privatstrand des Hotels. Zwei Golfplätze sind in unmittelbarer Umgebung, und Pferde kann man in dem nahe gelegenen Reitclub ausleihen.

Gourmets kommen voll auf ihre Kosten, wenn sie das Restaurant des "La Posta Vecchia" aufsuchen. Fische und Meeresfrüchte dominieren bei den stets mit frischen Produkten zubereiteten Regionalgerichten.

SARDINIEN

PITRIZZA

Auf Sardinien erwarten Sie klares, türkisgrünes Meer, unzählige Sandbuchten an pittoresken Felsenküsten, malerische Dörfer und viel Kultur aus karthagischer, römischer und mittelalterlicher Zeit. Weite grüne, blühende Landschaften, umrahmt von felsigen Gipfeln, locken in das wildromantische Hirtenland, wo das Herz Sardiniens schlägt.

Nur 30 Kilometer vom Flugplatz Olbia entfernt, am nordöstlichen Zipfel Sardiniens, breitet sich einer der schönsten Küstenstriche Europas vor Ihnen aus: die Costa Smeralda. Von Ali Khan gestaltet und finanziert, wurde die Costa Smeralda zu einem exklusiven Urlaubsgebiet.

Gleich einem bewohnbaren Kunstwerk versteckt sich das Hotel "Pitrizza" diskret in unberührter Natur, und doch nur 5 Autominuten vom quirligen Hauptort Porto Cervo entfernt.

Als das Hotel 1988 dem CIGA-Imperium (heute ITT-Sheraton) einverleibt wurde, ließ man es von Grund auf überholen und großzügig renovieren. Alles wurde auf höchstes Qualitätsniveau gebracht und das Serviceangebot den modernsten internationalen Anforderungen angepaßt.

FACTS

Hotel Pitrizza
Liscia di Vacca
I-07020 Porto Cervo
Tel. 0039/789/91500
Fax 0039/789/91629
38 Zimmer,
13 Appartements

In vollkommener Harmonie mit der Natur liegen das zentrale Clubhaus und kleine Villen in einer malerischen Idylle verstreut. Als Baumaterial wurde echtes Gallura-Gestein aus der Gegend verwandt, und heute scheinen die Häuser, mit Gräsern, Farnen und Sträuchern dicht bewachsen, ein Teil der Landschaft zu sein.

"Natürlichkeit und Bodenständigkeit – aber auf höchstem Niveau", die Devise des Hauses, finden Sie schon beeindruckend bestätigt, wenn Sie die große luftige Halle im Clubhaus betreten. Die insgesamt 51 Gästesuiten sind jeweils mit vier bis sechs Einheiten auf die einzelnen Villen verteilt. Sie verfügen über eine eigene Terrasse, Garten oder Patio und überschauen das Meer der Bucht Liscia di Vacca. Die Räume sind großzügig und geschmackvoll eingerichtet, wirken aber alles andere als protzig. Weiße Stuckwände, Balken, Möbel und Stoffe aus sardischen Werkstätten schaffen eine rustikale und doch elegante Atmosphäre. Eine thermostatisch geregelte Klimaanlage, Radio und Satelliten-TV ergänzen den hohen Standard.

Der goldfarbene Privatstrand lädt zum Sonnen und zu allen Arten von Wassersport ein. Nicht minder verlockend ist der Meerwasser-Swimmingpool, der wie ein natürlicher See aus den Felsen herausgearbeitet wurde. Der Peveso-Golfplatz ist in 15 Minuten Autofahrt zu erreichen. Im Club "Cervo" (ca. vier Kilometer beim Hotel "Cervo") stehen den Gästen des "Pitrizza" sieben Tennisplätze zur Verfügung, ein Reitstall ist sechs Kilometer entfernt.

Im Clubhaus ist neben einer gemütlichen Pianobar auch noch das erstklassige Hotel-Restaurant untergebracht. In bestem italienischen Ambiente serviert Ihnen die Küche des Hauses Köstlichkeiten aus der sardischen und italienischen Küche. Auf der weiträumigen Terrasse vor dem Clubhaus erleben Sie das unvergeßliche Schauspiel vom schönsten Sonnenuntergang an der Costa Smeralda.

SCHWARZWALD

Brenner's

FACTS

Brenner's Parkhotel & Spa
Schillerstr. 6
76530 Baden-Baden
Tel. 07221/9000
Fax 07221/38772
68 Zimmer, 32 Suiten

Baden-Baden, die frühere Residenz von Kaisern, Königen und des europäischen Hochadels ist immer noch geprägt von der Eleganz und der Romantik der Belle Époque. Baden-Baden hat das ganze Jahr über Saison. Jede Jahreszeit hat ihren besonderen Reiz. Schon die Römer schätzten die heilende Wirkung der Mineralquellen bei Muskel-, Gewebe-, Kreislauf-, Nerven-, Stoffwechsel- und Gichtleiden. Heute ist die Klientel Baden-Badens internationaler als in jedem anderen deutschen Kurbad. Im verkehrsfreien Kurviertel an der Oos und mit direktem Zugang zum Kurpark liegt das mit Recht weltberühmte exquisite "Brenner's".

Der klassizistische Bau wirkt majestätisch und einladend zugleich. Es erwartet Sie im ganzen Hause eine perfekte Kombination aus vornehmer Eleganz und funktionellem, modernem Komfort. Alle 100 Zimmer sind großzügig gestaltet und mit Antiquitäten möbliert. Neben einem Sofa werden Sie auch noch eine Chaiselongue vorfinden. Gemälde der Jahrhundertwende, Kristallüster, Seidentapeten, Grünpflanzen, Blumengestecke und liebevoll ausgewählte Accessoires vervollständigen das Reich für den König Gast. Selbstverständlich sind geräumige Bäder, die mit sehr viel Sinn für extravaganten Komfort ausgestattet wurden. Wählen Sie möglichst ein Zimmer mit Balkon zur Oos: Der Blick auf die alten Bäume im Park ist unbezahlbar.

Gästen, die in gepflegter, vornehmer Umgebung speisen wollen, sei das "Brenner's Park-Restaurant" empfohlen. Hier ist für den Herrn Jackett und Krawatte vorgeschrieben. Ungezwungener und rustikaler ißt man in der "Schwarzwald-Stube" oder in der "Cocktail-Lounge".

Ein ganz großer Pluspunkt von "Brenner's" ist die in den Park hineingebaute große Schwimmhalle in römischem Stil. Das Quellwasser im Pool ist mit Ozon aufbereitet und wirkt angenehm belebend. Riesige Fensterscheiben geben Ihnen beim Schwimmen den Eindruck, mitten im Park zu sein. Allein dieser Pool ist einen Aufenthalt in "Brenner's" wert. Selbstverständlich ist eine sehr moderne Abteilung für physikalische Therapie mit einem bestens ausgestatteten

Fitneßraum. Die Damen finden gleich nebenan eine Lancaster Beauty-Farm. Ganz auf Ihre Gesundheit ist die ans Hotel angrenzende, internistische Schwarzwaldklinik "Villa Stephanie" eingestellt und doch voll in das Hotelgeschehen integriert. So können die Gäste dort denselben Service und Luxus des Hotels genießen.

Es ist nicht nur das Motto des Managements: "Wer aufhört, besser werden zu wollen, der hat aufgehört, gut zu sein", es ist auch die Einmaligkeit der Natur, die einen Aufenthalt im "Brenner's" zu einem unvergeßlichen Erlebnis macht. Nehmen Sie Platz auf der Terrasse des Hotels – direkt vor Ihnen liegt die berühmte Promenade – die Lichtentaler Allee. Ein Hauch von Unwirklichkeit umgibt die alten Zedern und Zypressen, Ginkgos und Blutbuchen; unzählige leuchtende Sträucher und Blumen wetteifern mit diesem wahrlich paradiesischen Zauber.

SCHWARZWALD

Parkhotel Adler

Im Herzen Europas, im Dreiländereck von Deutschland, der Schweiz und Frankreich, im Hochschwarzwald versteckt sich der kleine heilklimatische Kurort Hinterzarten. Er liegt 885 Meter hoch und ist berühmt für seine frische, würzige Luft. Die Umgebung von Hinterzarten mit ihren Wäldern, Bächen und Seen, mit romantischen Schluchten und plätschernden Wildbächen ist ein idyllisches Wanderparadies.

Die Bundesstraße 31, eine Querverbindung zwischen den Autobahnen A 5 (Karlsruhe – Basel) und A 81 (Bodenseeautobahn) führt an Hinterzarten vorbei. Der nächste Flughafen ist in Basel, ca. 70 km entfernt.

Wenn Sie eine Oase der Ruhe und des Friedens suchen, dann finden Sie sie garantiert im "Parkhotel Adler", am Rande Hinterzartens gelegen. In einem 4 Hektar großen Parkgelände, inmitten der reizvollen Schwarzwaldlandschaft, bietet das Hotel seinen Gästen das ganze Jahr über genußvolle Urlaubstage weitab von der Hektik des grauen Alltags.

Das Hotel ist seit mehr als 500 Jahren im Besitz der Familie Riesterer, die sich bis heute der großen Tradition und ruhmreichen Geschichte verpflichtet hat und die familiäre Atmosphäre des Anwesens unangetastet ließ. Das elegante, vornehme und großzügige Haupthaus mit dem Anbau "Adler-Residenz" und das gegenüberliegende

FACTS

Parkhotel Adler
Adlerplatz 3
79856 Hinterzarten
Tel. 07652/1270
Fax 07652/127717
42 Zimmer, 31 Suiten

typische Schwarzwaldhaus strahlen schon von außen eine einladende Gemütlichkeit aus. Am liebsten möchte man gleich auf der Terrasse Platz nehmen und die Beschaulichkeit und Ruhe genießen.

Eine Überraschung erleben Sie, wenn Sie die Empfangshalle mit Blick in den Wintergarten betreten. Es überschüttet Sie ein wahrer Rausch an bunten Farben und verschiedenen Mustern. Man muß diesen Eindruck erst einmal verdauen, bevor man entdeckt, daß kostbare Antiquitäten, schwere Kristallüster, Blumengestecke und große Fenster zum Park mit dem Überangebot der Farben konkurrieren müssen.

Vom Personal werden Sie rund um die Uhr sehr persönlich und freundlich bedient. Die 73 bequemen Gästezimmer und Suiten bieten – außer dem Mut des Innenarchitekten zu großen, bunten Blumenmustern – eine behagliche und komfortable Ausstattung. Besonders schön sind die großzügigen Junior-Suiten mit Balkon zum Park im "Residenzgebäude". Hier haben Sie reichlich Bewegungsfreiheit, und die großen Schränke im Vorraum nehmen auch Garderobe und Koffer für einen mehrwöchigen Erholungsurlaub auf.

Das Restaurant mit sieben ganz unterschiedlich gestalteten Räumen ist im "Schwarzwaldhaus" untergebracht. Am gemütlichsten ist es in der "Adlerstube", die im typischen Schwarzwälder Stil gehalten ist. Die Küche bemüht sich erfolgreich um die Verbindung von internationalen Gerichten und lokalen Spezialitäten.

Mit seinem privaten Parkgelände bietet das Hotel eine einmalige Erholungslandschaft. Spazierwege unter uralten Bäumen, saftige Wiesen, ein Ententeich und ein Wildgehege verzaubern den Großstädter und lassen den Streß vergessen. Überall laden Liegestühle und Parkbänke zum Verweilen ein. Die "lieben Kleinen" haben ihren eigenen Spielplatz, der in weiser Voraussicht etwas abseits angelegt wurde.

Eine große Schwimmhalle mit Whirlpool, Sauna, Massageabteilung und Schönheitssalon ist mit dem Haupthaus unterirdisch verbunden und in das Gelände integriert. Für Tennisfreunde stehen zwei Plätze zur Verfügung. Außerdem können Sie Tischtennis spielen, bowlen und joggen. Eigene Programme bietet das Hotel fürs Reiten, Fischen, Hallentennis, Bogenschießen, Radeln und Wandern an. Im Winter können Sie sämtlichen Skisportarten frönen.

SCHWEIZ

GIARDINO

Wie von Künstlerhand gemalt liegt das Städtchen Ascona am Lago Maggiore im Schweizer Kanton Tessin. Schon früh im Jahr wecken Sonnenstrahlen das Leben am Ufer des Sees. Früher als anderswo blühen in der "Sonnenstube" der Schweiz Bäume und Blumen. Die Tessiner Bergwelt lockt mit wild-romantischen Tälern, und in Ascona führen Zauberwinkel des Altstadtkerns zu charmanten Innenhöfen, Galerien und Boutiquen. In den Cafés an der verkehrsfreien Uferpromenade zeigt sich der Lago Maggiore in seiner ganzen Pracht. Man riecht das Wasser, spürt die Sonne und bestaunt die Gipfelkette bei einem köstlichen Cappuccino.

Am Rande von Ascona, nicht weit vom See und in unmittelbarer Nähe des wohl schönsten Golfplatzes der Schweiz, wurde 1986 das Hotel "Giardino" eröffnet. Heute steht das südliche Landhaus schon so vertraut und üppig begrünt in seinem Märchengarten, als hätte es schon immer dort gestanden.

Die Ausstattung der hellen, weiträumigen Empfangshalle wird von eleganten, kostbaren Materialien beherrscht, welche nicht Prunk, sondern heitere Gemütlichkeit ausstrahlen. Stoffe von Rubelli und Valentino, Teppiche von Missoni und viel italienisches Design verleihen dem Haus ein mediterranes Flair und einen unaufdringlichen Hauch von Eleganz. Die großen Fenster geben den Blick auf eine malerische Gartenanlage frei.

FACTS

Giardino
Via Segnale
CH-6612 Ascona
Tel. 0041/93/350101
Fax 0041/93/361094
54 Zimmer,
18 Suiten

Mit herzlicher Gastfreundschaft werden Sie rund um die Uhr von 120 entgegenkommenden Mitarbeitern unter der Leitung von Hans C. Leu und seiner Frau Farida Wolf verwöhnt.

Die 54 Gästezimmer und 18 Suiten sind großzügig geschnitten, sehr bequem und behaglich eingerichtet und bieten jeden Komfort. Auch die in mattglänzendem Marmor gefliesten Bäder sind überlegt konzipiert und wirken geradezu luxuriös. Loggien mit prächtigem Blumenschmuck und weißen Korbmöbeln sind den Zimmern vorgelagert und bieten ein einladendes privates Refugium im Freien. Am beliebtesten sind die Zimmer mit Blick auf den zauberhaften Garten mit Seerosenteich und großem Pool. Wer es noch ruhiger mag, sollte ein Zimmer mit Blick auf den Golfplatz wählen.

Die persönliche Betreuung des Ehepaares Leu/Wolf fängt damit an, daß Herr Leu Sie mindestens einmal wöchentlich begleitet, wenn das hoteleigene "Oldtimer Postauto" die Tessiner Täler ansteuert und er Ihnen während einer ausgedehnten Wanderung alles Interessante über die Geschichte und Kultur des Tessins erzählt.

Das "Giardino" kann wie ein Jungbrunnen wirken; denn Schönheit und Wohlbefinden versprechen die vielfältigen Aktiv- und Beautyangebote im "Vanity Club" – auch für Herren. Die Badeabteilung verfügt über Sauna und Whirlpool, Gym-Raum und Massageservice. Wenn Sie den Swimmingpool nicht nutzen wollen, können Sie auch einen Sprung in das saubere Wasser des Sees wagen, der in der Nähe des Hotels nicht von den vielen Ausflugsdampfern frequentiert wird. Auf dem Tennisplatz des "Giardino" können sich die Freunde des weißen Sports vergnügen. Golfern sei empfohlen, sich rechtzeitig um T-Times zu bemühen, denn

Asconas Golfplatz ist eine Top-Adresse. Jogger und Spaziergänger treffen sich auf den Wegen entlang des Sees, die zur berühmten Uferpromenade führen.

Ab Mittag ist die Terrasse des Hauptrestaurants "Aphrodite" ein beliebter Treffpunkt. Vom Chefkoch René Nagy werden beste Gerichte aus der regionalen Küche zubereitet. Wenn es das Wetter erlaubt, sitzt auf der Bühne über dem romantischen Seerosenteich ein Pianist am Flügel und unterhält mit klassischer Musik. Am Abend wandelt sich die Bühne zum "Teatro Giardino". Während Sie delikate Speisen genießen, nehmen Sie an Ballett-, Konzert- oder Theatervorführungen teil. Schöner kann man Kulinarik und Kultur nicht verbinden.

Steht Ihnen der Sinn nach noch außergewöhnlicheren Tafelfreuden bei Harfenklängen, so ist die "Osteria Giardino" die richtige Adresse. Hier sollten Sie sich auf jeden Fall für einen Ihrer Abende einen Tisch reservieren lassen. Wenn Sie Weinliebhaber sind oder werden möchten, dann können Sie auf mannigfache Weise "Wein als Kultur" erleben. In der "Enoteca" beim professionellen Degustieren haben Sie die Gelegenheit, Ihren Lieblingswein auch gleich zu erwerben. In den "Giardino-Kellern" lagern, vom Haus-Önologen Adrian Stalder sorgfältig ausgewählt, 333 Spitzenweine aus elf Ländern.

SCHWEIZ

GRAND HOTEL VICTORIA JUNGFRAU

FACTS

*Victoria Jungfrau
Grand Hotel
CH-3800 Interlaken
Tel. 0041/36/271111
Fax 0041/36/273737
163 Zimmer, 42 Junior-
Suiten, 14 Suiten,
7 Duplex-Suiten,
1 Tower-Suite*

Das Gebiet zwischen dem Thuner und Brienzer See ist nämlich das Allerherrlichste in diesem unbegreiflich schönen Land", schrieb der Komponist Felix Mendelssohn Bartholdy 1842 in einem Brief an seine Mutter. Diese Aussage wird auch heute noch jeder bestätigen, der sich für Interlaken als Urlaubsort im Kanton Bern entschlossen hat.

Die sprichwörtliche Schweizer Gastfreundlichkeit hat in Interlaken einen Hort gefunden – es ist das "Victoria Jungfrau", ein Hotel der Luxusklasse. Es bietet seinen Gästen den modernsten Komfort, verbunden mit der Tradition, dem Charakter und dem Charme eines großartigen Grandhotels des 19. Jahrhunderts.

Die Gründung des Hauses führt in die Frühzeit des Schweizer Tourismus zurück. 1990 wurden "125 Jahre Hotel Victoria Jungfrau" gefeiert, und danach, 1991, unterzog man das Hotel einer Totalrenovierung. Das prunkvolle Ambiente aus der Belle Époque blieb unangetastet, aber Ausstattung und Komfort lassen heute keine Wünsche mehr offen.

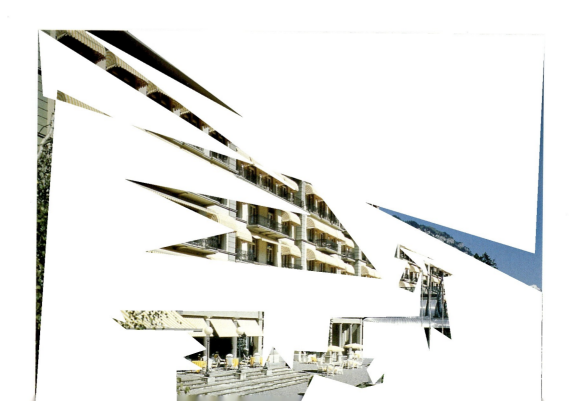

Das Hotel verfügt über insgesamt 227 Zimmer, darunter 42 Junior-Suiten, 14 Suiten, 7 Duplex-Suiten und als Highlight die Tower-Suite mit dem Kuppeldach. Klassische Eleganz spiegelt sich in den Gästezimmern wider, die auf das faszinierende Jungfraumassiv blicken. Wenn Sie auf Ihrem Zimmer frühstücken, liegt neben der "Neuen Zürcher Zeitung" auch eine amerikanische Tageszeitung bereit. Am schönsten sind die Zimmer im vierten Stock mit vorgelagertem Balkon und freiem Blick auf den Hotelpark. Sie sollten bei Ihrer Reservierung darauf hinweisen, daß Sie kein Zimmer über dem Anfahrtsbereich oder zur Straße akzeptieren.

Mit ausgesuchten Köstlichkeiten aus Küche und Keller versorgt Sie die Gastronomie des Hauses: "La Terrasse" ist das elegante Restaurant, das zu den besten in der Schweiz zählt, die "Jungfraustube" ist das gemütliche, rustikale Restaurant mit Spezialitäten vom Holzkohlengrill. Während der Sommermonate finden hier Barbecue-Abende auf der Terrasse statt. Die "Intermezzo-Bar" und die "Victoria-Bar" sind beliebte Treffpunkte zum Aperitif oder Cocktail. Im "Racket-Club" treffen sich Tennisspieler oder Zuschauer in ungezwungener Atmosphäre. Ganz Unermüdliche zieht es in den "Edelweiß-Pub", ein Lokal mit gemütlicher Live-Musik, die Disco "Barbarella" mit Live-Orchestern oder den Night-Club "Le Cabaret", in dem Künstler aus aller Welt ihre Shows präsentieren. "Le Salle de Versailles" und "Le Salon Napoléon" mit ihren prachtvollen Kristallüstern, den hohen, stuck- und goldverzierten Wänden und Kassettendecken gehören sicherlich zu den prunkvollsten Räumen, die ein Hotel für festliche Anlässe zur Verfügung stellen kann.

Das "Victoria-Jungfrau-Spa" offeriert zudem ein einmaliges "Wellness"-Programm. Schon die alten Römer fanden, daß ein gesunder Geist in einem gesunden Körper wohnen müsse. Heute nehmen immer mehr gesundheitsbewußte Menschen diese Herausforderung an und planen den verantwortlichen Umgang mit dem eigenen Körper. Diesem Wohlergehen des Gastes hat sich das exklusive Health-, Fitneß- und Beauty-Center verschrieben. Neben modernsten Einrichtungen steht ein Spezialisten-Team zur Verfügung, das den Gast individuell berät und betreut. Auf Präventiv-Maßnahmen, die die Überforderung des modernen Menschen durch die Leistungsgesellschaft berücksichtigen und deren Einfluß auf Körper und Psyche, wird besonderer Wert gelegt. Architektonisches Zentrum des "Victoria-Jungfrau-Spa" ist die imposante, an die Badekultur der Römer erinnernde Schwimmhalle. Das große Becken, eingerahmt von hohen, farblich auf das klare, blaugrüne Wasser abgestimmten Marmorsäulen, macht die Lust am Schwimmen zum besonderen Vergnügen. Daneben finden Sie Whirlpools, ein Dampfbad, Saunen, Solarien, Ruheräume, und im Freien ein Sole-Sprudelbad. Zur Entspannung tragen auch klassische Massagen, Fußreflexzonenmassage, Lymphdrainage oder kombinierte Massagen bei. "Aqua-Fun-Lektionen" sind kreislaufförderndes, gelenkschonendes Wassertraining. Ihre Leistungsfähigkeit können Sie nach dem Erfassen Ihrer gesundheitlichen Risikofaktoren beim "Medical Fitness" beurteilen lassen. Außerdem kann die Teilnahme an Kursen in Gesundheits-, Zeit- und Streßmanagement sowie Seminaren zur Nikotinentwöhnung eine wertvolle Hilfe darstellen.

Für Tennisspieler bietet das Hotel 4 Innen- und 3 Außenplätze. Für Golfer gibt es eine Indoor-Golf-Anlage "Master Golf", und direkt am Thuner See in einem Naturreservat, nur 5 Minuten vom Hotel entfernt, liegt einer der schönsten Golfplätze der Schweiz (18 Löcher, Par 72).

Das "Grand Hotel Victoria Jungfrau" ist zu allen Jahreszeiten ein idealer Ausgangspunkt für Ausflüge und Wanderungen ins gesamte Berner Oberland. Wasser-

sportler finden alle Möglichkeiten am Thuner und Brienzer See: Strandbäder, Segel- und Surfschulen, Ruder- und Motorboote, Wasserski sowie Angelmöglichkeiten. Auch eine Reitschule ist in der Nähe. Die bequemste und beschaulichste Art, die Berge zu bewundern, ist eine Schiffahrt auf den Seen.

SCHWEIZ

Beau-Rivage Palace

FACTS

*Beau-Rivage Palace
Chemin du Beau-Rivage
CH-1000 Lausanne 6
Ouchy
Tel. 0041/21/6133333
Fax 0041/21/6133334
175 Zimmer,
9 Junior-Suiten,
6 Grand-Luxe-Suiten*

Die Riviera der Schweiz wird die Landschaft zwischen Genf und Montreux mit ihren sanften Hängen an den Ufern des Genfer Sees genannt. In einem sonnigen, milden Klima, geschützt von den Savoyer Alpen rund um den Montblanc, gedeihen hier Palmen, Zedern, Blumen und Früchte in mediterraner Pracht und die besten Weine der Schweiz. Diese großartige Region bietet sich vom Frühjahr bis in den späten Herbst als Reiseziel an.

Umgeben von Weinbergen liegt friedvoll Lausanne. Nur wenige Gehminuten vom Zentrum der quirligen Olympiastadt entfernt finden Sie hier das "Beau-Rivage Palace", nur durch seinen riesigen, malerischen Park vom Genfer See getrennt.

Im März 1861 wurde das "Beau-Rivage" glanzvoll eröffnet, und wegen des großen Erfolges bei englischen Lords, russischen Großherzögen und amerikanischen Millionären errichtete man nebenan gleich ein zweites Gebäude. Im Jahre 1908 stellte man den staunenden Gästen das "Palace" vor, das sich in eine attraktive Stuckfassade kleidet. Beide Gebäude sind heute mit einer durchgehenden Passage im Erdgeschoß und einem Pavillon mit einer nachempfundenen Renaissance-Kuppel verbunden.

Die echten Antiquitäten, prächtigen Stuckdecken und schweren Kronleuchter unterstreichen den Charme der Jahrhundertwende und erinnern an die großen Zeiten der Belle Époque. Das "Beau-Rivage Palace" wurde und wird unter Wahrung seiner Tradition und Geschichte laufend auf dem Stand des neuesten Komforts gehalten. Eine Generalrenovierung über acht Jahre und mit Investitionen von fast 40 Millionen Schweizer Franken wurde erst Ende 1993 abgeschlossen. Unter der professionellen Anleitung von Willy Brawand, einem gebürtigen Schweizer aus Grindelwald, kümmern sich über 200 Angestellte mit der sprichwörtlich herzlichen Schweizer Gastfreundschaft jetzt Tag und Nacht um das Wohl einer internationalen Klientel.

Sehr geräumig und mit wertvollen französischen Möbeln ausgestattet, bieten die 175 Gästezimmer, 9 Junior-Suiten und 6 Grand-Luxe-Suiten jede Annehmlichkeit, die man sich insgeheim erhofft, jedoch nie erwartet hätte. In dezentem Luxus sind alle Zimmer individuell ausgestattet; die meisten haben Balkone oder Terrassen mit einem sensationellen Ausblick auf den See und die Berge. Die "Beletage" ist voll klimatisiert, und sogar in den Badezimmern stößt man auf Fernseher und Video.

Jede Suite hat eine Jacuzzi-Badewanne, Zimmerbar und Stereoanlage. Freunde der Muse werden sich an der

"Paderewski-Suite" (nach dem polnischen Klaviervirtuosen benannt) mit ihrem Stutzflügel und der Bibliothek erfreuen. Gäste, die sich etwas besonders Ausgefallenes gönnen, mieten die ganz aus dem Rahmen des Üblichen fallende, rustikal-elegante "Somerset-Maugham-Suite" mit Holzbalken, Galerie und einer abgeschiedenen Terrasse auf dem Dach des Hotels.

Wer sich sportlich betätigen möchte, kann aus einem wahrlich unerschöpflichen Angebot wählen. Neben einem geheizten kombinierten Frei- und Hallenschwimmbad, einem Fitneßzentrum, Gymnastikraum, Solarium, einer Sauna und einem Türkischen Bad locken im Hotelpark zwei Tennisplätze, ein Putting Green, ein Jogging-Trail, Tischtennisplatten und ein Riesenschachspiel. Gepflegte Wege am See, durch Wälder und Felder laden zu Spaziergängen ein. Im Sommer kommen Wassersportenthusiasten auf dem Genfer See mit Wasserski, Windsurfing, Segeln und Schnorcheln voll auf ihre Kosten, während Golfer unter sechs Plätzen in Hotelnähe wählen können. Wenn Sie sich auf dem Rücken eines Pferdes entspannen wollen, haben Sie die Auswahl unter vier Reitschulen. Mit hoteleigenen Fahrrädern und Mountainbikes erforscht man die idyllischen Uferwege oder übt sich auf beschwerlichen Bergstrecken.

Bei den Restaurants vermittelt das "Grill Piscine" am Schwimmbad ungezwungene Atmosphäre. Hier werden Ihnen drinnen oder auf der Terrasse "à la carte-Menüs" oder kleine Snacks serviert. Unter den Arkaden des Hotels ist das "Café Beau Rivage", *der* Treffpunkt in Lausanne. In pariserisch anmutendem Ambiente herrscht hier von morgens bis abends ein lebendiges Treiben; im Sommer sind die Plätze auf der vorgelagerten Terrasse heiß begehrt. Am Abend nimmt man hier bei dezenter Pianomusik seinen Aperitif ein. Die abwechslungsreiche Küche bietet durchaus originelle und raffinierte Gerichte. Wer es ruhiger und formeller mag, geht in das Restaurant "Rotonde Beau Rivage".

SCHWEIZ

Le Mirador

FACTS

Hôtel Le Mirador
CH-1801 Mont-Pèlerin
Vevey
Tel. 0041/21/9251111
Fax 0041/21/9251112
93 Zimmer
und Suiten

Nur ca. 30 Kilometer östlich von Lausanne und oberhalb von Montreux, bietet das Hotel "Le Mirador" in Mont-Pèlerin sämtliche Vorzüge eines Luxushotels mit komfortabler Eleganz in erholsamer Umgebung. Es ist der ideale Standort, um das kulturelle Angebot rund um Montreux intensiv und unmittelbar zu erleben. Sei es das weltberühmte "Festival de Musique", das europäische Fernsehspektakel mit der Verleihung der "Goldenen Rose von Montreux", die sieben Museen in Montreux-Vevey oder die Fondation Gianadda in der alten Römerstadt Martigny am Fuße des Großen St. Bernhard.

Hoch, wie über dem Genfer See schwebend, ist das "Mirador" ein Paradies für Erholungsuchende. Mit einem Investitionsvolumen von 30 Millionen Schweizer Franken wurde das traditionsreiche Haus Anfang 1994 modernisiert. Komfort und Freizeitangebot entsprechen höchstem internationalen Standard. Die eleganten 93 Zimmer und Suiten –

in der Regel mit Balkon und Seeblick – verfügen über Minibar, elektronischen Safe und Klimaanlage sowie Fernbedienung zur Regulierung von Licht, Vorhängen und Markisen. Jedes Zimmer ist mit Videogerät sowie ultramoderner Telefon- und Faxanlage ausgestattet.

Der Spa-Bereich umfaßt 14 Räume und Kabinen. Hier werden für Erholungsbedürftige zahlreiche Anwendungen geboten. Gesundheits- und freizeitbewußten Gästen stehen nicht nur ein beheiztes Schwimmbad mit verbundenem Außen- und Innenbecken sowie Whirlpool zur Verfügung, sondern auch modernste Fitneßräume mit elektronischen Geräten, Sauna, Dampfbad und Freizeitsportmöglichkeiten wie Tischtennis, Golfomat, Volleyball u. a. Nicht zuletzt die kilometerlangen Panoramawege mit großartigem Ausblick auf See und Alpen runden das Angebot für einen Aktiv-Urlaub ab.

Das neue Gourmet-Restaurant "Le Trianon" ist eines der schönsten und romantischsten Lokale am Genfer See. Küchenchef Stéphane Chouzenoux serviert Ihnen hier sensationelle kulinarische Kreationen. Wer es weniger formell bevorzugt, wird von der Küche und Atmosphäre im "Patio" nicht enttäuscht werden. Wenn das Wetter es erlaubt, sollten Sie sich auch einmal auf der Aussichtsterrasse verwöhnen lassen.

SCHWEIZ

DOLDER GRAND HOTEL

FACTS

*Dolder Grand Hotel
Kurhausstr. 65
CH-8032 Zürich
Tel. 0041/1/2516231
Fax 0041/1/2518829
180 Zimmer,
14 Suiten*

Im Residenzviertel, hoch über der Stadt, inmitten eines romantischen Parks und mit einem Panoramablick auf die Stadt und den Zürichsee bis hin zu den Alpen, versteckt sich das schönste Hotel Zürichs, das "Dolder Grand Hotel". Zum Stadtzentrum sind es ganze 10 Autominuten. Die "Dolder"-Zahnradbahn fährt alle 10 Minuten vom Hotel zur Stadt hinunter – und kann von den Hotelgästen kostenlos benutzt werden.

1899 öffnete das "Dolder Grand Hotel" seine Tore. Der markante Jugendstil-Bau wurde schon bald ein architektonisches Wahrzeichen Zürichs. Bis heute hat man den Charme der Jahrhundertwende erhalten und trotzdem immer darauf geachtet, daß der Komfort und die Ausstattung modernen Anforderungen Genüge leisten.

Beim Betreten der geräumigen Empfangshalle werden Sie gleich von echtem Jugendstil-Ambiente gefangengenommen. Bequeme Sitzgruppen laden unter einem imposanten Kronleuchter zum Verweilen ein. Matt schimmernde Marmorsäulen harmonieren mit einem glänzenden Steinboden. Dezente, helle Farben verleihen der Halle besondere Großzügigkeit und eine sehr elegante Atmosphäre. Mit herzlicher Gastfreundschaft sorgen der Direktor Heinrich J. Hunold und sein Personal für einen unvergeßlichen Aufenthalt.

Die 180 Zimmer und 14 Suiten bieten unbeschwerte Behaglichkeit in schlichter Eleganz. Die lichten, großen Zimmer in sanften Farben sind konventionell, aber mit dem Komfort der heutigen Zeit ausgestattet. Erstklassiger Service begleitet Sie rund um die Uhr. Auf Ihrem Zimmer finden Sie immer einen reichlich gefüllten Obstkorb vor, und jeden Morgen liegt die neueste Tageszeitung vor Ihrer Tür. Während Sie schlafen, werden Ihre Schuhe auf Hochglanz poliert.

Von den Zimmern im Haupthaus haben Sie den vollen Blick auf die Stadt, den See bis hin zu den Alpen, während Sie im Neubau einen herrlichen Waldblick genießen können. Am schönsten sind die Räume mit vorgelagerten Balkons im dritten und vierten Stock. Helle Markisen bieten Schutz vor der Sonne, und Sie können hier ungestört die traumhafte Landschaft rundherum in sich aufnehmen.

Das Restaurant "La Rotonde" pflegt die leichte Version der französischen Küche. Im Sommer werden auf der Terrasse über die Mittagszeit kalte und warme Gerichte serviert, oder Sie können dort bei einem kühlen Drink und Pianounterhaltung den Nachmittag verbringen. Die Stadt liegt zu Ihren Füßen, und die Berge sind zum Greifen nah. Die gemütliche, stilvolle Hotelbar ist ein beliebter Treffpunkt zum Aperitif und zum Ausklang eines stilvollen Abends.

In der großen Parkanlage laden bequeme Stühle im Schatten der Bäume zum Entspannen ein. Wenn Sie sich sportlich betätigen wollen, können Sie hier und in den umliegenden Wäldern ausgiebig wandern, joggen oder beim Spaziergang die Ruhe und den Frieden dieses paradiesischen Fleckchens Erde genießen. Golfspielern steht der hoteleigene 9-Loch-Platz zur Verfügung (Handicap erforderlich). 4 Sandtennisplätze und 1 Platz mit Hartbelag, ein öffentliches Freiluftschwimmbad mit künstlichem Wellengang, Vita-Parcours für Fitneßtraining und im Winter eine Kunsteisbahn liegen in unmittelbarer Nähe des Hotels und sind für die Gäste kostenlos.

SEYCHELLEN

Le Méridien Fisherman's Cove

FACTS

*Le Méridien
Fisherman's Cove
Mahé Island, Seychelles
Tel. 00248/247247
Fax 00248/247742
48 Zimmer im Hauptgebäude und in Cottages*

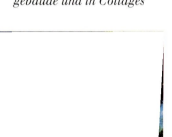

Als sich vor Millionen von Jahren durch die sogenannte Kontinentalverschiebung die Kontinente Afrika und Asien bildeten, blieben 89 winzige Eilande mitten im Indischen Ozean zurück. Im Jahre 1743 wurde diese Inselgruppe von Frankreich in Besitz genommen und erhielt ihren heutigen Namen: Seychelles. Erst im Jahre 1976 wurden die Seychellen in die Unabhängigkeit entlassen.

Die idyllischen palmenumsäumten Pulverstrände und die einmalige Flora und Fauna versteckten sich bis vor kurzem als Rest des Garten Edens ca. 1000 Meilen abseits der Verkehrsströme. Erst die moderne Flugtouristik entdeckte die Seychellen als Traumziel vor wenigen Jahren; bis dahin schlief das Paradies still vor sich hin. Aus ihren Träumen gerissen, entschied die Bevölkerung klug vorausschauend, jährlich nicht mehr als 100 000 Besucher auf ihre Inseln zu lassen. Üppige Urwälder, eine auf der Welt einmalige Fülle prächtiger Blumen und Pflanzen, seltene Tier- und Vogelarten können so weiterhin unter dem tropischen Klima (heiß und niederschlagsreich von Dezember bis März, kühler – ca. 25–29 Grad – und trockener zwischen Mai und Oktober) gedeihen.

Ferien auf den Seychellen beginnen auf Mahé, der Hauptinsel des Archipels, da sie als einzige Insel der Gruppe einen internationalen Flughafen hat. Mahé ist mit ihren 27 Kilometern Länge und acht Kilometern Breite die größte Insel des Archipels. Hier leben auch 90 Prozent der 70 000 Einheimischen.

Allein die Insel Mahé ist von 86 Stränden eingerahmt, deren Puderzuckersand in kristallklares, smaragdgrünes Wasser übergeht. Palmen und üppiges Buschwerk bilden einen wildromantischen Hintergrund. Im Inneren der Insel liegen die Vanille- und Zimtplantagen, die für die Wirtschaft des Inselreiches von größter Bedeutung sind. Zitrusfrüchte und Tee, Kokosnüsse und Mangos, Brotfrüchte und Bananenstauden wachsen bis an den Straßenrand.

An einem der schönsten Strände der Welt liegt das eleganteste und exklusivste Hotel von Mahé, das "Méridien

Fisherman's Cove". In etwas erhöhter Lage schmiegt sich die Hotelanlage in harmonischem Einklang mit der Landschaft an das Ende der Beau Vallon Bay. Innerhalb eines großzügigen Gartenareals mit schattenspendenden Palmen fügen sich das Zentralgebäude und die eingeschossigen Bungalows ideal in die tropische Natur ein. Heimischer grauer Granit wurde als Baumaterial verwandt. Inseltypische Palmstrohdächer schützen vor Hitze und Schwüle.

Die nach drei Seiten offene Hotellobby des Hauptgebäudes bildet einen eindrucksvollen Mittelpunkt mit herrlichem Blick über das Meer. Großzügige Eleganz setzt sich in dem angrenzenden Restaurant, der Bar und auf den Terrassen fort.

Die französischen Manager haben ihr Personal ausgezeichnet ausgebildet. So fällt es nicht schwer, sich auch mit geringen französischen Sprachkenntnissen verständlich zu machen.

Die 48 Gästezimmer sind im Hauptgebäude und in den umliegenden Bungalows untergebracht. Alle Zimmer sind geräumig und landestypisch mit Rattanmöbeln eingerichtet. Sie verfügen über komfortable moderne Bäder, Klimaanlage, Telefon, TV, Zimmersafe, Kühlschrank, Radio, Balkon oder Terrasse mit Meerblick. Allerdings sollten Sie nicht den Luxus einer Edelherberge erwarten. Das Interieur in sommerfrischen Farben ist durchaus bequem und zeichnet sich durch den Charme einer lässigen Eleganz aus. Am schönsten logieren Sie in den Bungalows, die direkt am Strand liegen. Hier haben Sie auf Ihrer Terrasse den schönsten Sitzplatz am Meer, den Sie sich wünschen können.

Am Abend bietet das Restaurant kreolische Küche mit französischem Touch. Das Angebot ist nicht aufregend, aber durchaus akzeptabel.

Ein kleiner Swimmingpool versteckt sich unter Palmen und ist eigentlich nur wegen der umliegenden schattigen Liegewiesen und der Poolbar ein Ort zum Verweilen; denn wer kann schon dem immer warmen Wasser des Meeres widerstehen? Damit die ruhesuchenden Gäste nicht gestört werden, wurde das Wassersportzentrum einen Kilometer entfernt angelegt.

Für Freunde der Unterwasserwelt sind die Seychellen ein wahres Paradies. Abgetaucht in die Tiefen des glasklaren Wassers, erlebt man geradezu einen Rausch von Farben. Inmitten von bunten Korallengärten und bei einer Sicht von mehr als 30 Metern kann man über 200 Fisch- und über 30 Muschelarten beobachten.

SYLT

WALTER'S HOF

FACTS

Hotel Walter's Hof
Kurhausstraße
25999 Kampen/Sylt
Tel. 04651/4490
Fax 04651/45590
40 Appartements

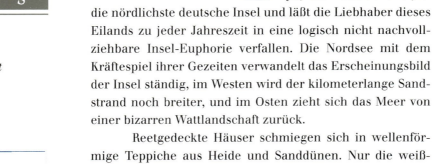

Sylt, "die wilde Schöne", ist die nördlichste deutsche Insel und läßt die Liebhaber dieses Eilands zu jeder Jahreszeit in eine logisch nicht nachvollziehbare Insel-Euphorie verfallen. Die Nordsee mit dem Kräftespiel ihrer Gezeiten verwandelt das Erscheinungsbild der Insel ständig, im Westen wird der kilometerlange Sandstrand noch breiter, und im Osten zieht sich das Meer von einer bizarren Wattlandschaft zurück.

Reetgedeckte Häuser schmiegen sich in wellenförmige Teppiche aus Heide und Sanddünen. Nur die weißgestrichenen Fassaden nehmen die Illusion, daß die Häuser ein Teil der Natur sind.

Kampen ist trotz seines mondänen Anstrichs ein sympathisches Dorf geblieben. Eingebettet in ausgedehnte Heideflächen, kleine Waldstücke, Dünen und Wattwiesen, hat es den Charme einer ehemaligen Künstlerkolonie konservieren können. Dünen und Meer hat das Hotel "Walter's Hof" in unmittelbarer Nähe, und Kampens berühmte Lokale und Boutiquen sind nur ein paar Schritte entfernt. Nach gründlicher Renovierung bietet das Haus seinen Gästen den Luxus eines anspruchsvollen Hauses. Unter der Leitung des aktiven Detlef Tappe ist das Hotel wieder eine "Top-Adresse" auf Sylt geworden. Schon im Empfangsbereich umgibt den Urlauber eine helle, freundliche, mit südlichem Charme angehauchte Atmosphäre.

Die 80 Betten des Hauses verteilen sich auf großzügige Ein-Raum-Appartements, Zweizimmerappartements und Suiten. Die Ausstattung orientiert sich an internationalen Standards und bietet modernsten Komfort. In den wohnlichen Räumen finden Sie neben einer gemütlichen Sitzecke, einem breiten bequemen Bett auch Farb-TV, Mini-Bar und eine Kochnische. Selbstverständlich sind Badezimmer, in denen der anspruchsvolle Gast alles findet, was

er in einer Nobelherberge voraussetzt. Am meisten sind die Zweizimmerappartements mit Terrasse zu empfehlen; denn schöner kann man sich nicht inmitten der Inselromantik erholen. Im Hotel wartet ein Swimmingpool mit Gegenstromanlage auf Sie. In der Sauna schwitzt der Gast, im Solarium läßt er sich bräunen, oder er trainiert im Fitneßraum an modernen Geräten. Die Natur selbst lockt natürlich den Urlauber auch. Das Nonplusultra für Badevergnügen und Wassersport ist im Sommer der fast vierzig Kilometer lange Sandstrand mit zigtausend Strandkörben und seinen FKK-Abschnitten. Auf einem 18-Loch-Golfplatz zwischen Kampen und Wenningstedt finden Golfer ihr Paradies. Auf dem Mountainbike verschafft sich der Radler seine Befriedigung, wenn er über die ehemalige Inselbahntrasse von Kampen aus durch die Dünen nach List fährt. Acht Reitställe auf der Insel verleihen ihre Pferde zum Ausritt. Auf langen Spaziergängen am Watt auf der Ostseite der Insel kann man die außergewöhnliche Flora und Fauna dieser einmaligen Landschaft erforschen und hier die Abgeschiedenheit und melancholische Stille genießen. Sogar unsportlichen Gästen fällt es schwer, sich vollkommen dem Müßiggang hinzugeben; denn durch die frische Luft fühlt man sich ständig zu Strandwanderungen animiert.

Ganz auf Urlaub ist das reichhaltige Frühstücksbuffet im "Walter's Hof" eingestellt. Bis 11.30 Uhr können Sie sich am Spezialitätenbuffet bedienen. Beliebter Treffpunkt sind während des Tages die vielen kleinen gemütlichen Tee- und Kaffeestübchen. Mit viel Glück finden Sie auch ein freies Tischchen. Im Hotel lädt am Abend das helle Bistro-Restaurant "Piccolo" zum Essen ein. Qualität und Service sind allerdings im hoteleigenen "Tappe's Restaurant" besser, das in wenigen Minuten zu erreichen ist.

SYLT

SEILER HOF

FACTS

Seiler Hof
Gurtstig 7
25980 Keitum/Sylt
Tel. 04651/31064
Fax 04651/35370
11 Zimmer
Keine Kreditkarten

Die Insel Sylt zeigt sich im Friesendorf Keitum von ihrer "grünen Seite". Zwischen Alleen aus stämmigen Ulmen verstecken sich die schönsten reetgedeckten Friesenhäuser, behagliche Wattenmeerbeschaulichkeit prägt das Bild Keitums. In dieser Umgebung wurde vor 250 Jahren das kleine Schmuckstück "Seiler Hof" gebaut. Nach einer Renovierung im Anbau brachte man die elf Gästezimmer und Ferienwohnungen mit friesischer Wohnkultur und den Komfortansprüchen unserer Zeit in harmonischen Einklang. Sämtliche Zimmer sind großzügig und hell möbliert. Genauso selbstverständlich wie Farbfernseher und Radio in den Gästezimmern sind, finden Sie in Ihrem gut ausgestatteten Bad Fön und Bademantel.

Es ist nicht nur die gepflegte, ungekünstelt friesische Atmosphäre, die dieses Hotel zu etwas Besonderem macht, sondern auch das Gefühl, bei guten Freunden ein gastliches Domizil gefunden zu haben. Die Eigentümerin Inken Johannsen, ihr Sohn Thorsten und freundliche Angestellte kümmern sich mit großem Einsatz von morgens bis abends um das Wohl der Gäste.

Ein großer Garten mit altem Baumbestand bietet schattige Liegeplätze, und auch das Freizeitangebot kann sich sehen lassen: Whirlpool, Sauna, Dampfbad, Sonnenbank, Massagen und Fitneßraum.

Im kleinen Restaurant werden ausschließlich Hausgäste verköstigt.

Es müssen ja nicht immer Luxusherbergen sein, die mit unvergeßlichen Ferienerlebnissen aufwarten. Das kleine, romantische Hotel "Seiler Hof" ist eine empfehlenswerte Alternative.

THAILAND

The Oriental

*The Oriental
48, Oriental Avenue
10500 Bangkok, Thailand
Tel. 0066/2/2360400/20
Fax 0066/2/2361937-9
359 Zimmer,
34 Suiten*

Bei Thailand denkt man automatisch an exotischen Zauber, anmutige Tänzerinnen, Mönche in orangefarbenen Kutten, weiße Palmenstrände, Eßkultur, schillernde Seide und immer freundlich lächelnde Einwohner.

Die angenehmste Reisezeit ist zwischen Mitte Oktober und Anfang März bei Temperaturen von 25 bis 30°. Danach wird es unerträglich heiß und schwül. Außerdem setzt Mitte Mai die Regenzeit ein, die bis Anfang Oktober andauert.

Gegensätze zwischen gewachsener Kultur und westlichen Einflüssen faszinieren jeden Besucher Bangkoks. Haben Sie für Ihren Aufenthalt in Bangkok das Hotel "The Oriental" gewählt, haben Sie sich für eines der besten Hotels der Welt entschieden. Sie werden erleben, daß der Mythos des legendären Hotels der Realität standhält. Gegründet im Jahre 1876 und bis heute ständig auf dem neuesten Stand eines Spitzenhotels der Weltklasse gehalten, wird alles geboten, was eine wahrlich internationale und anspruchsvolle Klientel erwartet: Luxus auf höchstem Niveau, Ruhe und traditionelle Gastfreundschaft mit modernem Komfort, kosmopolitische Atmosphäre und exotisches Flair.

Prachtvoll und dominant am Flußufer des Chao Phrayas gebaut, empfängt das "Oriental" den Gast mit einer beeindruckend großen hellen Lobby. Riesige glockenförmige Lampen im Thai-Design hängen an der Decke, und eine Glaswand gibt den Blick auf die Gartenanlagen des Hotels und das lebendige Treiben auf dem Fluß frei. Von strahlenden Thai-Mädchen werden Sie mit Kränzen aus Orchideen begrüßt.

Seit 1967 hat es der deutsche Manager Kurt Wachtveitl verstanden, seinen Gästen nicht nur eine Unterkunft zu bieten, sondern eine Welt für sich, die einen leicht in Euphorie versetzen kann. Heerscharen von Angestellten, immer freundlich und von perfekter Zuvorkommenheit, kümmern sich 24 Stunden um das Wohl der Gäste in den 359 Gästezimmern und 34 Suiten. Jedes Zimmer ist dezent luxuriös gestaltet und bietet einen sensationellen Blick über

den Chao Phraya. Neben einem Korb mit exotischen Früchten erwarten Sie in "Ihrem Reich" kunstvoll arrangierte Orchideengestecke und viel fernöstliches Ambiente aus Messing, Leder, Mahagoni und Teak. Auf dem Schreibtisch liegt Briefpapier, mit Ihrem Namen – golden eingeprägt. Während Sie sich im Zimmer aufhalten, schieben unsichtbare Geister ein kleines Hölzchen von außen gegen die Tür. Sie öffnen die Tür, das Hölzchen fällt um, und auch wenn Sie schon nach fünf Minuten zurückkehren, haben die unsichtbaren Geister Ihr Zimmer aufgeräumt, Handtücher gewechselt, den Früchtekorb aufgefüllt und Ihre verstreuten Utensilien wieder an Ort und Stelle gelegt.

Direkt am Fluß können Sie sich im tropischen Garten auf der Terrasse bei einem Drink erholen oder in einem der beiden Swimmingpools Ihre Runden drehen. Im September 93 erhielt das "Oriental" einen weiteren Glanzpunkt: "The Oriental Spa". Mit einer ständig pendelnden, hoteleigenen Fähre setzt Sie ein livrierter Kapitän über den Chao Phraya, und hinter dem ebenfalls hoteleigenen Uferrestaurant auf der anderen Seite tut sich Ihnen die Welt eines thailändischen Gesundheits- und Schönheitszentrums auf. Es ist, als sei man in das Königreich Siam zurückversetzt. Wunderschöne Thailänderinnen begrüßen Sie und machen Sie mit den exquisiten Einrichtungen vertraut. Sie werden schwerlich eine schönere und komfortablere Spa-Einrichtung in Thailand finden. Es ist einfach ein Muß, sich dort mit einer thailändischen Massage verwöhnen zu lassen. Haben Sie schon von einer Jet-lag-Massage gehört? Hier bekommen Sie sie! Nicht zu vergessen, daß hinter dem Badezentrum noch das "Oriental Sport Centre" mit großem Gym-Raum und finnischer Sauna, zwei Tennisplätzen, zwei Squashcourts und einem Joggingtrail auf den sportlichen Gast wartet.

Außerdem können interessierte Gäste auch an Kursen des "Oriental" teilnehmen, die von "Thai Cooking School" bis "Thai Culture Programme" reichen. Mit dem hoteleigenen Ausflugsschiff "Oriental Queen" erreichen Sie die ca. 50 km flußauf gelegene ehemalige Hauptstadt Siams, Ayutthaya, und berühmte Tempelanlagen.

Um thailändisch zu essen, nehmen Sie wieder die hoteleigene Barkasse über den Fluß. Unter alten Bäumen erwartet Sie auf der anderen Seite direkt am Wasser die "Terrace Rim Naam". Dieses Restaurant gilt unter Kennern als eine der besten Adressen in ganz Bangkok. Man kann auch im klimatisierten Pavillon essen, wo allabendlich erstaunlich wenig kitschige Thai-Tänze vorgeführt werden. Weltberühmt ist "Lord Jim's" im ersten Stock des Hotels. Hier bekommen Sie erstklassige internationale Fischgerichte. Auf französische Küche hat sich das Restaurant "Normandie" spezialisiert, während man in dem kleinen Haus im Kolonialstil neben der Hoteleinfahrt klassische kantonesische Gerichte bekommt. Wer nur schnell eine Kleinigkeit essen will, geht ins "Riverside Terrace" oder nebenan ins "Ciao".

THAILAND

AMANPURI

Nach einem Aufenthalt in Bangkok kann Sie vielleicht weißer Palmenstrand mit kristallklarem Wasser locken. Die Insel Phuket liegt etwa eine Flugstunde von Bangkok im Süden Thailands. Mit dem James-Bond-Film "Der Mann mit dem goldenen Colt", der dort gedreht wurde, kam Phuket zu internationalem Ruhm. Der Tourismus entwickelte sich zur wichtigsten Industrie, mit allen Vor- und Nachteilen für die regenwaldreiche Insel und ihre Bewohner.

Eine Sache der Weltanschauung ist das Hotel "Amanpuri" am Panesa Beach, etwa in der Mitte der Westküste Phukets. Versteckt in einem Dschungel aus Palmen und oberhalb des Strandes, bietet das wie eine thailändische Tempelanlage gebaute Hotel exklusive Zurückgezogenheit und Luxus pur.

Durch eine von viel edlem Holz glänzende, luftige Empfangshalle schaut man fasziniert auf den schwarzgefliesten Pool, der von hellschimmerndem Gestein und hohen Palmen wie ein Edelstein eingerahmt wird. Dahinter bildet das Anthrazit der schweren Dächer auf schlanken Säulen eine ausgefallene Farbkombination. Kühle Eleganz ist das bestimmende Merkmal der Außenanlagen, die noch durch eine riesige Steintreppe zum Strand gekrönt wird.

Zu den 40 Suiten in den verstreut liegenden Pavillons führen Treppen, die gute Kondition voraussetzen. Haben Sie Ihr Tempelchen aber erst einmal erreicht, entschädigt Sie die Vollkommenheit Ihres Refugiums für die Mühen. Angefangen bei der großen Terrasse vor jeder Suite und weiter in dem luxuriösen Thai-Inneren finden Sie alles, was das Wohlfühlen perfekt macht. Umgeben von Unmengen rot schimmerndem Holz ist nicht nur der Wohn- und Schlafbereich, sondern auch das separate Ankleidezimmer und das Traumbad. Geschmälert wird der Genuß allerdings, wenn Sie nicht in einem Pavillon direkt oberhalb des Meeres logieren. Eine Suite zur Anfahrtsstraße und mit Blick auf den Parkplatz sollten Sie nicht akzeptieren.

FACTS

Amanpuri
Pansea Beach
Phuket Island, Thailand
Tel. 0066/76/32433
Fax 0066/76/324100
40 Suiten

Selbstverständlich bietet Ihnen das "Amanpuri" sämtliche Einrichtungen eines am Strand gelegenen Luxushotels. Allerdings haben die Thai-Götter auch hier vor den Preis den Schweiß gesetzt, denn der Strand ist nur über die bereits erwähnten Treppen zu erreichen.

Am Abend taucht das "Amanpuri" seine kühle Eleganz in ein raffiniert eingestelltes, warmes Lichtermeer und macht aus der Hotelanlage eine Märchenkulisse. Bei klassischer Thai-Musik werden Ihnen auf der Terrasse des Restaurants Spezialitäten aus der italienischen und der nationalen Küche serviert.

Wenn für Sie luxuriöses Ambiente und perfekter Service entscheidend sind und Sie nicht ausschließlich auf Strand- und Poolleben aus sind, kann das "Amanpuri" das richtige Feriendomizil für Sie auf Phuket sein.

THAILAND

Phuket Yacht Club

Phuket Yacht Club
Nai Harn Beach
Phuket 83130, Thailand
Tel. 0066/76/381156
Fax 0066/76/381164
101 Zimmer,
9 Suiten

Am südlichsten Zipfel Phukets, umgeben von einem Palmenhain am Rande des Nai Harn Beach, liegt abgeschieden und in einem Meer von exotischen Blüten das Hotel "Phuket Yacht Club". Auch hier befinden Sie sich weitab vom Massentourismus, der die Insel leider inzwischen entdeckt hat. Als abschreckendes Beispiel sei nur der Patong Beach genannt: Ein häßlicher Hotelkomplex neben dem anderen, Frittenbuden, Discos, Kneipen, billiger Nepp und ein total überfüllter Strand, vor dem eine Hauptverkehrsstraße die Luft verpestet.

Aber zum Glück gibt es auch Plätze, die sich diesen Entwicklungen entziehen konnten. Eigentlich nur das Hotel "Phuket Yacht Club" bietet Ihnen auf der Insel eine idyllische, abgeschiedene Lage, wo lässig-sportliche Eleganz vorherrscht. Auch daß sich um das Hotelgelände einige Lokale angesiedelt haben, stört die beschauliche Ruhe in der Bucht nicht.

Besonders gut und preiswert können Sie im Restaurant "Moorings" essen, das einem Engländer gehört. Von reizenden Mädchen läßt er Sie mit dem Besten der thailändischen Küche verwöhnen. Zu seinen Stammgästen zählt immerhin Sir Peter Ustinov, wenn er mit seiner Gattin im "Phuket Yacht Club" weilt.

Der Architekt hat das Hotel terrassenförmig den Hang hinauf gebaut und es glänzend verstanden, klassisch thailändische Elemente in einen an sich westlichen Bau zu integrieren. Sämtliche 110 De-Luxe-Zimmer und Suiten sind mindestens 30 Quadratmeter groß und haben zusätzlich riesige Sonnenterrassen zum Meer hinaus. Die Einrichtung ist geschmackvoll, sachlich und komfortabel. Die warmen Brauntöne der Holzeinbauten harmonieren wirkungsvoll mit den blau-weißen Textilien. Die Betten sind breit und bequem. Die Klimaanlage funktioniert tadellos, Kühlschrank (gut versteckt) und Barfach sind selbstverständlich. An vielen Kleinigkeiten, wie frischen Blumensträußen und täglich frischem Obst, merkt man, daß sich das Management sehr bemüht, seine internationale Klientel zufriedenzustellen.

Besonders ansprechend sind die jedem Zimmer vorgelagerten Terrassen. Zwei Sitzgarnituren aus Korb mit dicken, weichen Kissen stehen im überdachten Teil, und ein großer Deckenventilator sorgt für kühlende Brisen im Schatten. Davor stehen unter freiem Himmel und vor den blumengeschmückten Balustraden zwei bequeme Sonnenliegen. Den wohnlichen Charakter der Terrassen unterstreichen stattliche Tonkübel mit tropischen Blattgewächsen. Hier hat der Gast wirklich einen Platz, um die Seele baumeln zu lassen.

Sie können den Tag aber auch von morgens bis abends am Strand verbringen und fast sämtliche Wassersportarten ausüben. Das Hotel stellt Ihnen Schnorchel-, Tauch- und Surfausrüstungen zur Verfügung. Daneben stehen zwei hoteleigene Segelboote, ein Katamaran und mehrere Motorboote zum Mieten bereit. Sie sollten sich das einmalige Erlebnis gönnen und mit einem Boot (direkt vom Nai-Harn-Strand aus) die Küsten der Insel erforschen. Nach ca. 2 Stunden erreichen Sie die schon oben erwähnte Phang-Nga Bay. Sie ist weltweit eine Attraktion wegen ihrer pittoresken Felseninseln, die wie Pilze aus dem Wasser ragen, und wegen eines Zigeunerdorfes, das nur auf Holzpfählen in das Meer hinaus gebaut wurde.

Es kann aber auch sehr erholsam sein, den Tag im malerischen Bereich des Swimmingpools zu verbringen. Ob Sie auf den Terrassen oder direkt am Pool liegen, Sie werden ständig von vier Bademeistern mit frischen Handtüchern, kühlen Drinks oder kleinen Snacks verwöhnt. Ist Ihnen nach sportlicher Betätigung, machen Sie sich fit im gut ausgestatteten Gym-Raum oder auf einem der beiden Tennisplätze. Thailändische Massagen werden von zwei geschulten Masseuren ausgeführt. Über eine breite Steintreppe kommen Sie zu zwei kleinen Boutiquen, einem Schneidersalon und einem Antiquitätenladen, nebenan finden die Damen einen Friseursalon.

Zum Schlemmen bietet das Hotel drei Restaurants. Unmittelbar am Strand liegt das Gartenlokal "La Promenade" und wird meistens mittags zum kleinen Imbiß aus italienischen Gerichten aufgesucht. Es ist aber auch ein traumhaft schöner Platz, um einfach nur einen Drink zu nehmen und hoch über dem smaragdfarbenen Meer das Strandleben auf angenehme Distanz mitzuerleben. Das Hauptrestaurant "The Quarterdeck" lockt morgens mit einem opulenten Frühstücksbuffet, und am Abend laden hier fast täglich wechselnde Spezial-Buffets zum Schwelgen ein. Bei dezenter Live-Musik sitzen Sie bei Kerzenschein fast wie im Freien; denn das Restaurant ist einem Schiffsdeck nachempfunden und nach allen Seiten offen. Es ist aber nicht nur das exquisite und reichhaltige Angebot der Buffets, das einen ins Schwärmen bringt, es ist auch der Blick in die tiefschwarze Tropennacht. Wie funkelnde Edelsteine glitzern die Lichter der Boote im Wasser, die in der Bucht vor Anker liegen, und ein ständig blinkendes Leuchtturmfeuer wirft rote Fantasiegebilde auf das Wasser. Wenn Ihnen nach mehr Intimität und Exklusivität zumute ist, finden Sie diese Atmosphäre einen Stock tiefer im "The Regatta Grill and Bar". Abends bekommen Sie hier in elegantem Ambiente Bestes aus der internationalen Küche geboten. Der Service ist hier noch eine Klasse besser als im Hauptrestaurant, und auf der Terrasse kann man sich noch schöner der einmaligen Romantik einer Tropennacht hingeben.

TOSKANA

Castello di Spaltenna

FACTS

*Castello di Spaltenna
Via Spaltenna
I-53013 Gaiole in Chianti (SI)
Tel. 0039/577/749483
Fax 0039/577/749269
20 Zimmer, 1 Appartement,
2 Mini-Suiten*

Es kann nur die Toskana sein, wenn man über Zypressen an sanften Hängen, Olivenhaine, den Duft von Lavendel und den Zauber des Lichts spricht. Der Einklang von Landschaft, Menschen und Kultur ist wie geschaffen, um hier herrlich entspannende Tage zu genießen. Die Toskana ist ein reizvolles, liebenswertes Land, reich an vielfältigen Naturschönheiten und kulturellem Leben. Neben den einzigartigen, weltberühmten Städten finden Sie auch heute noch malerische Winkel und unbekannte sympathische Fleckchen, die sich lohnen, entdeckt zu werden.

Von Florenz führt die "Strada del Chianti" vorbei an Weinbergen und Wäldern in das Gebiet des Chianti Classico. Fahren Sie auf dieser reizvollen Landstraße immer Richtung Süden, dann erreichen Sie nach 45 Kilometern den Ort Gaiole in Chianti.

In Gaiole – einem kleinen, verschlafenen Dörfchen – scheint die Zeit irgendwann einmal stehengeblieben zu sein. Automatisch bleibt der Blick an einem Hügel hinter dem Dorf hängen, von dem aus eine Kirche und eine trutzige Burg das Tal bewachen. Die über 800 Jahre alte Burg ist heute ein Luxushotel für Individualisten. Das Hotel "Castello di Spaltenna" ist umgeben von Weinbergen und Wäldern und bietet seinen Gästen absolute Ruhe inmitten fast unberührter Natur.

Von außen wirkt das mächtige, schmucklose und altersgraue Gemäuer eher abweisend, doch im Inneren ist alles von italienischer Heiterkeit und hellen Farben geprägt. Die hohen Räume sind prächtig renoviert, die Patina ist edel aufpoliert, und die Terracottaböden sind glänzend gewachst. Altes, Echtes, Ehernes, Irdenes und Hölzernes geht mit dem modernsten Komfort eine ganz erstaunliche Harmonie ein.

Das Hotel gehört nicht nur dem Iren Seamus de Pentheny O'Kelly, es wird auch von ihm und seiner Frau geführt und – bekocht. Bei keinem Geringeren als bei Paul Bocuse ging er in die Schule. Seine Liebe zur Toskana und zur italienischen Küche waren ausschlaggebend für seinen Entschluß, mit dem "Castello di Spaltenna" ein Refugium für anspruchsvolle Genießer aus aller Welt zu schaffen. Gut geschützt von den dicken Mauern des "Castello" fühlt sich der Gast in jedem der geräumigen 20 Gästezimmer und drei Appartements. Sie sind mit einfachen antiken Möbeln geschmackvoll ausgestattet und bieten selbstverständlich auch den modernen Komfort einer Edelherberge, sei es ein Fernseher, eine Minibar oder ein großes, bequemes Bad. Allerdings fehlt eine Heizung, die man im April oder Oktober schon vermissen könnte; vom November bis März ist das Hotel sowieso geschlossen.

Die Rasenflächen vor dem Hotel sind als große Panoramaterrassen angelegt. Dickgepolsterte, kräftige Holzliegen laden unter weißen Sonnenschirmen zum Entspannen ein. Malerisch fügt sich ein schöner Swimmingpool mit natürlichem Wasserfall in die Landschaft und lockt mit frischer, klarer Kühle. Der aktivere Gast macht sich zu einem idyllischen Rundweg durch Wald und Ginstergebüsch zur romanischen Abteikirche Badia a Coltibuono auf. Während der etwa dreistündigen Wanderung läßt man sich vom malerischen Ausblick auf das Arno-Tal und die Hügel faszinieren. Aber auch Golfer, Tennisspieler und Reiter finden ihre Reviere in unmittelbarer Umgebung des Hotels.

Durch einen malerischen Arkadenhof kommt man in das Hotel-Restaurant. Mit der Kochkunst von Seamus de Pentheny O'Kelly werden Sie in rustikaler und gleichzeitig eleganter Atmosphäre verwöhnt. Bei Kerzenlicht und flackernden Flammen aus dem offenen Kamin werden Ihnen Kreationen aus der toskanischen und internationalen Küche serviert. Natürlich werden nur frische Produkte verarbeitet, die aus den hoteleigenen Gemüse- und Kräutergärten kommen.

TOSKANA

Certosa di Maggiano

FACTS

Certosa di Maggiano
Via Certosa 82
I-53100 Siena
Tel. 0039/577/288180
Fax 0039/577/288189
6 Zimmer, 11 Suiten

Auf drei Hügeln erhebt sich die mittelalterliche Kunststadt Siena über die Ebenen der grünen, lieblichen toskanischen Landschaft. Noch heute wirkt die Stadt mit dem Gewirr aus verwinkelten Gassen, versteckten Plätzen, zinnengekrönten Mauern, großartigen Palästen, Kirchen und stolzen Bürgerhäusern wie ein Museum, das den Besucher in das Mittelalter zurückversetzt.

Etwa einen Kilometer vor den Toren der Stadt liegt das älteste Kartäuser-Kloster der Toskana, gebaut 1314 im Auftrag des Kardinals Petroni. 1975 wandelte man es in das Hotel "Certosa di Maggiano" um.

Wenn Sie das schwere Eingangstor passieren, empfängt Sie heute noch die Ruhe eines mittelalterlichen Klosters. Der große, steingepflasterte Innenhof mit einem imposanten Ziehbrunnen in der Mitte evoziert sofort Bilder aus der Vergangenheit dieses ehemals streng religiösen Ortes. Arkadengänge umsäumen den historischen Innenhof, und staunend bewundert man den hohen gotischen Glockenturm der ehemaligen Klosterkirche.

Betritt man das Hotel, stellt man begeistert fest, daß überall eine natürliche, zurückhaltende Eleganz vorherrscht und nichts auf die Luxusrenovierungsära hinweist, der so viele altehrwürdige Gemäuer überall in der Toskana zum Opfer gefallen sind. Antike, schwere Möbel hat der bekannte italienische Innenarchitekt Lorenzo Mongiardino effektvoll und harmonisch in modernes Interieur eingefügt. Die blankpolierten Fliesenfußböden, die hohen Fenster, üppig eingerahmt mit kostbaren Stoffen, wertvolle Gemälde an dezent mattbeigen Wänden und mehrere gemütliche Sitzecken vermitteln das Gefühl, in einem vornehmen Privathaus empfangen zu werden.

Meistens führt Sie Anna Recordati, die Chefin des Hauses, erst einmal durch die Gesellschaftsräume und in den Garten. In einem liebenswürdigen Kauderwelsch aus Englisch, Deutsch und Italienisch zeigt sie Ihnen dieses Kleinod der toskanischen Hotellerie: Die Bibliothek ist der besondere Stolz von Signora Recordati, und das mit Recht. Glasverkleidete und offene, aus edlem, dunklem Holz gefer-

tigte Bücherregale umrahmen halbhoch die Wände. Zwischen den Regalen laden gemütliche Sofas zum Lesen ein. Der anschließende Spielsalon wirkt mit seinen grünbespannten Spieltischen und Stühlen sowie mit viel dunklem Holz und ebenfalls reicher Bücherauswahl genauso einladend.

Ein fröhliches und helles Ambiente erwartet Sie in dem malerischen Olivengarten der "Certosa". Unter Arkaden mit Rundbögen und schlanken Säulen stehen weiße Terrassenmöbel, an denen Ihnen morgens ein vorzügliches und reichhaltiges Frühstück serviert wird. Mittags können Sie hier kleine Snacks einnehmen, und abends werden hier die Tische festlich gedeckt. Gleich daneben lockt das blaue Wasser des großen, beheizten Swimmingpools zum Baden. Auf bequemen Liegestühlen können Sie hier den Tag verbringen und sich von einem aufmerksamen Service bedienen lassen. Der Garten blickt auf die Stadt und ihre Umgebung. Den Tennisfreunden steht ein Platz am Ende des Gartens zur Verfügung.

Abends werden in dem kleinen Restaurant die Tische festlich gedeckt, und in den beiden Spiegeln über den Kaminsimsen funkeln die Lichter eines prunkvollen Kronleuchters wie Edelsteine. Am Abend können Sie sich hier selbst davon überzeugen, daß der Küchenchef regionale Spezialitäten hervorragend zubereitet.

In den sechs Gästezimmern und den elf Suiten finden Sie alles, was dem Standard eines Luxushotels entspricht. Schalen mit frischem Obst und liebevoll arrangierte Blumen sind selbstverständlich. Antikes Mobiliar, bequeme Betten und ein tadellos funktionierendes Bad entsprechen den Erwartungen des Gastes. Die ein wenig störende Enge der Zimmer müssen Sie mit Ihrer Vorstellungskraft, daß Sie in ehemaligen Mönchszellen wohnen, kompensieren. Außerdem ist der traumhafte Blick aus den Fenstern wahrlich eine Entschädigung.

Zum einen ist es die rustikale Eleganz, die den Reiz dieses Hotels ausmacht, zum anderen ist es das authentische Ambiente eines Klosters aus dem Mittelalter. Nicht zu vergessen, daß Sie von hier aus die Stadt Siena zu Fuß erforschen und erleben können.

TOSKANA

CALA DEL PORTO

FACTS

Cala del Porto
I-58040 Punta Ala (GR)
Tel. 0039/564/922455
Fax 0039/564/920716
42 Zimmer, 11 Suiten

Die Maremma ist eine ehemalige Sumpflandschaft, die nach der endgültigen Entwässerung zwischen 1930 und 1960 toskanischen Urlaub am Meer bietet.

Punta Ala besteht nur aus vier verstreut liegenden Luxushotels, privaten, exklusiven Ferienvillen, einem Golfplatz, einem langen Sandstrand, viel Wald und Wiesen und einem der schönsten Yachthäfen Italiens. Es ist die Abgeschiedenheit dieser Halbinsel, die diesen Ort zu etwas Besonderem macht.

Auf einem Hügel thront, terrassenförmig angelegt, das Hotel "Cala del Porto". Es macht seinem Namen Ehre und liegt als einziges der vier Hotels direkt am Hafen, wo es die Yachten der Reichen aus Rom, Florenz und Mailand überschaut.

Der moderne Bau mit seinen lichtdurchfluteten Empfangs- und Gesellschaftsbereichen strahlt eine großzügige Eleganz aus. Verglaste Terrassentüren geben den Blick auf ein Blütenmeer im Garten und um den Swimmingpool frei. Dahinter breitet sich das weite Blau des Tyrrhenischen Meeres aus. Es ist die helle, freundliche und gepflegte Atmosphäre, die den Gast sofort in eine fröhliche Ferienstimmung versetzt.

In den 42 großen Zimmern und elf Suiten, alle mit Meerblick und Balkon, wiederholt sich das lichterfüllte Ambiente des Eingangsbereichs. Die dezenten Farben der Tagesdecke sind in den Stoffen der Vorhänge, der Markisen und der dicken, weichen Sessel dekorativ wiederaufgenommen. Zeitgenössisches italienisches Design, ohne Schnörkel und Kompromisse, macht die Zimmer sympathisch und wohnlich. In den mattschimmernden, marmorgefliesten Bädern finden die anspruchsvollen internationalen Gäste jeden denkbaren Komfort.

Obwohl man auch am Swimmingpool herrlich ruhig den Tag verbringen kann, ist das Strandleben am Meer natürlich unverzichtbar. Entweder lassen Sie sich mit dem hoteleigenen Minibus chauffieren, oder Sie machen einen halbstündigen Spaziergang zum privaten Strandgelände des Hotels. An den gelbgestreiften Sonnenschirmen und Liegen erkennen Sie Ihr Ziel.

Nach einem ausgedehnten Strandbummel, nach dem Baden oder einfach nach "dolce far niente" wird man mittags wie magisch in den Pavillon des Strandrestaurants des "Cala" gezogen. Direkt hinter dem Strand, im Pinienwald versteckt, hat man dort für Sie die köstlichsten Delikatessen auf einem üppigen Buffet angerichtet. Auch wenn man sich jeden Tag vornimmt, dieser Verführung aus dem Weg zu gehen, gibt man sich doch regelmäßig genüßlich dieser Schlemmerei hin. Berühmt ist Punta Ala auch wegen der vielen großzügigen Sportanlagen, auf denen Sie Ihre Pfunde wieder abtrainieren können: Auf dem spektakulär angelegten Golfplatz werden sogar Profis ins Schwärmen kommen, Tennisfreaks finden moderne, öffentliche Plätze, und geübte Reiter können an Polowettkämpfen teilnehmen.

Abends ist dann im Hotelrestaurant der schönste Platz auf der Aussichtsterrasse. Unter Ihnen funkeln die Lichter des Hafens, und das leise Rauschen des Meeres unterstützt die Romantik mediterraner Abendstunden. In legerer Atmosphäre wird tadellose regionale Küche serviert; speziell die Fischgerichte vom Grill sind superb.

TOSKANA

Regency

Hotel Regency
Piazza Massimo d'Azeglio 3
I-50121 Firenze
Tel. 0039/55/245247 u.
2342936
Fax 0039/55/2342937
38 Zimmer, 5 Suiten

Aus der ganzen Welt strömen jedes Jahr Millionen von Besuchern nach Florenz. In den heißen Sommermonaten und während der Modemessen sollte man die Stadt am Arno jedoch möglichst meiden. Planen Sie Ihren Besuch im Frühjahr oder im späten Herbst. Wollen Sie das pulsierende Zentrum Florenz hautnah erleben und trotzdem von Ruhe und luxuriösem Ambiente umgeben sein, dann ist das Hotel "Regency" die richtige Wahl.

Durch schmale Gassen mit unzähligen Lädchen, Restaurants und Cafés erreichen Sie zu Fuß in zehn Minuten die Altstadt von Florenz.

Zwei Villen aus dem 19. Jahrhundert wurden zu einem Gebäude verbunden und 1987 behutsam und stilgerecht renoviert. Mit seiner klassischen Fassade ganz in Weiß paßt sich das Hotel seiner vornehmen Nachbarschaft dezent an.

Ein für Florenz unschätzbarer Service macht sich schon bei Ihrer Ankunft bemerkbar: Dienstbare Geister kümmern sich sofort um Ihr Auto, und wenn Sie wollen, wird der fahrbare Untersatz erst zur Abreise wieder vor die Tür gestellt.

Im Eingangsbereich herrscht eine elegant-intime Atmosphäre vor. Viel edles dunkel gebeiztes Holz und Antiquitäten werden durch üppige Blumenarrangements und große bunte Mosaikfenster aufgeheitert, die den Blick in einen malerischen Hof freigeben. Nehmen Sie noch den exzellenten Service eines mehrsprachigen Personals hinzu, dann werden Sie sich vorkommen, als seien Sie Hausgast in einem noblen toskanischen Privatheim.

Jedes der 38 Zimmer und jede der fünf Suiten sind individuell eingerichtet. In allen Zimmern finden Sie bequeme dickgepolsterte Sessel zum Ausruhen und Antiquitäten aus dem 19. Jahrhundert. An seidenbespannten Wänden hängen kostbare Spiegel, die Ausschnitte von den holzgetäfelten Decken, den blumengemusterten Teppichböden und den großen, verschwenderisch dekorierten Fenstern reflektieren. Selbstverständlich können Sie den modernsten Komfort einer Luxusherberge voraussetzen, sei es eine tadellos funktionierende Klimaanlage, Kabel-TV oder ein elektronischer Privatsafe. Die vorbildlichen Badezimmer sind alle mit italienischem Marmor deckenhoch gefliest und mit allen Annehmlichkeiten ausgestattet.

Die Küche des Gourmet-Restaurants "Relais le Jardin" ist berühmt für regionale Spezialitäten und gehört zu den besten in Florenz. Sei es morgens, mittags oder abends, am schönsten sitzt man an den festlich gedeckten Tischen im Garten. Man kann es kaum fassen, daß dieses idyllische Plätzchen mitten in Florenz liegt.

TOSKANA

Villa La Massa

FACTS

Villa La Massa
Via La Massa 6
I-50010 Candeli (FI)
Tel. 0039/55/6510101
Fax 0039/55/6510109
37 Zimmer, 5 Suiten

Das Hotel "Villa La Massa" ist ein Juwel der Florentiner Hotellerie und eine Oase der Ruhe. Nur fünf Kilometer vor den Toren der Stadt, thront das Hotel über dem Arno und überblickt eine liebliche Flußlandschaft, die in die sanften Hügel der Toskana übergeht.

Die Villa wurde im Jahre 1500 für die berühmte Giraldi-Familie als Sommerresidenz gebaut und mit einem großen Park umgeben. Von der Romantik und der einmaligen Atmosphäre des Anwesens waren während der Jahrhunderte immer wieder neue Besitzer fasziniert. Gleich nach dem Zweiten Weltkrieg ließen die heutigen Besitzer, die Familie Parrini-Grillini, die Villa in ein Luxushotel umbauen. Die klare Schönheit der Fassade, ohne Schnörkel und Verzierungen, ist heute noch genauso beeindruckend wie vor 500 Jahren. Ein breiter Kiesweg führt durch den Park zur kleinen, unscheinbaren Eingangstür des Hotels. Erst wenn man die "Villa La Massa" betritt, nimmt einem das vollkommen unvermutete Ambiente den Atem: Matt

schimmernde Marmorsäulen stützen Rundbögen, die in die Balustraden eines offenen Ganges im ersten Stock übergehen. Darüber wieder Säulen, die den Balkon der zweiten Etage tragen. Der Blick kehrt zurück zu einem hellen, großzügigen Bereich im Erdgeschoß mit wertvollen Antiquitäten, gemütlichen Sitzgruppen und kostbaren Gemälden. Auf den zweiten Blick erst entdeckt man die liebevoll kombinierten Details, die den sicheren Geschmack der Besitzerfamilie zeigen.

In die 37 Zimmer und fünf Suiten führen breite Marmortreppen, die mit rotgemusterten, dickflorigen Teppichläufern belegt sind. Jedes Zimmer besticht durch seine Größe und das antike Interieur. Modernster Komfort ist dezent und geschmackssicher in die kostbare Möblierung integriert. Aus deckenhohen Fenstern genießen Sie einmalige Ausblicke auf den Arno und die idyllische Landschaft. Deswegen sind die Zimmer mit Blick auf den Fluß besonders zu empfehlen. Ein Clou sind die Ankleidezimmer. Was manche Hotels als Unterkunft anbieten, dient hier als angenehmes Nebenzimmer. Mit Platz und Eleganz wurde auch in den Badezimmern nicht gespart. In glänzendem Marmor an den Wänden und auf dem Boden spiegeln sich große Gitterfenster, Doppelwaschbecken, eine überdimensionierte Badewanne, vergoldete Armaturen und ausreichende Lichtquellen über einem riesigen Spiegel.

Vor der Villa lockt die Badefreunde ein Swimmingpool. Für Jogger, Spaziergänger, Wanderer und Radler sind der Hotelpark und die nähere Umgebung ein wahres Paradies. Tennis und Golf arrangiert das Hotel gern für Sie auf nahegelegenen Plätzen. Für Fahrten nach Florenz hat die "Villa La Massa" einen eigenen Shuttle-Service. Kostenlos werden Sie von morgens bis zum frühen Abend in die Stadt gefahren und wieder abgeholt.

Den Abend sollten Sie sich auch freihalten, um im Hotelrestaurant "Il Verrocchio" zu essen. Toskanische Spezialitäten werden hier in Vollendung zubereitet. Trotz des überwältigenden, antiken Ambientes des Speisesalons ist das Essen auf der Terrasse, auf der man über dem Arno zu schweben meint, am schönsten. Lodernde Fackeln an der Brüstung halten das Ungeziefer von Ihrem Tisch fern, und so können Sie ungestört die himmlische Ruhe, den perfekten Service, die ausgezeichneten Speisen und Romantik pur genießen.

267

VENETIEN

HOTEL CIPRIANI

**Hotel Cipriani Venezia &
Palazzo Vendramin**
Giudecca 10
I-30133 Venezia
Tel. 0039/41/5207744
Fax 0039/41/5203930
68 Zimmer,
36 Suiten

Es gibt unzählige Gründe, sich immer wieder einen Aufenthalt in der Lagunenstadt Venedig zu gönnen. Venedig hat immer Saison, doch am schönsten ist es im Frühjahr und im Herbst. Dann können Sie morgens leichte Nebel über ein Märchen aus Himmel und Wasser ziehen sehen, und die Phantasie gaukelt Ihnen die unwirklichsten Bilder vor.

Am bequemsten erreichen Sie Venedig und Ihr Traumhotel mit dem Flugzeug. Wassertaxis warten vor dem Flughafengebäude und bringen Sie in einer halben Stunde direkt zu der privaten Anlegestelle des schönsten Hotels von Venedig: das Hotel "Cipriani & Palazzo Vendramin".

Giuseppe Cipriani hatte mit seinem einzigartigen Lokal "Harry's Bar" in Venedig einen überwältigenden Erfolg. Aus der ganzen Welt kamen Künstler, Literaten und Schauspieler; unter ihnen Noël Coward, Toscanini, Hemingway, Charlie Chaplin und viele andere. Um seinen weltberühmten Gästen auch eine adäquate Unterkunft im Herzen von Venedig bieten zu können, ließ er am Ende der Insel Giudecca eine Insel auf der Insel anlegen und eröffnete 1958 das Hotel "Cipriani". Zwar wechselte das Hotel im Laufe seiner ruhmreichen Geschichte die Besitzer und gehört jetzt zur exklusiven Orient-Express-Gruppe, doch der einmalige Charme ist geblieben.

Heute huldigen nicht nur die Großen der Welt der Luxusherberge, auch Gäste wie du und ich genießen das unvergleichliche Ambiente eines der schönsten Hotels der Welt. Sie sind Gast in einem weitläufigen Komplex, halb venezianischer Palazzo, halb Country Club, umsäumt von Terrassen und gepflegten Gartenanlagen. Mit den hoteleigenen eleganten Motorbooten (verkehren 24 Stunden täglich) sind Sie in fünf Minuten auf dem Markusplatz.

Während Sie noch den großartigen Ausblick meilenweit über die blaue Lagune in sich aufnehmen, gehen Sie vom Bootssteg nur wenige Schritte durch eine wundervolle Gartenanlage zum Haus. In dem intimen, holzgetäfelten Empfang tauchen Sie in die angenehme Mischung aus legerer Eleganz und venezianischer Gastlichkeit ein.

Viele kleine Gänge führen wie in einem verwunschenen Schloß in die 68 Zimmer und 36 Suiten, die alle einen herrlichen Ausblick auf die Lagune, den Garten oder den Pool bieten. Die Ausstattung der Gästezimmer ist sehr unterschiedlich: einfache Eleganz (aber mit allem Komfort) in den recht kleinen Einzel- und Doppelzimmern zum Garten (sehr ruhig!) und zur Lagune; verschwenderische Pracht in den Suiten des Altbaus. Von besonderem Reiz sind die acht Pool-Suiten, die über eigene kleine Terrassen verfügen. Vom Bett zum Pool sind es nur ein paar Schritte. Wenn Sie dann noch ein Freund von ein wenig Kitsch und High-Tech sind (per Knopfdruck schwebt aus einem verspiegelten Würfel der Fernseher empor), sollten Sie sich diese Suiten leisten.

Als einziges Hotel in Venedig verfügt das "Cipriani" über einen Pool. Um den tiefblauen Swimmingpool mit olympiareifen Abmessungen und temperiertem Meerwasser laden bequeme weiße Liegen unter weißen Sonnenschirmen zum Erholen von den Besichtigungen ein. Auf der Terrasse vor dem Pool-Restaurant kann man sich von morgens bis abends verwöhnen lassen. Wie Gott in Italien werden Sie sich vorkommen, wenn Sie die ausgezeichnete venezianische Küche genießen und die Ruhe und Beschaulichkeit dieses farbenprächtigen Plätzchens auf sich wirken lassen.

Die venezianische Küche ist seit dem 13. Jahrhundert die beste Italiens und galt den europäischen Küchen als Vorbild. Dieser Tradition verpflichten sich die Restaurants Venedigs und auch der Küchenchef des "Cipriani". Wenn Sie abends im eleganten "Palladio-Saal" essen, stimmen Sie sich ein mit einem erfrischenden Aperitif aus frischem Pfirsichsaft und Champagner, dem "Bellini", der von hier aus die Welt eroberte. Auch das heute weltweit bekannte "Filet à la Carpaccio" wurde hier kreiert und ist ein köstliches "Muß" in Ihrer Speisenfolge. Danach werden Ihnen ausgezeichnete leichte Fischspezialitäten serviert. Durch die deckenhohen, runden Fenstertüren haben Sie einen atemberaubenden Ausblick auf die Lagune bis zum Lido hin und auf den Park der gegenüberliegenden Insel San Giorgio Maggiore mit der gleichnamigen Kirche von Palladio.

Auf der anderen Seite des an sich schon sehenswerten Hotelgartens steht der "Palazzo Vendramin" mit direktem Ausblick auf San Marco und die Stadt. Diesen denkmalgeschützten Palazzo aus dem 15. Jahrhundert erwarb das "Cipriani" Ende der achtziger Jahre hinzu und gestaltete ihn im Inneren in neun sehr opulente Suiten um. Der Service ist hier auf einen "Maggiordomo" reduziert, der als Empfangschef, Concierge, Kellner und Zimmermädchen in einer Person fungiert. Dadurch zahlt der Gast für diese sehr luxuriösen Suiten mit unbeschränktem Panoramablick über Venedig ca. 30 Prozent weniger als im Hotel.

VENETIEN

HOTEL VILLA CIPRIANI

FACTS

*Hotel Villa Cipriani
Via Canova 298
I-31011 Asolo (TV)
Tel. 0039/423/952166
Fax 0039/423/952095
26 Zimmer,
5 Suiten*

Für den, der aus klimatischen oder sonstigen Gründen nicht in Venedig wohnen will, gibt es ein – allerdings viel bescheideneres – Ausweichquartier in Asolo, einer intakten italienischen Kleinstadt 205 Meter über dem Meer.

Über die Vorgebirgsstraße Monte Grappa erreichen Sie in gut einer Stunde Autofahrt von Venedig die auf sanften Hügeln gelegene "Stadt der hundert Horizonte". Inmitten der lieblichen Landschaft des Veneto bewahrt der Ort noch heute seinen eindrucksvollen mittelalterlichen Charakter; er ist von alten Mauern umgeben, und eine über tausend Jahre alte Burg wacht über die Siedlung. Zwischen winkligen Straßen und gotischen Bogengängen alter Paläste und Häuser versteckt sich das Hotel "Villa Cipriani" (hat trotz des Namens heute nichts mehr mit dem Hotel "Cipriani", Venedig, zu tun). Wenn Sie abseits der bekannten Touristenrouten Italiens eine Oase der Ruhe und Erholung suchen, ist dieses kleine Hotel zu empfehlen. Aus einer antiken Renaissancevilla aus dem 16. Jahrhundert wurde ein bezauberndes Hotel, an einem Ort, wie er romantischer nicht sein könnte. Allerdings sollten Sie keinen zu großen Wert auf luxuriöse Ausstattung legen. Es umgibt Sie das Ambiente eines vornehmen, aber rustikalen Landhauses.

Alle 26 Zimmer und fünf Suiten sind sehr geräumig und gemütlich eingerichtet und selbstverständlich mit den Annehmlichkeiten des modernen Komforts ausgestattet. Am schönsten sind die Zimmer mit Blick in den Garten. Über Rosen, Azaleen und prächtige alte Bäume hinweg schauen Sie in die Weiten der trevisanischen Täler. Man hat den Eindruck, durch die großen weitgeöffneten Fenster die milde Luft schmecken zu können.

Das Restaurant "Villa Cipriani" ist weit über die Grenzen Asolos für seine exzellente Küche bekannt. Die Gemüse und Kräuter kommen aus dem eigenen Garten. Stets frisch geerntet, sind sie köstliche Beilagen und raffinierte Zutaten.

Bildnachweis
Hotel Alfonso XIII, Sevilla (Seite 18/19) The Image Bank,
© Marvin E. Newman

Alle übrigen Aufnahmen wurden dem Autor dankens-
werterweise von den Hotels zur Verfügung gestellt bzw.
stammen aus dem Privatbesitz des Autors.